Cómo comprender la Biblia

John Stott

Ediciones Certeza Unida
Barcelona, Buenos Aires, La Paz
2005

Stott, John
    Cómo comprender la biblia. – 2° ed. – Buenos Aires :
Certeza Unida, 2005.
    240 p. ; 23x16 cm.

    ISBN 950-683-120-3

    1. Estudio Bíblico. I. Título
    CDD 268

Título en inglés: *Understanding the Bible*, publicada por Scripture Union, Londres, Inglaterra.

© 1972 John Stott

© 2004 Ediciones Certeza Unida, Buenos Aires, 2004. Queda hecho el depósito que establece la Ley 11.723. No se permite la reproducción parcial o total, el almacenamiento, el alquiler, la transmisión o la transformación de este libro, en cualquier forma o por cualquier medio, sea electrónico o mecánico, mediante fotocopias, digitalización u otros métodos, sin el permiso previo y escrito del editor. Su infracción está penada por las leyes 11723 y 25446.

Las citas bíblicas corresponden a la *Versión Reina-Valera* 1960. A veces se cita la *Biblia de Jerusalén* y la *Versión Popular: Dios Habla Hoy* 1994.

Tradujo al castellano: Adam F. Sosa
Edición literaria: Omar Cabral
Diseño: Miguel Collie

Ediciones Certeza Unida es la casa editorial de la Comunidad Internacional de Estudiantes Evangélicos (CIEE) en los países de habla hispana. La CIEE es un movimiento compuesto por grupos estudiantiles que buscan cumplir y capacitar a otros para la misión en la universidad y el mundo. Más información en:

Certeza Argentina, Bernardo de Irigoyen 654, (C1072AAN) Capital Federal, Argentina. *certeza@certezaargentina.com.ar*

Editorial Lámpara, Calle Almirante Grau N° 464, San Pedro, Casilla 8924, La Paz, Bolivia. *coorlamp@entelnet.bo*

Publicaciones Andamio, Alts Forns 68, Sótano 1, 08038, Barcelona, España. *andamio@andamio-gbu.net*

Contenido

Prefacio

Todo autor le debe al público lector una explicación de su propósito. ¿Por qué ha creído conveniente aumentar el torrente de libros —especialmente libros religiosos— que se vuelca diariamente desde las imprentas de todo el mundo? ¿Puede justificar su osadía? Permítanme al menos decir francamente la clase de personas que yo he tenido en mente al escribir. Ellas se dividen en dos categorías.

En primer lugar, los cristianos novatos. Con la difusión del secularismo en nuestros días, se están agregando a Cristo y a su iglesia una cantidad de personas sin preparación religiosa alguna. Por ejemplo, un joven de familia no cristiana. La instrucción religiosa que recibió en la escuela fue mínima, y posiblemente descuidada (o estuvo totalmente ausente, como en los países en los que impera la enseñanza laica). En todo caso, la costumbre es no prestarle atención. Cuando era niño no fue a la escuela dominical, y pocas veces habrá estado en una iglesia, si es que alguna vez estuvo en alguna. Pero ahora ha hallado a Cristo, o más bien ha sido hallado por él. Se le dice que si quiere crecer hacia la madurez espiritual tiene que leer la Biblia todos los días. Pero la Biblia es para él un libro cerrado: un territorio inexplorado. ¿Quién la escribió —pregunta—, cuándo y dónde y por qué? ¿Cuál es su mensaje? ¿Qué derecho tiene a pretender ser un libro 'santo' o especial, el libro de Dios? ¿Y cómo se lo debe leer e interpretar? Estas son preguntas lógicas y se les debe dar alguna respuesta antes de que el cristiano novato pueda obtener el máximo beneficio de su lectura de la Biblia.

En segundo lugar, está el cristiano que tiene varios años de experiencia. En general, ha sido un cuidadoso lector de la Biblia. Ha leído fielmente su porción diaria. Pero de alguna manera ello se ha convertido en un mero hábito. Han pasado los años y él ha cambiado y madurado como persona. Pero como cristiano no se ha desarrollado de la misma manera. Una señal (y causa) de esto es que todavía lee la Biblia como cuando era niño, o como un nuevo convertido.

Ahora está cansado de su superficialidad, su inmadurez, y un poco avergonzado. Ansía ser un cristiano adulto, integrado, que conoce y agrada a Dios, que se realiza a sí mismo en el servicio de otros y que puede recomendar el evangelio en términos significativos a una generación perdida y confusa.

Mi deseo es asegurarle a ese hermano que los secretos de la madurez cristiana están en las Escrituras al alcance de todo el que quiera descubrirlos. La Palabra de Dios tiene una amplitud que pocos de nosotros logramos abarcar, una profundidad que rara vez sondeamos.

En particular, nuestro cristianismo es pobre porque nuestro Cristo es pobre. Nos empobrecemos nosotros mismos por nuestros conceptos bajos y mezquinos de él. Algunos hablan de él en nuestros días como si fuera una suerte de jeringa que podemos llevar en el bolsillo, de modo que cuando nos sentimos deprimidos podemos darnos una inyección y realizar un viaje fantástico. Pero Cristo no puede ser usado o manipulado de esa manera. La iglesia contemporánea parece tener una pobre concepción de Cristo como Señor de la creación y Señor de la iglesia, ante quien debemos inclinarnos con el rostro en el polvo. No alcanzamos a percibir su victoria, tal como la presenta el Nuevo Testamento, con todas las cosas debajo de sus pies, de modo que si estamos unidos a él todas las cosas están también debajo de nuestros pies.

Me parece que nuestra gran necesidad hoy en día es una visión más grande de Jesucristo. Necesitamos verlo como el único en quien habita la plenitud de Dios y en quien podemos hallar la plenitud de la vida (Colosenses 1.19; 2.9–10).

Hay una sola manera de obtener conceptos claros, verdaderos, elevados de Cristo, y es mediante la Biblia. Ella es el prisma que descompone la luz de Jesucristo en sus muchos y hermosos colores. Es el retrato de Jesucristo. Necesitamos contemplarlo con un deseo tan intenso que (por la operación graciosa del Espíritu Santo) él se torne vital para nosotros, se encuentre con nosotros, y nos llene de sí mismo.

A fin de aprehender a Cristo en su plenitud, es esencial entender la situación en que Dios nos lo ofrece. Dios otorgó a Cristo al mundo en un específico contexto geográfico, histórico y teológico. Lo envió a un lugar determinado (Palestina), en un momento particular (el clímax de siglos de historia judía) y dentro de un determinado marco de verdad (progresivamente revelada y permanentemente registrada en la Biblia). Los siguientes capítulos, pues, tienen que ver con la geografía, la historia, la teología, la autoridad y la interpretación de la Biblia. Su objeto es presentar el ámbito dentro del cual Dios se reveló una vez y ahora ofrece a Cristo, de modo que podamos captar mejor para nosotros mismos y compartir con otros la gloriosa plenitud de Jesucristo mismo.

1

El propósito de la Biblia

A ELECCIÓN DE UN LIBRO Y LA FORMA EN QUE LO LEEMOS están determinadas en gran parte por el propósito que tuvo el autor al escribirlo. ¿Es un texto de ciencia o de historia destinado a informar, o simplemente una novela para entretener? ¿Es prosa o poesía en las cuales el autor reflexiona sobre la vida y estimula al lector a hacer lo mismo? ¿Habla en alguna forma significativa al mundo contemporáneo? ¿O es tal vez una obra de controversia que deliberadamente leemos con el propósito de rebatir los puntos de vista del autor? Además, ¿reúne el autor las condiciones necesarias para escribir sobre el tema? Preguntas como estas son las que tenemos en mente cuando nos planteamos: '¿Vale la pena leer esto?'

La mayor parte de los libros brindan al lector la información que este quiere tener acerca de quién lo escribió y por qué. O bien el autor nos habla cándidamente en un prefacio acerca de sí mismo y del objeto que tuvo en vista al escribir, o lo hace el editor en la solapa de la cubierta. La mayoría de los lectores se toman su tiempo para examinar esos datos antes de decidirse a comprar el libro, tomarlo prestado o leerlo.

¿Por qué se escribió la Biblia?

Es una lástima que los lectores de la Biblia no siempre realicen las mismas investigaciones. Muchos parecen abrirla y leerla al azar. O comienzan con el Génesis y se quedan atascados en Levítico. O continúan empeñosamente por un sentido de obligación, aun leyendo la Biblia entera, sección por sección, en cinco años, pero sin aprovechar mucho de su estudio por falta de comprensión del propósito total del libro. O bien abandonan la lectura, o nunca la empiezan, porque no pueden ver cómo el relato de un pueblo lejano en una época remota pueda significarles algo en el día de hoy.

En todo caso, ¿cómo se puede decir que la Biblia, que en realidad no es un libro sino una biblioteca de sesenta y seis libros, tenga un 'propósito' determinado? ¿No fue agrupada por diferentes autores, en diferentes épocas, con diferentes propósitos? Sí y no. Contiene, en realidad, una gran variedad de temas y autores humanos. Pero detrás de estos, según creemos los cristianos, hay un único Autor, divino, con un solo tema unificador.

La misma Biblia declara cuál es este tema. Lo dice varias veces, en diversos lugares, pero tal vez en ninguna parte más concisamente que cuando el apóstol Pablo escribe a Timoteo:

> Desde la niñez has sabido las Sagradas Escrituras, las cuales te pueden hacer sabio para la salvación por la fe que es en Cristo Jesús. Toda la Escritura es inspirada por Dios, y útil para enseñar, para redargüir, para corregir, para instruir en justicia, a fin de que el hombre de Dios sea perfecto, enteramente preparado para toda buena obra.
>
> 2 Timoteo 3.15–17

Aquí el apóstol une el origen y el propósito de la Escritura: de dónde viene y a qué está destinada. Su origen: 'inspirada por Dios'. Su objetivo: 'útil' para los hombres. En realidad, es útil para los hombres sólo porque es inspirada por Dios. Debo dejar el tema de la inspiración de la Biblia para un capítulo posterior; en este capítulo quiero investigar la naturaleza de su utilidad. Para ello tomaré tres palabras que emplea Pablo: 'salvación', 'Cristo' y 'fe'.

Un libro de salvación

Tal vez ninguna palabra bíblica ha sido tan mal interpretada y utilizada como la palabra 'salvación'. Algunos cristianos somos culpables de haber presentado al mundo una caricatura de ella. El resultado es que la 'salvación' es para muchos una fuente de confusión, y aun objeto de ridículo. Necesitamos rescatarla del estrecho concepto al que a veces la hemos reducido. Porque 'salvación' es una palabra grande y noble, como pronto lo demostraré. Salvación es libertad. Sí, y también renovación; finalmente la renovación de todo el cosmos.

Ahora bien, el propósito supremo de la Biblia, le dice Pablo a Timoteo, es instruir a sus lectores 'para la salvación'. Esto indica inmediatamente que la Escritura tiene un propósito práctico, y que ese propósito es moral más que intelectual. O más bien que su instrucción intelectual (su 'sabiduría', como sugiere el término griego), se imparte con el objetivo de comprender la experiencia moral llamada 'salvación'.

A fin de captar más firmemente esta finalidad positiva de la Escritura, puede ser útil compararla con algunas otras que son negativas.

Primero, el propósito de la Biblia no es científico. Esto no significa que las enseñanzas de la Escritura y la ciencia sean incompatibles entre sí, pues cuando mantenemos a cada cual en su propia esfera demuestran que no lo son. Realmente, siendo el autor de ambas el Dios de verdad, no puede haber conflicto. Ni significa tampoco que las dos esferas nunca se superponen y que en la Biblia nada participa de la naturaleza de la ciencia, porque ella contiene declaraciones que se pueden (y en muchos casos así ocurrió) verificar científicamente. Por ejemplo, se registran una cantidad de hechos históricos, tales como el de que Nabucodonosor, rey de Babilonia, sitió, tomó y virtualmente destruyó a Jerusalén, y el de que Jesús de Nazaret nació cuando Augusto era emperador de Roma. Lo que quiero decir es que, aunque la Biblia pueda contener ciertos hechos científicos, su *propósito* no es científico.

La ciencia (o al menos las ciencias naturales) está compuesta por un cuerpo de conocimientos adquiridos laboriosamente mediante la observación, la experimentación y la inducción. Pero el propósito de Dios en la Escritura ha sido revelar verdades que no se podían descubrir mediante este método empírico y que hubieran permanecido desconocidas y encubiertas si él no las hubiera revelado. Por ejemplo, la ciencia puede decirnos algo acerca de los orígenes físicos del hombre (aunque esta sea una cuestión discutible); pero sólo la Biblia revela la naturaleza del hombre, tanto su nobleza única como criatura hecha a imagen de su Creador, como su degradación como pecador que se ha rebelado contra él.

> **El propósito de Dios en la Biblia ha sido revelar verdades que no se podían descubrir mediante la observación, la experimentación y la inducción.**

Luego, el propósito de la Biblia no es literario. Pero nadie puede negar que contiene literatura de la más noble. Trata los grandes temas de la vida y el destino humanos, y los maneja con sencillez, visión e imaginación. Tan buenas son las traducciones en algunos países, que la Biblia ha llegado a ser parte de la herencia literaria de la nación. No obstante, la intención divina no consistió en que la Biblia fuera una gran obra literaria, ya que esta contiene algunas notorias fallas estilísticas. Una gran parte del Nuevo Testamento fue escrito en *koiné*, el griego que se hablaba diariamente en el mercado y en el hogar, y gran parte de él carece de pulido literario y hasta adolece de fallas gramaticales. El propósito de la Biblia ha de encontrarse en su mensaje, no en su estilo.

En tercer lugar, el propósito de la Biblia no es filosófico. Desde luego, la Escritura contiene profunda sabiduría, sabiduría de Dios. Sin embargo, algunos de los grandes asuntos que los filósofos siempre han discutido no están tratados en la Escritura de manera sistemática. Tómese los grandes problemas del sufrimiento y del mal. Como fenómenos de la experiencia humana tienen lugar prominente en la Biblia. Casi en cada una de sus páginas los hombres pecan y sufren. Y aun cuando la cruz, por ejemplo, arroja alguna luz sobre ambos problemas, no se ofrece ninguna solución definitiva para ninguno de ellos, ni se justifica el tratamiento de los mismos por Dios. Incluso en el libro de Job, que se concentra en el problema del sufrimiento, Job finalmente se humilla delante de Dios sin entender su providencia. Creo que la razón es simplemente que la Biblia es más un libro práctico que teórico. Le interesa más decirnos cómo soportar el sufrimiento y vencer el mal, que filosofar acerca del origen y propósito de los mismos.

Así, pues, la Biblia no es principalmente un libro de ciencia, ni de literatura, ni de filosofía, sino de salvación.

El significado de la salvación

Al decir esto debemos dar a la palabra 'salvación' su significado más amplio posible. La salvación es mucho más que el perdón de los pecados. Incluye todo el alcance del propósito de Dios de redimir y restaurar a la humanidad, y, por supuesto, a toda la creación. Lo que afirmamos en cuanto a la Biblia, es que revela el plan total de Dios.

Comienza con la creación, de manera que podamos conocer la semejanza divina en la que fuimos hechos, las obligaciones que hemos repudiado y las alturas de las que hemos caído. No podremos entender ni lo que somos en el pecado, ni lo que podremos ser por la gracia, mientras no sepamos lo que una vez fuimos por la creación.

La Biblia continúa diciéndonos de qué manera entró el pecado en el mundo, y la muerte como resultado del pecado. Acentúa la gravedad del pecado como una rebelión contra la autoridad de Dios nuestro Creador y Señor, y la justicia de su juicio sobre él. Hay en la Biblia muchas saludables advertencias sobre los peligros de la desobediencia.

Pero el principal mensaje de la Biblia, como lo desarrollaremos en el capítulo 5, es que Dios ama a los mismos rebeldes que no merecen de su mano otra cosa que juicio. Antes del comienzo de los tiempos, dice la Escritura, tomó forma su plan de salvación, originado en su gracia y su libre e inmerecida misericordia. Dios hizo un pacto de gracia con Abraham, prometiendo bendecir por medio de su descendencia a todas las familias de la tierra. El resto del Antiguo Testamento relata la misericordiosa relación de Dios con la descendencia de Abraham, el pueblo de Israel. A pesar de haberse obstinado en rechazar su palabra, como les fuera comunicada por la ley y los profetas, Dios nunca los desechó. *Ellos* quebrantaron el pacto, pero él no.

La encarnación de Jesucristo fue el cumplimiento de su pacto:

> Bendito el Señor Dios de Israel,
> que ha visitado y redimido a su pueblo,
> y nos levantó un poderoso Salvador
> en la casa de David su siervo,
> como habló por boca de sus santos profetas que fueron
>   desde el principio;
> salvación de nuestros enemigos,
> y de la mano de todos los que nos aborrecieron;
> para hacer misericordia con nuestros padres,
> y acordarse de su santo pacto;
> del juramento que hizo a Abraham nuestro padre,
> que nos había de conceder
> que, librados de nuestros enemigos,
> sin temor le serviríamos
> en santidad y en justicia delante de él, todos nuestros días.
>
> Lucas 1.68–75

Es importante observar que la prometida 'salvación' de 'nuestros enemigos' se entiende en términos de 'santidad y justicia' y —más adelante, en el Benedictus— del 'perdón de sus pecados por la entrañable misericordia de nuestro Dios' (Lucas 1.77–78).

El Nuevo Testamento, pues, se concentra en la operación de esta salvación, en el 'perdón' y la 'santidad' por medio de la muerte y resurrección de Jesucristo y el don del Espíritu Santo. Los apóstoles ponen énfasis en el hecho de que el perdón sólo es posible mediante la muerte de Cristo por nuestros pecados y el nuevo nacimiento que lleva a una nueva vida mediante el Espíritu de Cristo. Luego, las epístolas están llenas de instrucción ética práctica. Como traduce la Versión Popular 2 Timoteo 3.16, la Escritura aprovecha no sólo para 'enseñar y reprender', sino 'para corregir y educar en una vida de rectitud'. También presenta a la iglesia de Cristo como la comunión de los salvados, llamados a una vida de servicio sacrificado y testimonio en el mundo.

Por último, los autores del Nuevo Testamento insisten en que aunque el pueblo de Dios en un sentido ya ha sido salvado, en otro sentido su salvación aún se encuentra en el futuro. Se nos da la promesa de que un día nuestros cuerpos serán redimidos. 'En esperanza fuimos salvos' (Romanos 8. 24). Y en esta redención final participará de alguna manera la creación entera. Si hemos de ser revestidos de cuerpos nuevos, también habrá un cielo nuevo y una tierra nueva ocupados solamente por la justicia. Entonces, y sólo entonces, sin pecado en nuestra naturaleza o en nuestra sociedad, se completará la salvación de Dios. La gloriosa libertad de los hijos de Dios será la libertad para servir. Dios lo será 'todo en todos' (Romanos 8.21; 1 Corintios 15.28).

Tal es la salvación en el sentido amplio que las Escrituras presentan. Concebida en una eternidad pasada, lograda en un punto en el tiempo e históricamente realizada en la experiencia humana, alcanzará su consumación en la eternidad del futuro. La Biblia es única en su capacidad para instruirnos para 'una salvación tan grande' (Hebreos 2.3).

Cristo en la ley

La salvación para la cual la Biblia nos enseña está a nuestro alcance 'mediante la fe en Jesús'. Por lo tanto, puesto que la Escritura tiene que ver con la salvación y la salvación mediante Cristo, la Escritura está llena de Cristo.

El mismo Jesús entendía así la naturaleza y función de la Biblia. 'Las Escrituras', dijo, 'dan testimonio de mí' (Juan 5.39). Y otra vez, después de la resurrección, caminando con dos discípulos de Jerusalén a Emaús, les reprochó su incredulidad, debido a su ignorancia de las Escrituras. Lucas, que relata el caso, agrega:

> Y comenzando desde Moisés, y siguiendo por todos
> los profetas, les declaraba en todas las Escrituras
> lo que de él decían.　　　　　　　　　　　Lucas 24.27

Poco más tarde el Señor resucitado dijo a un grupo mayor de sus discípulos:

> Y les dijo: Estas son las palabras que os hablé, estando aún
> con vosotros: que era necesario que se cumpliese todo lo
> que está escrito de mí en la ley de Moisés, en los profetas
> y en los salmos.　　　　　　　　　　　　Lucas 24.44

Cristo declaraba, pues, no sólo que las Escrituras daban testimonio de él en general, sino que en cada una de las tres divisiones del Antiguo Testamento —la ley, los profetas y los salmos (o 'escritos')— había elementos referentes a él, y que todas esas cosas debían cumplirse.

La relación fundamental entre el Antiguo Testamento y el Nuevo, según Cristo, es entre la promesa y el cumplimiento. La palabra 'cumplido', primera que Jesús pronunció en su ministerio público (en el texto griego del Evangelio de Marcos) así lo indica:

> El tiempo se ha cumplido, y el reino de Dios se ha
> acercado; arrepentíos, y creed en el evangelio.
> 　　　　　　　　　　　　　　　　　　　Marcos 1.15

Jesucristo estaba completamente convencido de que los largos siglos de expectación habían terminado, y que él mismo había ingresado a los días de su cumplimiento. Así que pudo decir a sus apóstoles:

> Bienaventurados vuestros ojos, porque ven; y vuestros
> oídos, porque oyen. Porque de cierto os digo, que muchos
> profetas y justos desearon ver lo que veis, y no lo vieron;
> y oír lo que oís, y no lo oyeron.　　　　Mateo 13.16–17

A la luz de esta afirmación, examinaremos primero el Antiguo Testamento, y trataremos de ver cómo nuestro Salvador, Jesucristo mismo (en términos de promesa y cumplimiento), es el tema unificador de la Escritura.

Por 'ley' se entiende el Pentateuco, los primeros cinco libros del Antiguo Testamento. ¿Podemos realmente hallar a Cristo en ellos? Sin duda alguna.

Para comenzar, contienen algunas profecías fundamentales de la salvación de Dios por medio de Cristo y que se reflejan en el resto de la Biblia. Dios prometió en primer lugar que la simiente de Eva aplastaría la cabeza de la serpiente; luego, que por medio de la descendencia de Abraham bendeciría a todas las familias de la tierra y que 'No será quitado el cetro de Judá … hasta que venga aquel a quien le pertenece; y a él se congregarán los pueblos' (Génesis 3.15; 12.3; 49.10). Así se revela —ya en el primer libro de la Biblia— que el Mesías sería humano (descendiente de Eva) y judío (descendiente de Abraham y de la tribu de Judá) y que aplastaría a Satanás, bendeciría al mundo y reinaría para siempre.

Otra importante profecía de Cristo en la ley lo representa como el Profeta perfecto. Moisés dijo al pueblo:

> Profeta de en medio de ti, de tus hermanos, como yo,
> te levantará Jehová tu Dios; a él oiréis … y él les hablará
> todo lo que yo le mandare. Deuteronomio 18.15, 18b

No sólo por medio de profecías directas señala la ley a Cristo, sino también por figuras más indirectas. En ella el Mesías fue representado así como predicho. En realidad, los tratados de Dios con Israel al escogerlo, al redimirlo, al establecer su pacto con él, al expiar sus pecados mediante el sacrificio, y al darle como herencia la tierra de Canaán, todo ello presentaba en términos limitados y nacionales lo que un día estaría al alcance de todos los hombres por medio de Cristo. Los cristianos pueden decir hoy: Dios nos escogió en Cristo y nos hizo un pueblo suyo. Cristo derramó su sangre para expiar nuestros pecados y ratificar el nuevo pacto. Nos ha redimido no de la esclavitud de Egipto, sino de la esclavitud del pecado. Él es nuestro gran sumo sacerdote que se ofreció a sí mismo en la cruz, como único sacrificio por los pecados para siempre, y todo sacerdocio y sacrificio se cumplen en él. Además, con su resurrección hemos nacido de nuevo a una esperanza viva, 'para una herencia incorruptible, incontaminada e inmarcesible' reservada en el cielo para nosotros (1 Pedro 1.4). Cada una de estas grandes palabras cristianas que describen distintos aspectos de nuestra salvación en Cristo —elección, expiación, pacto, redención, sacrificio, herencia—, aparecen en el Antiguo Testamento para referirse a la gracia de Dios para con Israel.

Hay todavía una tercera manera en que la ley da testimonio de Cristo. El apóstol Pablo presenta así en su carta a los Gálatas:

> Pero antes que viniese la fe, estábamos confinados bajo
> la ley, encerrados para aquella fe que iba a ser revelada.
> De manera que la ley ha sido nuestro ayo, para llevarnos
> a Cristo, a fin de que fuésemos justificados por la fe.
>
> Gálatas 3.23–24

Las palabras griegas que usa Pablo describen vívidamente la situación del individuo encerrado ('confinado') en una prisión militar, 'encerrados' bajo llave, y con un tutor encargado de la disciplina de los menores (nuestro 'ayo'), precisamente porque la ley moral condenaba al que la quebrantaba sin ofrecerle remedio alguno. De esta manera apuntaba a Cristo. Su misma condenación hacía necesario a Cristo. La ley nos mantuvo en esclavitud 'hasta que vino Cristo', el único que pudo darnos libertad. Estamos condenados por la ley, pero justificados por medio de la fe en Cristo.

Cristo en los profetas

Cuando nos volvemos de la ley a los profetas, debemos recordar que la división del Antiguo Testamento conocida como 'los profetas' incluía los libros históricos (Josué, Jueces, Samuel y Reyes) como los 'profetas anteriores' debido a que se estimaba que los autores habían escrito historia profética o sagrada, así como los 'profetas posteriores' que nosotros llamamos mayores y menores.

Muchos lectores de la Biblia encuentran sumamente tediosa la lectura de la historia de Israel y no pueden imaginar cómo esos monótonos reyes pueden tener algo que ver con Cristo. Sin embargo, cuando recordamos que las primeras palabras de Cristo acerca del 'cumplimiento del tiempo' conducen inmediatamente a que 'el reino de Dios se ha acercado', encontramos en la palabra 'reino', la clave que necesitamos. Israel comenzó como una teocracia, una nación regida directamente por Dios. Aun cuando el pueblo rechazó el reinado de Dios exigiendo un rey como las naciones vecinas y Dios les concedió su pedido, sabían que en último término él continuaba siendo su Rey, porque ellos continuaban siendo su pueblo, y sus reyes reinaban como si fuesen sus virreyes.

No obstante, el reinado de los reyes tanto del reino del norte (Israel) como del reino del sur (Judá) dejó mucho que desear. La monarquía estaba viciada, externamente por guerras extranjeras, e internamente por la injusticia y la opresión. Ambos reinos se caracterizaban también por la inestabilidad de todas las instituciones humanas, según los reyes accedían al trono, prosperaban y morían. Y a veces quedaban reducidos a minúsculos territorios, como cuando los ejércitos extranjeros los invadían; por último, ambas capitales cayeron en poder de los enemigos y tanto Israel como Judá sufrieron un humillante exilio. No es extraño que Dios se valiera de esa experiencia de lo insatisfactorio del gobierno humano para demostrarles la perfección del futuro reino mesiánico y estimularlos a esperarlo.

Dios había hecho un pacto con David para edificarle una casa y por medio de su descendencia establecer su trono para siempre (2 Samuel 7.8–17). Ahora los profetas comienzan a describir la clase de rey que sería ese 'hijo de David'. Mostraron claramente que él encarnaría los ideales del reino que los reyes de Israel y Judá, y aun el mismo David, habían prefigurado tan imperfectamente. En su reino la opresión daría lugar a la justicia, y la guerra a la paz. Y su extensión o su duración no tendrían límites, porque su dominio se extendería de mar a mar, hasta los fines de la tierra, y duraría eternamente. Estas cuatro características del reino del Mesías —paz, justicia, universalidad y eternidad— aparecen juntas en una de las más famosas profecías de Isaías:

> Porque un niño nos es nacido,
>   hijo nos es dado,
>   y el principado sobre su hombro;
> y se llamará su nombre
>   Admirable, Consejero, Dios Fuerte,
>   Padre Eterno, Príncipe de Paz.

> Lo dilatado de su imperio y la paz
> no tendrán límite,
> sobre el trono de David
> y sobre su reino,
> disponiéndolo y confirmándolo
> en juicio y en justicia
> desde ahora y para siempre.
> El celo de Jehová de los ejércitos hará esto.
>
> Isaías 9.6–7

Si bien es verdad que los profetas predijeron la gloria del Mesías, también lo es que anunciaron sus sufrimientos. La más conocida de tales profecías, obviamente definitiva para la interpretación de su ministerio por nuestro propio Señor, es la del Siervo sufriente, de Isaías 53. Sería 'despreciado y desechado entre los hombres, varón de dolores, experimentado en quebranto'. Sobre todo, llevaría los pecados de su pueblo:

> Él herido fue por nuestras rebeliones,
> molido por nuestros pecados;
> el castigo de nuestra paz fue sobre él,
> y por su llaga fuimos nosotros curados.
> Todos nosotros nos descarriamos como ovejas,
> cada cual se apartó por su camino;
> mas Jehová cargó en él
> el pecado de todos nosotros.
>
> Isaías 53.5–6

Cristo en los 'escritos'

La tercera división del Antiguo Testamento se conocía como los 'escritos', en ocasiones llamados 'los salmos' debido a que el Salterio constituía el libro principal de esta sección. En el Nuevo Testamento se aplican a Jesucristo varios salmos, los cuales incluyen referencias a su deidad, humanidad, sufrimientos y exaltación. Las palabras: 'Mi hijo eres tú; Yo te engendré hoy' (Salmo 2.7), por ejemplo, fueron empleadas (al menos en parte) por Dios el Padre al dirigirse directamente a su Hijo en su bautismo y en su transfiguración. Las alusiones del Salmo 8 al hombre como 'hecho poco menor a los ángeles' y 'coronado de gloria y honor', son aplicadas a Cristo por el autor de la

Epístola a los Hebreos. El mismo Jesús citó en la cruz el Salmo 22.1: 'Dios mío, Dios mío, ¿por qué me has desamparado?', dando a entender que había experimentado personalmente el terrible abandono de Dios tal como lo expresara el salmista. Citó también el dicho de David en el Salmo 110.1 "Jehová dijo a mi Señor: 'Siéntate a mi diestra, hasta que ponga a tus enemigos por estrado de tus pies'", y preguntó a sus críticos cómo, en su opinión, el Mesías podía ser a la vez Señor e hijo de David.

Los escritos contienen además lo que a menudo se llama la literatura de sabiduría del Antiguo Testamento. Los 'sabios' parecen haber constituido un grupo distinto en Israel durante el último período de la monarquía, junto con los profetas y los sacerdotes. Ellos sabían que el principio de la sabiduría consistía en temer a Dios y apartarse del mal. A menudo exaltaban la sabiduría en términos brillantes, como más preciosa que el oro, la plata y las piedras preciosas, y ocasionalmente parecen haberla personificado como el agente de Dios en la creación:

> Cuando formaba los cielos, allí estaba yo;
>   Cuando trazaba el círculo sobre la faz del abismo;
> Cuando afirmaba los cielos arriba,
>   Cuando afirmaba las fuentes del abismo;
> Cuando ponía al mar su estatuto,
>   Para que las aguas no traspasasen su mandamiento;
> Cuando establecía los fundamentos de la tierra,
>   Con él estaba yo ordenándolo todo,
> Y era su delicia de día en día,
>   Teniendo solaz delante de él en todo tiempo.
> Me regocijo en la parte habitable de su tierra;
>   Y mis delicias son con los hijos de los hombres.
>
> Proverbios 8.27–31

Los cristianos no tienen dificultad en reconocer que esta sabiduría de Dios se ha incorporado de un modo totalmente original en Jesucristo, la 'Palabra' personal que estaba en el principio con Dios y por quien fueron hechas todas las cosas (ver Juan 1.1–3; Colosenses 2.3).

Como se ve, la expectación de Cristo en el Antiguo Testamento —en la ley, los profetas y los escritos— fue extremadamente variada.

Jesús mismo la resumió en la comprensiva expresión: 'que el Cristo padeciera estas cosas … y entrara en su gloria' (Lucas 24.26). El apóstol Pedro recogió la frase, concediendo que los profetas no entendieron del todo 'qué persona y qué tiempo indicaba el Espíritu de Cristo que estaba en ellos, el cual anunciaba de antemano los sufrimientos de Cristo, y las glorias que vendrían tras ellos' (1 Pedro 1.11). Pero allí estaba esa doble línea de profecía, representándolo como el sacerdote que habría de sufrir ofreciéndose él mismo como sacrificio por el pecado, y como el Rey cuyo glorioso reinado no tendría fin.

De hecho, otra de las maneras como se resume el testimonio de Cristo en el Antiguo Testamento es presentándolo como un profeta mayor que Moisés, un sacerdote mayor que Aarón y un rey mayor que David: Jesús revelaría perfectamente a Dios al hombre, reconciliaría al hombre con Dios y gobernaría a la humanidad en nombre de Dios. En él hallarían su cumplimiento final los ideales del Antiguo Testamento sobre la profecía, el sacerdocio y el reino.

Cristo en el Nuevo Testamento

Si la idea de descubrir a Cristo en el Antiguo Testamento parece extraña a primera vista, no existe tal dificultad en el Nuevo. Los Evangelios relatan desde distintos puntos de vista, como lo veremos con más detalle en el capítulo 4, la historia del nacimiento, la vida, la muerte y la resurrección de Jesús, y proporcionan testimonios de sus palabras y sus obras.

Estas 'Memorias de los apóstoles', como se las llamaba en la iglesia primitiva, se conocieron más tarde correctamente como 'Evangelios', ya que cada evangelista relata su historia como 'evangelio' o buenas nuevas de Cristo y su salvación. No lo presentan como podría hacerlo un biógrafo, pues son esencialmente testigos que llaman la atención de sus lectores hacia alguien que identificaban como el Dios hombre, nacido para salvar a su pueblo de sus pecados, cuyas palabras eran palabras de vida eterna, y sus obras dramatizaban la gloria de su reino, el cual murió en rescate por los pecadores y resucitó triunfalmente para ser Señor de todos.

Podría suponerse que los Hechos de los Apóstoles, que relatan la historia de los primeros días del cristianismo, trataron más de la iglesia que de Cristo. Pero esa sería una manera errónea de presentar su naturaleza. Lucas, su autor, cree otra cosa. Al presentar su obra a Teófilo, (para quien está escribiendo) dice que su primer libro (el Evangelio de Lucas) contiene 'todas las cosas que Jesús comenzó a hacer y enseñar', lo que implica que los Hechos contienen todo lo que Jesús *continuó* haciendo y enseñando por medio de sus apóstoles. Así que en los Hechos escuchamos a Cristo, quien sigue hablando, aunque ahora por medio de los grandes sermones de los apóstoles Pedro y Pablo que Lucas registra. Vemos también los milagros que Jesús hizo por medio de ellos, ya que 'muchas maravillas y señales eran hechas por Cristo por medio de los apóstoles' (Hechos 2.43). Y vemos a Cristo edificando su iglesia, añadiendo a ellas los conversos:

> Y el Señor añadía cada día a la iglesia los que habían
> de ser salvos.
>
> Hechos 2.47

Las epístolas amplían el testimonio del Nuevo Testamento sobre Cristo desplegando la gloria de su persona divino-humana y su obra salvadora, y relacionando con él la vida de los cristianos y de la iglesia. Los apóstoles exaltan a Cristo como aquel en quien 'agradó al Padre que en él habitase toda plenitud … de la deidad' y mediante el cual nosotros estamos 'completos en él' (Colosenses 1.19; 2.9–10). En Cristo —dicen— 'Dios … nos bendijo con toda bendición espiritual en los lugares celestiales' (Efesios 1.3), de modo que podemos hacer todas las cosas por la fortaleza interior que él nos da (Filipenses 4.13). El Cristo que presentan los apóstoles es un Cristo suficiente para todo, capaz de salvar hasta lo sumo y 'perpetuamente a los que por él se acercan a Dios' (Hebreos 7.25).

La revelación de Cristo en la Biblia alcanza su clímax en el Apocalipsis de Juan, donde se lo describe con la vívida imaginería que caracteriza a este libro. Primero aparece como un hombre glorificado 'en medio de los candeleros', los cuales representan a las iglesias a las que el Cristo resucitado aparece vigilando, de modo que a cada una puede decirle: 'Yo conozco tus obras' (Apocalipsis 2–3). Luego la escena se traslada de la tierra al cielo, y Jesucristo aparece bajo la forma de 'un Cordero como inmolado'. La incontable multitud internacional de los redimidos la constituyen aquellos que 'han lavado sus ropas, y las han emblanquecido en la sangre del Cordero', lo que significa que deben su justicia sólo a Cristo crucificado (Apocalipsis 5.6; 7.14). Luego, hacia el final del libro, se ve a Cristo como un jinete majestuoso, montado en un caballo blanco, que sale a juzgar, llevando su nombre escrito sobre él: 'Rey de reyes y Señor de señores' (Apocalipsis 19.11–17). Finalmente, se lo presenta como el Esposo celestial: 'han llegado las bodas del Cordero, y su esposa se ha preparado'. Su esposa es la iglesia glorificada a la cual se ve entonces 'descender del cielo, de Dios, dispuesta como una esposa ataviada para su marido' (ver Apocalipsis 19.7–9; 21.2). Casi las últimas palabras del Apocalipsis son: "el Espíritu y la Esposa dicen: 'Ven.' Y el que oye, dice: 'Ven… ¡Ven, Señor Jesús!'" (Apocalipsis 22.17, 20)

Entre los libros de la Biblia hay una diversidad de contenido, estilo y propósito, y en algunos de ellos el testimonio sobre Cristo es indirecto, hasta podría decirse sesgado. Pero este breve repaso del Antiguo y el Nuevo Testamento debiera bastar para demostrar que 'el testimonio de Jesús es el espíritu de la profecía' (Apocalipsis 19.10). Si queremos conocer a Cristo y su salvación, es a la Biblia a donde debemos acudir, porque la Biblia es el retrato de Cristo pintado por el propio Dios. De otra manera nunca podremos conocerlo. Como dijo Jerónimo en el siglo IV d.C., 'La ignorancia de las Escrituras es ignorancia de Cristo'.[1]

Igual que en el juego de la búsqueda del tesoro, a veces uno tiene la suerte de tropezar inmediatamente con el tesoro, pero casi siempre hay que seguir laboriosamente de clave en clave hasta que al final se lo encuentra; así sucede con la lectura de la Biblia: algunos versículos señalan directamente a Cristo, otros son indicios remotos. Pero siguiendo cuidadosamente las claves, finalmente todos los lectores descubrirán ese tesoro que no tiene precio.

Por medio de la fe

'Por la fe que es en Cristo Jesús', escribió el apóstol Pablo, las Escrituras son aptas para instruirnos para la salvación (2 Timoteo 3.15). Puesto que el propósito de las mismas (o de su divino Autor por medio de ellas) es traernos salvación, y puesto que la salvación está en Cristo, ellas, como hemos visto, nos señalan a Cristo. Pero su propósito al señalarnos a Cristo no es simplemente que sepamos acerca de él y lo entendamos, ni aun que lo admiremos, sino que pongamos en él nuestra confianza. La Escritura da testimonio de Cristo no para satisfacer nuestra curiosidad, sino para despertar en nosotros la fe.

En cuanto a la fe, hay mucha confusión. Generalmente se supone que es un salto en las tinieblas, totalmente incompatible con la razón. Sin embargo no es así. La verdadera fe nunca es irracional, porque su objetivo es siempre la confiabilidad. Cuando los seres humanos confiamos los unos en los otros, lo razonable de nuestra confianza depende de la relativa confiabilidad de cada persona. Pero la Biblia atestigua que Jesucristo es absolutamente digno de confianza. Nos dice quién es y qué ha hecho, y la evidencia que proporciona sobre su persona y su obra únicas es extremadamente convincente. Al exponernos al testimonio bíblico de este Cristo y al sentir su impacto —profundo pero simple, variado pero unánime—, Dios crea en nosotros la fe. Recibimos el testimonio, creemos.

Esto es lo que Pablo tenía en mente cuando escribió:

> Así que la fe es por el oír, y el oír, por la palabra de Dios.
>
> Romanos 10.17

Hemos visto que el propósito de Dios en y a través de la Biblia es rigurosamente práctico. Él la ha ordenado como su principal instrumento para llevar a los hombres a la 'salvación', entendida en su sentido más extenso y absoluto. Toda la Biblia es un evangelio de salvación, y el evangelio es 'poder de Dios para salvación a todo aquel que cree' (Romanos 1.16). Así, pues, apunta con sus numerosos dedos inequívocamente a Cristo, de modo que sus lectores lo vean, crean en él y sean salvos.

El apóstol Juan escribe algo muy similar al final de su Evangelio. Ha registrado, dice, solamente una selección de las señales de Jesús, quien hizo muchas otras. Y continúa:

> Pero éstas se han escrito para que creáis que Jesús es el
> Cristo, el Hijo de Dios, y para que creyendo, tengáis vida
> en su nombre.
>
> Juan 20.31

Juan ve el propósito último de las Escrituras (lo que se ha escrito) de la misma manera que lo ve Pablo. Juan lo llama 'vida', Pablo 'salvación', pero los términos son prácticamente sinónimos. Ambos apóstoles concuerdan, además, en que esta vida o salvación se encuentra en Cristo, y que para recibirla debemos creer en él. La secuencia de Escrituras → Cristo → fe → salvación, es exactamente la misma. Las Escrituras dan testimonio de Cristo para que creamos en él y tengamos vida.

La conclusión es simple. Cada vez que leemos la Biblia, debemos buscar a Cristo. Y debemos seguir buscando hasta ver y, en consecuencia, creer. Sólo si continuamos apropiándonos por medio de la fe de las riquezas de Cristo que se nos revelan en las Escrituras creceremos hacia la madurez espiritual, y seremos hombres y mujeres de Dios 'enteramente preparados para toda buena obra'.

Guía de estudio

1 ¿Cuál es el propósito supremo de la Biblia?

2 Explicar de qué manera la ley da testimonio de Cristo.

3 ¿Qué efecto tuvo la transición de la teocracia a la monarquía en el concepto del futuro reino en el pueblo de Israel?

4 ¿Cómo aluden las Escrituras a Jesucristo?

5 ¿Por qué inicialmente se llamó a los Evangelios 'memorias de los apóstoles'?

6 ¿En qué sentido la revelación bíblica de Cristo alcanza su clímax en el Apocalipsis de Juan?

7 ¿Cómo se concilia la concepción contemporánea de la fe con lo que en las Escrituras se llama fe?

8 Jerónimo escribió en el siglo IV: 'La ignorancia de la Escritura es ignorancia de Cristo'. ¿En qué sentido sus palabras son aplicables a la vida de la iglesia hoy?

9 Martín Lutero escribió en el siglo XVI: 'Así como vamos a la cuna sólo para ver al bebé, así vamos a las Escrituras sólo para ver a Cristo'. ¿En qué fundamenta Stott esta proposición en el capítulo 1?

Notas

1 En el prólogo a su comentario sobre Isaías, citado en la *Constitución dogmática sobre la revelación divina del Vaticano II*, párrafo 25.

2

La tierra de la Biblia

E L PROPÓSITO DE DIOS DE ESCOGER DEL MUNDO UN PUEBLO para sí comenzó a desarrollarse en un lugar particular del planeta y durante un período particular de su historia. No es posible, pues, entender su significado sin algún conocimiento de su ambiente histórico y geográfico.

Sin embargo, la sola mención de la historia y la geografía, especialmente de la Biblia, basta para alejar a algunas personas que tiemblan cuando recuerdan las aburridas lecciones de religión en la escuela, con listas de fechas de terribles reyes israelitas que memorizar y los interminables viajes de Pablo que señalar en un mapa. Simpatizo con los que se sienten así; también sufrí el mismo problema. Evidentemente, lo mismo le sucedía al estudiante que en un examen debía distinguir entre los profetas Elías y Eliseo. Como no tenía la más remota noción de quién era quién, se rumorea que comenzó su ensayo: 'No cavilemos sobre las diferencias entre estos dos hombres verdaderamente grandes. Más bien demos una lista de los reyes de Israel y Judá en su orden cronológico.'

Algunas personas que no sienten atracción por la historia o la geografía pueden preguntar impacientes por qué Dios no nos dio en cambio una sencilla lista de dogmas en qué creer y reglas para obedecer. ¿Por qué tuvo que revelarse en un remoto contexto histórico y geográfico, a tal punto que debemos luchar para entender el contexto antes de poder captar la revelación? Una respuesta podría ser: 'Porque Dios quiso hacerlo así', y 'basta de preguntas impertinentes'. Pero las preguntas son perfectamente apropiadas.

Una revelación de Persona a personas

Una respuesta más adecuada sería aquella que dice que el Dios viviente es un Dios personal, que nos hizo personas a su propia imagen e insiste en tratar como tales a las personas que ha creado. De modo que todo el proceso de la revelación ha sido la autorrevelación de una Persona a personas, personas reales como nosotros que vivimos actualmente en un determinado lugar y en un cierto momento. Al decir esto no estoy negando que Dios haya revelado su verdad en palabras. Más bien estoy afirmando que su revelación ha sido 'personal' y 'proposicional' al mismo tiempo, es decir, que las verdades que ha revelado no han descendido del cielo en paracaídas ni han aparecido en forma desconectada como 'los pensamientos de Dios', comparables a los del presidente Mao. Más bien han sido dadas a conocer en y por medio de la experiencia viva de seres humanos, culminando en su propio Hijo, el Verbo hecho carne.

Además, si Dios simplemente nos hubiera proporcionado un catálogo sistemático de cosas permitidas y prohibidas en la creencia y la conducta diarias, habría sido algo demasiado abstracto para ser útil. Y si se hubiera expresado en el idioma de una edad o generación, hubiera sido en gran parte carente de significado para otras. Pero tal como son las cosas, Dios se reveló en situaciones personales, que por ser humanas son concretas y fácilmente comprensibles en cada una de las generaciones. El hecho de que estén registradas en las Escrituras nos posibilita 'ver' por nosotros mismos.

El trato de Dios con la nación israelita y con los hombres en particular fue registrado, se nos dice, 'para nuestra enseñanza' (Romanos 15.4; 1 Corintios 10.11). Y la enseñanza que proporciona se trata de un estímulo y a la vez una advertencia.

'La consolación de las Escrituras' (Romanos 15.4) es tremenda. Aun los grandes hombres de la historia bíblica, se asegura, eran de la misma naturaleza que nosotros.[1] Sin embargo, los vemos triunfar en sus luchas con las tentaciones y las dudas, negándose a inclinarse delante de los ídolos y dispuestos a aceptar la muerte antes que traicionar su pertenencia al Dios vivo, creyendo las promesas de Dios a pesar de todas las evidencias en contra, enfrentando sin ayuda la generalizada apostasía de su tiempo, amando y sirviendo a su generación, y dando valiente testimonio de la verdad.

> **Dios se reveló en situaciones personales, que por ser humanas son concretas y fácilmente comprensibles en cada una de las generaciones.**

Las Escrituras contienen advertencias y desafíos porque rehúsan ocultar las faltas incluso de sus hombres más famosos: dicen con franqueza cómo el justo Noé se emborrachó; cómo una vez Abraham, el gigante de la fe, cayó tan profundamente que estuvo dispuesto a exponer a su esposa para salvar su propia vida; cómo Jacob engañó y José se jactó; cómo Moisés, el más manso de los hombres, perdió el dominio propio; cómo David, que gozaba de favor ante los ojos de Dios, robó, asesinó y cometió adulterio en un mismo arranque de pasión; cómo Job, 'perfecto y recto, temeroso de Dios y apartado del mal', estando bajo el peso de una gran adversidad clamó amargamente y maldijo el día de su nacimiento; y cómo todo el pueblo de Israel, a pesar de sus muchos y singulares privilegios, quebrantó el pacto de Dios. La Biblia es igualmente franca con los personajes del Nuevo Testamento. Ellos también eran hombres de carne y hueso como nosotros, y a veces cedieron a la incredulidad, la avenencia, la jactancia, la indisciplina y la desobediencia. 'Estas cosas … están escritas para amonestarnos a nosotros' (1 Corintios 10.6, 11).

Una tierra especial

Dios quiere comunicarse con nosotros allí donde estemos, tal como lo hizo con los personajes bíblicos en su momento. De modo que para entender cómo nos trata a nosotros debemos entender cómo los trató a ellos, cuándo y bajo cuáles circunstancias. Debemos poder visualizarlo. Por eso nuestro estudio de las tierras bíblicas, en este capítulo, y de la historia de la Biblia, en los dos siguientes, constituye un estudio fascinante e indispensable. Porque esta historia y esta geografía son el escenario en el que Dios escogió hablar y actuar de un modo absolutamente original.

En la Edad Media los geógrafos cristianos solían sostener seriamente que Jerusalén era el centro de la tierra, y sus mapas ilustraban esta creencia. En el antiguo templo del Santo Sepulcro (edificado sobre el supuesto lugar de la crucifixión y resurrección de Jesús), en Jerusalén, una piedra en el piso señala el sitio que según ellos era el punto preciso.

Desde luego, geográficamente hablando todas estas cosas suenan como pura fantasía. Teológicamente, sin embargo, los cristianos las defenderían como ciertas. Para ellos Palestina es la 'Tierra Santa', una región distinta de las demás. Es también el centro de la historia y la geografía del mundo en el sentido de que allí está la 'tierra prometida' que Dios apartó para Abraham unos dos mil años antes de Cristo; allí vivió y murió el Salvador del mundo; y allí nació la misión cristiana que habría de sobrevivir al imperio romano y cambiar el curso de la historia.

Además, los cristianos creen en la providencia de Dios. No podemos imaginar, por lo tanto, que la elección de Palestina como escenario del drama de la salvación fuera accidental. Una de sus características más llamativas es que actúa como una suerte de puente entre tres continentes. Europa, Asia y África convergen sobre la margen oriental del Mediterráneo y sus ciudadanos se han entremezclado una y otra vez en sus viajes comerciales por mar y tierra. En consecuencia, Palestina no sólo fue invadida y sometida por ejércitos de África, Asia y Europa —primeramente por los egipcios, luego asirios, babilonios y persas, y finalmente griegos y romanos— sino que además se convirtió en una admirable catapulta para el contraataque espiritual; los soldados de Jesucristo marcharon hacia el norte, el sur, el este y el oeste, a la conquista del mundo. 'Me seréis testigos', habían sido sus últimas palabras. 'En Jerusalén, en toda Judea, en Samaria, y hasta lo último de la tierra' (Hechos 1.8). Estratégicamente, pues, Dios había puesto a Jerusalén 'en el medio de las naciones' (Ezequiel 5.5). Si los testigos de Cristo hubieran enseñado más claramente los orígenes del cristianismo en el Medio Oriente, tal vez los africanos y los asiáticos no hubieran asociado el evangelio tan estrechamente con la raza blanca y el mundo occidental.

'Palestina' —originalmente la palabra viene de los filisteos, que ocupaban una pequeña porción al sudoeste de la misma— es en sí sólo una porción de historia del Antiguo Testamento. La escena más vasta ha sido denominada a menudo la 'Media luna fértil', debido a que se extiende en un semicírculo desde Egipto hasta Mesopotamia, desde el valle del Nilo hasta la llanura aluvial regada por los ríos Éufrates y Tigris, encerrando el árido desierto

Dios quiere comunicarse con nosotros allí donde estemos, tal como lo hizo con los personajes bíblicos en su momento.

arábigo. Para entender la historia del pueblo de Dios es necesario tener en mente esta media luna y los dos grandes ríos que forman sus extremidades: Dios llamó a Abraham de Ur de los Caldeos, situada sólo a unos quince kilómetros del río Éufrates, en el sur de Iraq, y

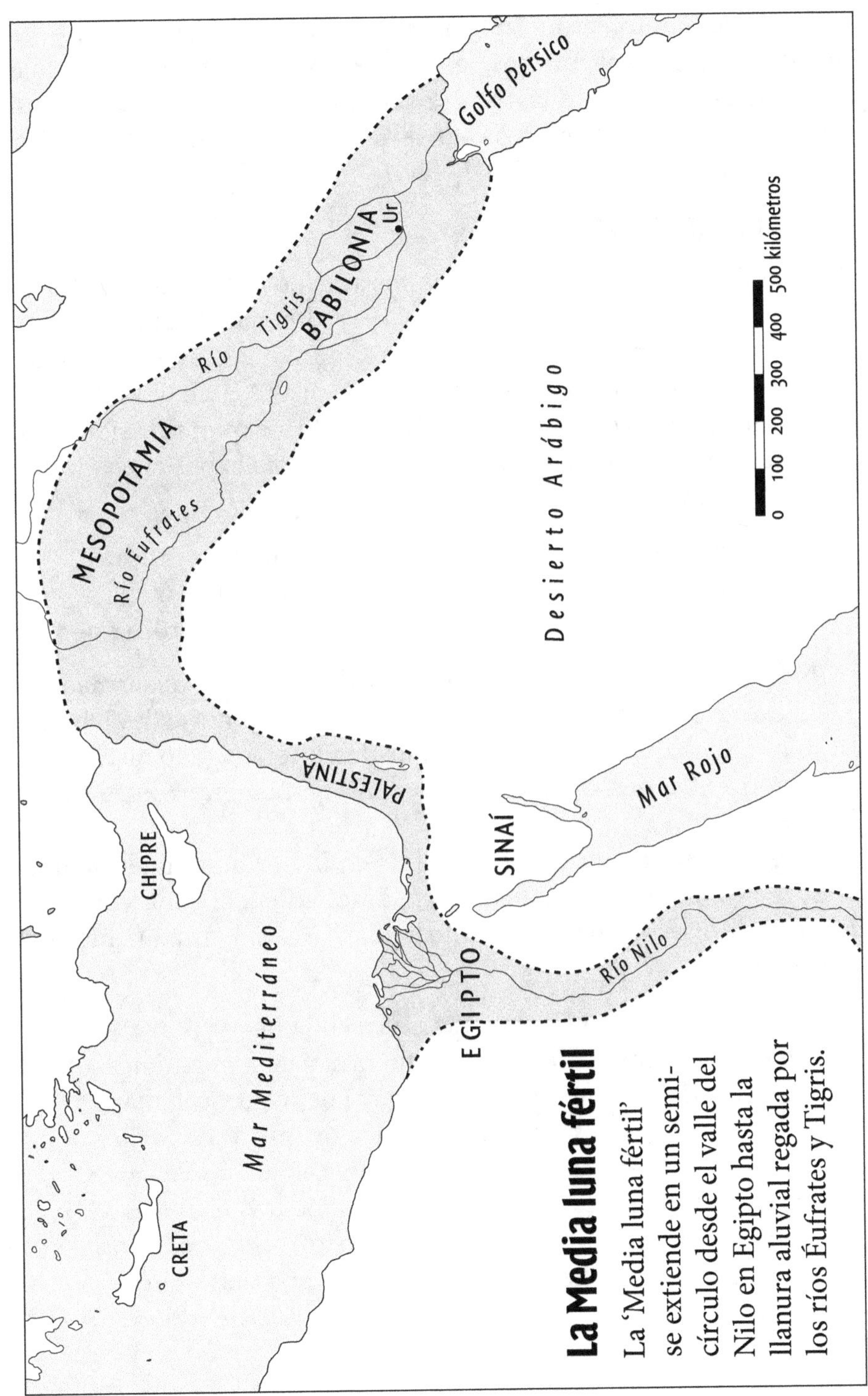

La Media luna fértil

La 'Media luna fértil' se extiende en un semi-círculo desde el valle del Nilo en Egipto hasta la llanura aluvial regada por los ríos Éufrates y Tigris.

a Moisés de Egipto, donde apenas escapó de ser ahogado en el Nilo cuando era niño. Las mismas palabras 'Egipto' y 'Babilonia' recordaban a los israelitas las iniciativas salvadoras de su Dios, pues en esos países transcurrieron sus dos cautiverios más terribles, de los cuales Dios los había liberado.

Una buena tierra

Cuando Dios le dijo a Moisés que iba a sacarlos de Egipto para llevarlos a Canaán, la describió como una 'tierra buena y ancha … tierra que fluye leche y miel' (Éxodo 3.8), agregando luego que era 'la más hermosa de todas las tierras' (Ezequiel 20.6, 15). Y cuando regresaron los doce espías que Moisés había enviado a explorar la tierra, su informe confirmó esta descripción por su propia experiencia. Josué y Caleb dijeron:

> La tierra por donde pasamos para reconocerla, es tierra
> en gran manera buena … tierra que fluye leche y miel.
>
> Números 14.6–8

Pudieron, además, proporcionar evidencias de su afirmación, pues llevaron consigo del valle de Escol (un poco al norte de Hebrón) un solo racimo de uvas tan pesado que debió ser colgado de un palo y cargado entre dos de ellos, junto con algunas granadas e higos (Números 13.23–24).

Luego, precisamente antes de entrar en la tierra, después de una demora de cuarenta años debida a la desobediencia e incredulidad de Israel, Moisés exhortó al pueblo a guardar los mandamientos de Dios y agregó:

> Porque Jehová tu Dios te introduce en la buena tierra,
> tierra de arroyos, de aguas, de fuentes y de manantiales,
> que brotan en vegas y montes; tierra de trigo y cebada,
> de vides, higueras y granados; tierra de olivos, de aceite
> y de miel; tierra en la cual no comerás el pan con escasez,
> ni te faltará nada en ella; tierra cuyas piedras son hierro,
> y de cuyos montes sacarás cobre. Y comerás y te saciarás,
> y bendecirás a Jehová tu Dios por la buena tierra que te
> habrá dado.
>
> Deuteronomio 8.7–10

Aunque los labradores palestinos tienen que trabajar duramente para lograr un buen rendimiento, esta es aún una descripción exacta de la fertilidad y productividad de la región.

La región que estamos describiendo abarca sólo unos trescientos treinta kilómetros de norte a sur y ciento sesenta kilómetros de este a oeste. Está encerrada por límites naturales. Al norte se eleva la masa montañosa del Líbano (que significa 'blanco', debido a su nieve) y el Antelíbano, el valle que se conoce como la entrada de Hamat'. Al oeste se halla el Mediterráneo o 'Mar Grande', y hacia el este y el sur los formidables desiertos de Arabia y de Zin.[2]

Varias expresiones populares se empleaban para referirse a todo el país, de norte a sur. Una era 'desde la entrada de Hamat hasta el mar de Arabá', o Mar Muerto (por ejemplo, 2 Reyes 14.25). Pero la más común era simplemente 'desde Dan hasta Beerseba' (por ejemplo, Jueces 20.1; 1 Samuel 3.20; 2 Samuel 3.10; 1 Reyes 4.25), siendo Dan la ciudad más al norte de Israel, mientras Beerseba la de más al sur, situada al borde del desierto de Zin, a mitad de camino entre el Mediterráneo y el extremo sur del Mar Muerto.[3]

Los visitantes de la Tierra Santa, si tienen la oportunidad de explorarla adecuadamente, se extrañan ante la gran adversidad del terreno. En ninguna parte es mayor el contraste que entre los 'mares' o 'lagos' de los extremos norte y sur del río Jordán. Galilea por su colorida hermosura —con su lago azul, rodeado de montañas, su alfombra de flores primaverales y las lejanas cimas nevadas del Monte Hermón hacia el norte— es un verdadero paraíso en comparación con el calor, el hedor y la desolación del Mar Muerto y sus alrededores.

El relato bíblico a menudo hace alusión a las diferentes regiones en que está dividida Palestina. Por ejemplo, sus habitantes se describen como radicados en 'el Arabá, en el monte, en los valles, en el Neguev, y junto a la costa del mar' (Deuteronomio 1.7). El Arabá es la profunda garganta del valle del Jordán que corre hacia el sur hasta el golfo de Akaba. El 'monte' se refiere a las montañas de Judea, mientras 'los valles' son la Sefela, sus colinas accidentales. El Neguev, que significa 'árido', es el gran desierto del sur, llamado también desierto de Zin, y 'la costa del mar' se refiere a la del Mediterráneo.

Tal vez una manera más sencilla de recordar el mapa de Palestina es visualizar cuatro franjas de terreno que corren paralelas de norte a sur. La más notable es la del valle del Jordán. El río abre un profundo camino entre dos cadenas de montañas —la meseta central que forma la columna vertebral de Palestina (con sus laderas occidentales que descienden hasta la llanura de la costa) y la meseta oriental, más allá de la cual yace el desierto. Así, pues, las cuatro franjas entre el mar y el desierto son la de la costa, la meseta central, el valle del Jordán y la altiplanicie oriental. Las estudiaremos por turno.

La franja de la costa

La franja costera varía en anchura desde unos cuantos centenares de metros, a la altura en que el Monte Carmelo desciende hacia el mar (donde está situado el moderno puerto de Haifa), hasta unos cincuenta kilómetros, en su extremo sur. Esta parte sur era la antigua tierra de los filisteos. Allí se encontraban las cinco ciudades principales de los filisteos: Gaza, la más meridional, sobre el gran camino de la costa que corre desde Egipto a unos cinco kilómetros hacia el interior; Ascalón, veinte kilómetros al norte y sobre el mar; Ashdod, trece kilómetros más al norte, y otra vez sobre el camino; Ekrón, más al norte y más al interior, y Gat, en medio de la llanura.

La Sefela o llanura está inmediatamente al este de la planicie de Filistea. No es sorprendente, por lo tanto, leer que 'los filisteos se habían extendido por las ciudades de la Sefela' (2 Crónicas 28.18). Entre sus árboles, los sicómoros eran característicos; así se pudo decir que Salomón hizo que en Jerusalén abundaran 'los cedros como cabrahigos (sicómoros) de la Sefela' (1 Reyes 10.27). Sus laderas son, de hecho, las estribaciones de la meseta central. Se elevan desde ciento setenta metros, en Gat, hasta cuatrocientos treinta metros, quince kilómetros hacia el oeste. Luego comienzan las montañas propiamente dichas, y a otros quince kilómetros está Hebrón, a mil cien metros sobre el nivel del mar, la ciudad más alta de Palestina.

Volviendo a la costa, inmediatamente al norte de la llanura de la Filistea está la llanura de Sarón, cuya principal ciudad y puerto es Jope. En nuestros días es rica en huertos de cítricos. No es seguro cómo era precisamente en los tiempos bíblicos, pero lo cierto es que mantenía rebaños de ovejas, puesto que leemos una o dos veces acerca de 'el ganado que pastaba en Sarón' (1 Crónicas 5.16; 27.29). Por otro lado, antes de los modernos drenajes debe haber sido muy pantanosa, de modo que 'la hermosura … de Sarón' (Isaías 35.2.)

Regiones naturales
de Palestina
Monte Hermón
Cesarea de Filipos
Lago Semeconitis (Hulé)
BASÁN
GALILEA
Mar Mediterráneo
Haifa
Monte Carmelo
Lago Tiberias
Nazaret
Llanura de Esdraelón
Monte Tabor
Río Yarmuk
Meguido
Valle Jezreel
Monte More
Monte Gilboa
GALAAD
Llanura de Sarón
MANASÉS
Samaria
Río Jordán
Río Jaboc
EFRAÍN
Jope
Jericó
Asdod
Ecrón
Jerusalén
Qumrán
Monte Nebo
Ascalón
Llanura de Filistea
Gat
JUDEA
Hebrón
MOAB
Gaza
Llanura de Sefela
Mar Muerto
Río Arnón
Beerseba
La franja
de la costa
La meseta
central
El valle
del Jordán
La altiplanicie
oriental
0 10 20 30 40 50 kilómetros

probablemente se refiera a su lujuriosa vegetación, y la 'rosa de Sarón' (con la cual se compara la esposa en el Cantar de los Cantares) puede haber sido un emblema de la belleza excepcional debido a que florecía en un ámbito tan poco promisorio, 'como el lirio entre los espinos' (Cantares 2.2).

La meseta central

La cadena de montañas central de Palestina comienza en Galilea, cuyas sierras y valles fueron el ambiente de la niñez de Jesús y de gran parte de su ministerio público. Las cumbres de la alta Galilea se elevan a más de mil metros, y desde las colinas que rodean a Nazaret, en la baja Galilea, aunque no muy superiores a los quinientos metros, en un día claro puede verse el Mediterráneo a sólo veintiséis kilómetros al noroeste.

Al sur de Nazaret el terreno desciende suavemente hacia una ancha llanura aluvial, que corre en dirección sudeste desde el Mediterráneo, al norte del Monte Carmelo, hasta el río Jordán. Su parte occidental es conocida como la llanura de Esdraelón; su parte oriental es el más estrecho valle de Jezreel, que corre entre la anteriormente volcánica Colina de Moré y el calcáreo Monte Gilboa. Fue en las laderas de estas dos montañas donde filisteos e israelitas acamparon frente a frente, valle por medio, antes de la batalla final en que murió el rey Saúl:

> Los filisteos, pues, pelearon contra Israel, y los de Israel huyeron delante de los filisteos, y cayeron muertos en el monte de Gilboa … David entonó este lamento por Saúl y Jonatán su hijo … ¡Ha perecido la gloria de Israel sobre tus alturas! ¡Cómo han caído los valientes! … Montes de Gilboa, ni rocío ni lluvia caiga sobre vosotros, ni seáis tierras de ofrendas; porque allí fue desechado el escudo de los valientes, el escudo de Saúl, como si no hubiera sido ungido con aceite.
>
> 1 Samuel 31.1; 2 Samuel 1.17, 19, 21

En el borde sur del medio de la llanura de Esdraelón, en un lugar prominente al pie de la cadena del Carmelo, se encuentra una fortaleza, la ciudad amurallada de Meguido. Durante siglos guardó la entrada al paso principal hacia el sur a través de las montañas. Era una de las ciudades reconstruidas y fortificadas por el rey Salomón para alojar sus carros y caballos (1 Reyes 9.15, 19). Aquí murieron también dos reyes de Judá: Ocozías, a quien mató Jehú (2 Reyes 9.27), y Josías, cuando intentó detener al faraón Necao, de Egipto, que acudía en ayuda de los asirios (2 Crónicas 35.20–24; 2 Reyes 23.28–30).

Al sur de la llanura de Esdraelón se extiende el terreno montañoso de Manasés y Efraín, bien cubierto de viñedos en sus laderas que miran al oeste, y más al sur, las serranías de Judá. Estas dos regiones montañosas fueron el punto central de la historia de Israel durante el período de la monarquía dividida. Porque la capital del reino del norte era Samaria (en la tierra de Manasés y Efraín) y la capital del reino del sur era Jerusalén (en la tierra de Judá).

Jerusalén está edificada sobre un cerro rodeado de montañas. 'En la ciudad de nuestro Dios en su monte santo', pudo cantar el salmista, está 'el gozo de toda la tierra'. Y nuevamente: 'como Jerusalén tiene montes alrededor de ella, así Jehová está alrededor de su pueblo' (Salmos 48.1–2; 125.2). El Monte de los Olivos se encuentra inmediatamente al este de Jerusalén, al otro lado del valle de Cedrón, y desde su cima el camino recorre hacia el este a través de la tierra más árida imaginable, descendiendo más de mil metros hasta Jericó y continuando hasta el Mar Muerto. Mientras hacía este viaje de dos días a pie, un viajero fue atacado por bandidos y luego auxiliado por el Buen Samaritano, como narra la parábola de Jesús.

Toda la región entre Jerusalén y el Mar Muerto se conoce como desierto de Judea, y en algún lugar de este desolado escenario Jesús pasó cuarenta días después de su bautismo, ayunando y siendo tentado por el diablo.

El valle del Jordán

El valle del Jordán es parte de la gran depresión que se extiende por más de seis mil kilómetros desde el Asia Menor, a través del Mar Rojo y hasta la depresión de los lagos del África Oriental. Pero el río Jordán tiene solamente unos ciento treinta kilómetros de recorrido, excluidos sus meandros. Nace en el Monte Hermón, una estribación de tres mil metros en la meseta del Antelíbano, y desciende rápidamente ('Jordán' significa 'descendente') a través de los lagos Huleh y de Tiberias hasta desembocar en el Mar Muerto. En Huleh aún se mantiene sobre el nivel del mar (ochenta metros), pero cuando llega al lago Tiberias su nivel ya ha descendido unos doscientos cincuenta metros; el último tramo va de los cuatrocientos metros, hasta el Mar Muerto, cuya plataforma, a más de ochocientos metros bajo el nivel del mar, es el punto más profundo de la superficie terrestre.

El lago Huley se conoce en la Biblia como 'las aguas de Merom', pero no tiene ningún papel destacado en el relato bíblico.[4] Siempre ha sido refugio de las aves más que habitación humana —las garzas púrpura aún anidan entre sus altas cañas de papiro— aunque recientemente ha sido drenado en su mayor parte con el fin de aprovechar tierra para la agricultura.

Los Evangelios llaman a menudo al lago de Tiberias 'el Mar de Sineret' (o Genesaret), pero por lo general 'el Mar de Galilea', aunque para el evangelista Lucas, que había viajado mucho y conocía de primera mano el Mar Mediterráneo, siempre es un 'lago'.[5] En realidad, está acertado, pues sólo tiene veinte kilómetros de largo y, en su punto más ancho, unos trece kilómetros. Es profundo y abunda la pesca, y los primeros discípulos de Jesús (los dos pares de hermanos: Andrés y Simón, Santiago y Juan) eran socios en un negocio de pesca en el lago. Aunque rodeado casi por completo de montañas, a lo largo de sus riberas norte y oeste había varias aldeas, a las cuales visitó Jesús cuando anduvo predicando, enseñando y sanando.

Al sur del lago de Tiberias, el Jordán corre unos ciento diez kilómetros (más de trescientos si se incluyen todos sus meandros) antes de llegar al Mar Muerto. Buena parte de este tramo es fangoso y carece de atractivo, al punto que podemos solidarizarnos bastante con Naamán, aquel general sirio enfermo de lepra que rehusaba bañarse en sus aguas para curarse:

> Abana y Farfar, ríos de Damasco, ¿no son mejores
> que todas las aguas de Israel? Si me lavare en ellos,
> ¿no seré también limpio? 2 Reyes 5.12

Más impresionante era la espesa jungla del valle del río, famoso albergue de animales salvajes, de modo que Dios podía decir de sí mismo que 'como león subirá de la espesura del Jordán contra la bella y robusta [Edom]' (Jeremías 49.19).

El lugar exacto donde Juan administraba su bautismo nos es desconocido, pero debe de haber estado en uno de los vados a pocos kilómetros de donde el Jordán entra en el Mar Muerto.

Y salían a él toda la provincia de Judea, y todos los de
Jerusalén; y eran bautizados por él en el río Jordán,
confesando sus pecados.   Marcos 1.5

La depresión palestina se conoce en el Antiguo Testamento como
'La Arabá' o 'Mar Salado'. Mide unos ochenta kilómetros de largo y
su desolación es casi insuperable. Sobre su ribera oriental se yerguen los desnudos acantilados de las montañas de Moab, mientras que sobre el oeste se perfilan las desnudas laderas de las montañas de Judá. Aquí (en Qumrán) vivió la comunidad monástica de los esenios antes y durante la época de Cristo, y aquí, en algunas de las cuevas que perforan las colinas, fueron hallados hace muy pocos años los rollos del Mar Muerto.

El calor intenso (hasta 44° centígrados en verano), la gran evaporación y las escasas lluvias hacen que el nivel de las aguas del Mar Muerto permanezca constante a pesar de las corrientes de agua que recibe y la falta de toda salida. El agua contiene depósitos sumamente concentrados de minerales (especialmente sal, potasio y magnesio) que hacen imposible la vida de peces (ver Ezequiel 47.1–12). Parece que Sodoma y Gomorra, 'las ciudades de la llanura', habrían estado situadas en el área ahora cubierta por el extremo sur del Mar Muerto. Y no es imposible que el 'fuego y azufre' que el Señor hizo 'llover' sobre ellas, junto con la 'estatua de sal' en que se convirtió la esposa de Lot, fueran resultado de un terremoto y una erupción que Dios usó para destruirlas por su impiedad (Génesis 19.24–29).

La Arabá continúa al sur del Mar Muerto hasta llegar al Mar Rojo y el golfo de Akaba. Aquí se encontraba el puerto de Ezión-Geber (equivalente de la moderna Elat), que daba acceso a Israel por mar al comercio de África y Asia. 'Hizo también el rey Salomón naves en Ezión–Geber (1 Reyes 9.26)'. Se exportaba el cobre de las minas cercanas que Salomón hacía explotar, y las importaciones incluían renglones tan exóticos como 'oro, plata, marfil, monos y pavos reales' (1 Reyes 10.22; también 11).

La altiplanicie oriental

La cuarta franja de la región palestina corresponde a la altiplanicie oriental, entre el valle del Jordán y el desierto de Arabia. Esta era la superficie heredada por dos y media de las tribus de Israel:

> Gad … y Rubén, y la media tribu de Manasés …
> han recibido su heredad al otro lado del Jordán al oriente.
>
> Josué 18.7

Es una vasta meseta que se extiende unos cuatrocientos kilómetros de norte a sur, cortada por cuatro ríos que han excavado profundos cañones en su camino hacia el oeste hasta el río Jordán o el Mar Muerto. El primero es el río Yarmuq, que fluye en el Jordán precisamente al sur del lago de Tiberias. El segundo es el río Jaboc, que se vuelca en el Jordán aproximadamente a mitad de camino entre el lago de Tiberias y el Mar Muerto. Allí fue donde Jacob 'se quedó solo … y luchó con él un varón hasta que rayaba el alba' (Génesis 32.22–32). El río Arnón desagua en medio del Mar Muerto y el río Zered en su extremo sur. Estos ríos constituían fronteras naturales para las tribus vecinas de Israel; Amón reclamaba el territorio entre el Jaboc y el Arnón, Moab el espacio entre el Arnón y el Zered (aunque a veces se desbordaba hacia el norte), y Edom el del sur del Zered.

Tal vez sea más fácil, sin embargo, visualizar la altiplanicie del este del Jordán recordando las principales divisiones que Denis Baly describe en *The geography of the Bible* (Geografia de la Biblia).[6] A Basán, la altiplanicie al este del lago Tiberias, la llama 'la tierra del agricultor', porque aunque probablemente en los días de la Biblia estaba bien provista de bosques, era famosa por sus cosechas de cereales y por sus carneros, corderos, cabras y bueyes, 'engordados todos en Basán' (Ezequiel 39.18; también Salmo 22.12).

Al sur de Basán estaba Galaad, un territorio que abarca prácticamente toda la Transjordania, entre el lago de Tiberias y el Mar Muerto. Esta es la 'tierra de montañés'. Como el terreno se eleva hasta más de mil metros, las lluvias son considerables y dan fertilidad tanto a los bosques como a los viñedos. Las uvas de Galaad no tenían rival en toda Palestina, y el 'bálsamo de Galaad' (una especie aromática) era famoso. La caravana de ismaelitas a los cuales fue vendido José por sus hermanos, 'venía de Galaad, y sus camellos traían aromas, bálsamo y mirra, e iban a llevarlo a Egipto' (Génesis 37:25; también Jeremías 8.22).

Continuando nuestro viaje hacia el sur por la Transjordania, se encuentra a continuación Moab, que ocupa el territorio montañoso al este del Mar Muerto. Aparte de las profundas gargantas del río

Arnón y de algunos arroyos menores, la mayor parte de Moab es una alta planicie. Denis Baly la llama 'la tierra del pastor':

> Por todas partes … hay ovejas, grandes rebaños y líneas convergentes de ellos, como los rayos de una rueda sin límites, que marchan entre nubes de polvo dorado para abrevar en el pozo.[7]

También en la Biblia leemos:

> Entonces Mesa rey de Moab era propietario de ganados,
> y pagaba al rey de Israel cien mil corderos y cien mil
> carneros con sus vellones. 2 Reyes 3.4

Desde las montañas de Moab (precisamente desde el Monte Nebo), Moisés contempló la tierra prometida antes de morir, y en los llanos de Moab los hijos de Israel acamparon antes de cruzar el Jordán para tomar posesión de ella (Deuteronomio 32.49–50; 34.1–8; Números 22.1).

La sección más meridional de Transjordania es Edom. En su punto más alto se eleva unos mil doscientos metros, dominando los desiertos del oeste, el este y el sur. Denis Baly la denomina 'la tierra del comerciante' porque a través de ella pasaba la gran ruta comercial conocida como 'el Camino del Rey'. A partir de la negativa de Edom de permitir que Israel utilizara esa ruta en su marcha hacia la tierra prometida, se produjo una permanente enemistad entre estos dos países (Números 20.14–21; 21.4).

Tal es la 'buena tierra' que el Señor su Dios dio a Israel: una región para agricultores que cultivaban la tierra arada y criaban ganado.

La agricultura y las lluvias

Su ganado consistía mayormente en ovejas y cabras que vagaban mezcladas en grandes rebaños por las colinas y la estepa. Las cabras proporcionaban leche y el pelo negro con el que se hacían las tiendas de los beduinos, mientras que las ovejas daban leche, carne y lana. Sin embargo, como los pastores palestinos criaban sus ovejas más por la lana que por la carne, con el tiempo entre el pastor y su rebaño surgía una relación íntima: el pastor conducía a sus ovejas, no las arreaba. Las conocía individualmente y las llamaba por nombre; sus ovejas conocían su voz y lo seguían. Era de lo más natural que

Dios se revelara como el 'Pastor de Israel' que 'en su brazo llevará los corderos, y en su seno los llevará; pastoreará suavemente a las recién paridas' (Salmo 80.1; Isaías 40.11). El israelita piadoso debía ser capaz de afirmar:

> Jehová es mi pastor; nada me faltará.
> En lugares de delicados pastos me hará descansar;
> Junto a aguas de reposo me pastoreará.
>
> Salmo 23.1–2

El Señor Jesús llevó esta metáfora a su plenitud al llamarse a sí mismo 'el Buen Pastor' y al afirmar que daría su vida por sus ovejas y saldría por el desierto a buscar, aun cuando más no fuera, a una sola de sus ovejas extraviada (Juan 10.1–18; Lucas 15.3–7).

Aunque muchos israelitas criaban ganado, muchos más cultivaban la tierra. Los tres productos principales de Palestina se mencionan juntos en muchos pasajes bíblicos. Antes de entrar en la tierra de Dios les había prometido esta recompensa por su obediencia:

> Jehová tu Dios … bendecirá … el fruto de tu tierra,
> tu grano, tu vino, tu aceite.
>
> Deuteronomio 7.12–13

Cuando hubieron tomado posesión de ella, probaron la fidelidad de Dios, que les dio 'vino que alegra el corazón del hombre, aceite que hace brillar su rostro y pan que fortalece el corazón del hombre'. Pero cuando se rebelaban contra él, Dios les quitaba las bendiciones —mediante el hambre o la peste o las langostas— hasta que se arrepintieran y él pudiera decirles:

> He aquí yo os envío pan, mosto y aceite,
> y seréis saciados de ellos.
>
> Joel 2.19[8]

El grano que utilizaban para hacer su pan era mayormente trigo y cebada, el vino procedía de los extensos viñedos y el aceite (principalmente para cocina) de los olivares. Los olivos son particularmente rústicos y pueden sobrevivir en terrenos pobres y soportar largos períodos de sequía.

Otras frutas del antiguo Israel eran las granadas, y especialmente los higos, de modo que el sueño más dulce de los israelitas en el reino mesiánico de paz y seguridad consistía en este anuncio:

> Y se sentará cada uno debajo de su vid y debajo de su
> higuera, y no habrá quien los amedrente.   Miqueas 4.4

Para una buena cosecha la tierra dependía completamente de la lluvia. El israelita sabía que no había mayor bendición de Dios. Era 'el Dios vivo quien hizo el cielo y la tierra y todo lo que en ellos hay' el que les daba 'desde el cielo lluvia y estaciones fructíferas', como testimonio de su fidelidad. Y tan grande es su gracia para toda la humanidad, afirmó Jesús, que 'hace salir su sol sobre malos y buenos, llover sobre justos e injustos' (Hechos 14.15-17; Mateo 5.45).

En términos generales, las estaciones lluviosas de Palestina pueden predecirse. El verano se extiende desde mayo/junio hasta septiembre/octubre, y durante esos cinco meses prácticamente no hay lluvias. De modo que la oración de Samuel pidiendo lluvias durante la cosecha del trigo equivalía a pedir un milagro. En realidad, 'como no conviene la nieve en el verano, ni la lluvia en la siega, así no conviene al necio la honra' (1 Samuel 12.16–18; Proverbios 26.1). Durante esta estación seca la única humedad procede del rocío y las neblinas matinales, pero ambos se disipan rápidamente cuando se levanta el sol, y su desaparición se usa como una figura del Israel idólatra cuando caiga sobre él el juicio de Dios:

> Serán como la niebla de la mañana,
> y como el rocío de la madrugada que se pasa.
>
> Oseas 13.3

Desde mediados de octubre, sin embargo, comienzan a formarse las nubes de lluvia, y cuando esta finalmente se precipita, a menudo acompañada por truenos, no hay nada que hacer más que correr en busca de protección. Denis Baly describe la escena:

> Jesús citó como un suceso bien conocido que una casa mal construida podría derrumbarse durante la estación lluviosa (Mateo 7.27) y, en realidad, sólo cuando uno ha visto una tormenta entrar del Mediterráneo a través de las colinas de Palestina, o los torrentes precipitarse por las laderas en el lago de Galilea, sabe cuánta furia concentrada está contenida en las palabras 'y descendió lluvia, y vinieron ríos, y soplaron vientos, y dieron con ímpetu contra aquella casa.'[9]

Al comienzo de la estación de las lluvias se lo denominaba usualmente 'las lluvias tempranas', y, lejos de considerárselas destructivas, se las consideraba benéficas y, en realidad, indispensables. Sin ellas era imposible arar, pues la tierra calcinada por el sol estaba dura como el hierro (Deuteronomio 28.23). Pero una vez que habían comenzado las lluvias y el suelo empezaba a ablandarse, especialmente si su llegada era tardía, el labrador tenía que desafiar el tiempo y continuar con su arada si quería preparar su campo a tiempo para la cosecha. Jesús tuvo en cuenta este hecho para ilustrar el coraje y la perseverancia del cristiano:

> Ninguno que poniendo su mano en el arado mira hacia
> atrás, es apto para el reino de Dios.   Lucas 9.62

Si las 'lluvias tempranas' al comienzo de la estación lluviosa (desde noviembre) eran esenciales para la arada, las 'lluvias tardías' al final (en marzo y abril) eran fundamentales para la cosecha. Sin ellas, el grano quedaría sin cuerpo y reseco; las lluvias lo hinchaban y maduraban para la cosecha. Y cuando finalmente los campos estaban 'blancos para la siega', entraban los labradores con sus hoces (Juan 4.35; Jeremías 3.13). El grano era atado en gavillas y conducido por asnos o camellos a la era, una endurecida superficie llana en lo alto de una loma.

Primero se lo trillaba por los cascos de los animales o con un trillo (Isaías 41.15) y luego se lo aventaba. Lanzado al aire con una horquilla, el precioso grano dorado caía a tierra para ser recogido, mientras el viento se llevaba la paja. Esta separación del grano y la paja llegó a ser una imagen común del juicio divino (Salmo 1.4; Lucas 3.17).

Así, pues, las lluvias 'temprana y tardía', a veces llamadas 'las lluvias de otoño y las de primavera' (Jeremías 5.24), constituían el necesario preludio de una buena cosecha. Dios mismo había vinculado la lluvia con la cosecha y las había prometido a su pueblo obediente:

> Si obedeciereis cuidadosamente a mis mandamientos
> que yo os prescribo hoy, amando a Jehová vuestro Dios,
> y sirviéndole con todo vuestro corazón, y con toda vuestra
> alma, yo daré la lluvia de vuestra tierra a su tiempo, la
> temprana y la tardía; y recogerás tu grano, tu vino y tu
> aceite.   Deuteronomio 11.13–14

Los labradores sabios sabían esto y aguardaban el 'precioso fruto' de la tierra, 'esperando con paciencia hasta que reciba la lluvia temprana y tardía' (Santiago 5.7). En consecuencia, cuando llegaban las lluvias estaban llenos de gratitud a Dios por su misericordia. En la Escritura no hay un relato más poético de su cosecha que el Salmo 65. Obsérvese la referencia a las lluvias tempranas que riegan la tierra y el duro suelo, haciendo 'que se empapen los surcos', ablandándola y 'coronando' el año unos ocho meses después, cuando 'los valles se cubren de grano':

> Visitas la tierra, y la riegas;
> En gran manera la enriqueces;
> Con el río de Dios, lleno de aguas,
> Preparas el grano de ellos, cuando así la dispones.
> Haces que se empapen sus surcos,
> Haces descender sus canales;
> La ablandas con lluvias,
> Bendices sus renuevos.
> Tú coronas el año con tus bienes,
> Y tus nubes destilan grosura.
> Destilan sobre los pastizales del desierto,
> Y los collados se ciñen de alegría.
> Se visten de manadas los llanos,
> Y los valles se cubren de grano;
> Dan voces de júbilo, y aun cantan.
>
> Salmo 65.9–13

Los tres festivales anuales

Como consecuencia de la estrecha relación de Israel con la tierra, como comunidad agrícola, no es extraño que sus tres festivales anuales tuvieran tanto una significación agraria como religiosa. En cada versión adoraban al Dios de la creación y al Dios de la gracia como un solo Dios, Señor de la tierra y de Israel.

La fiesta de la Pascua, seguida inmediatamente por la fiesta del pan sin levadura, conmemoraba principalmente la redención de Israel de Egipto. Pero además tenía lugar a mediados de abril, cuando podía agitarse humilde y agradecidamente ante el Señor la primera espiga de cebada madura.

La segunda era la fiesta de las Primicias o de la Cosecha, llamada también la fiesta de las Semanas o Pentecostés debido a que se celebraba siete semanas (o cincuenta días) después de la Pascua, esto es, hacia principios de junio, y como acción de gracias por la terminación de la cosecha de cereales —trigo y cebada. Más tarde llegó a conmemorar también la entrega de la ley en el monte Sinaí, tal vez porque en relación con ella se había dicho a Israel:

> Y acuérdate de que fuiste siervo en Egipto;
> por tanto, guardarás y cumplirás estos estatutos.
>
> Deuteronomio 16.12

El último de los tres festivales anuales era la fiesta de las Cabañas o Tabernáculos. Durante siete días el pueblo tenía que habitar en cabañas hechas de ramas de árboles. El propósito de Dios al exigirlo así estaba claro:

> Para que sepan vuestros descendientes que en
> tabernáculos hice yo habitar a los hijos de Israel
> cuando los saqué de la tierra de Egipto.   Levítico 23.43

Pero a este festival se lo conocía también como la fiesta de la Recolección, porque tenía lugar a mediados de octubre, seis meses después de la Pascua, tiempo para el cual habían sido almacenados los productos de las viñas y olivares así como de los campos de cereales.

La observancia de estos tres festivales anuales era obligatoria. Dios había dicho:

> Tres veces en el año me celebraréis fiesta. La fiesta de los
> panes sin levadura guardarás ... También la fiesta de la
> siega, los primeros frutos de tus labores, que hubieres
> sembrado en el campo, y la fiesta de la cosecha a la salida
> del año, cuando hayas recogido los frutos de tus labores
> del campo.   Éxodo 23.14–17[10]

Desde un punto de vista, estos festivales conmemoraban las señaladas dádivas del Dios del pacto de Israel que primero redimió a su pueblo de su esclavitud egipcia, luego le dio la ley en el Sinaí y después lo aprovisionó durante su vagabundeo por el desierto. Desde otro punto de vista, las tres fiestas eran fiestas de la cosecha, que señalaban respectivamente el comienzo de la cosecha de la cebada, el final de la cosecha del trigo y el final de la cosecha de las frutas.

De este modo Israel debía honrar a Jehová como Dios de la creación y como Dios de la salvación. Cuando el pueblo de Israel entrara en la tierra prometida, debía hacer algo que diera testimonio de ambos hechos:

> Entonces tomarás de las primicias de todos los frutos que
> sacares de la tierra … y las pondrás en una canasta …
> y te presentarás al sacerdote … y le dirás: 'Declaro hoy a
> Jehová tu Dios, que he entrado en la tierra que juró Jehová
> a nuestros padres que nos daría … he aquí he traído las
> primicias del fruto de la tierra que me diste, oh Jehová.' …
> Y te alegrarás en todo el bien que Jehová tu Dios te haya
> dado.   Deuteronomio 26.2–11

Aquí había, sin duda, un rico simbolismo. La canasta de frutos era un símbolo de 'todo el bien' que Dios había dado a Israel. Era el fruto de la tierra, fruto que Dios había hecho crecer. ¿Cuál tierra? La tierra que también Dios le había dado, como había jurado a sus padres. El fruto era un sacramento de la creación y la redención, porque era el fruto de la tierra prometida.

Guía de estudio

1 La revelación es la 'autorrevelación de una Persona a personas, personas reales como nosotros que vivimos actualmente en un determinado lugar y en un cierto momento', escribe Stott (página 31). ¿Cómo justifica tal definición de la revelación un estudio de la historia y la geografía de la Biblia?

2 ¿Por qué fue elegida la tierra de Palestina como el escenario para el despliegue del drama de la salvación?

3 Bosquejar de memoria un mapa de Palestina marcando sus principales rasgos políticos y geográficos.

4 Describir con la ayuda de diagramas las cuatro regiones principales en las que se puede dividir Palestina.

5 ¿Qué información sobre el clima recibimos de los salmistas y de las enseñanzas de Jesús?

6 ¿Cómo aprendieron los israelitas a 'honrar a Jehová como Dios de la creación y Dios de la salvación' mediante la observancia de sus grandes festividades anuales?

Notas

1 Esta expresión se usa tanto con respecto a un profeta del AT (como Elías) como a un apóstol del NT (como Pablo). Ver Santiago 5.17 y Hechos 14.15.

2 Estos límites se describen en Números 34.1–15.

3 Beerseba es el lugar adonde huyó el profeta Elías cuando la reina Jezabel amenazó su vida. Ver 1 Reyes 19.1–3.

4 En realidad, sólo en Josué 11.5, 7.

5 Para 'Cineret' ver Números 34.11 y Deuteronomio 3.17. Para 'Genesaret', Lucas 5.1.

6 Denis Baly, *The geography of the Bible*, páginas 217–251.

7 Baly, página 237.

8 También Deuteronomio 7.13; Salmo 104.15; Oseas 2.8.

9 Baly, página 79.

10 También Deuteronomio 16.16–17.

3

La historia de la Biblia

Antiguo Testamento

L CRISTIANISMO ES BÁSICAMENTE UNA RELIGIÓN HISTÓRICA. La revelación de Dios, que los cristianos aman y tratan de comunicar, no sucedió en el vacío sino en una situación histórica en marcha, mediante una nación llamada Israel y una persona llamada Jesucristo. Nunca se la debe divorciar de su contexto histórico, y sólo se la puede entender dentro del mismo.

Esto no significa que la historia registrada en la Biblia sea idéntica en todo sentido a la historia como la concebimos hoy. Hoy se supone que un historiador ha de dar un relato completo y objetivo de todos los hechos de un determinado período. Pero los historiadores bíblicos no pretendían tal cosa; por el contrario, eran considerados como 'los primeros profetas' porque estaban escribiendo 'historia sagrada', la historia de la relación de Dios con un pueblo determinado, con un propósito establecido. Estaban convencidos de que 'Dios no ha hecho así con ninguna otra de las naciones' (Salmo 147.20). Y así ocurrió que escribieron más un testimonio que una historia. Estaban escribiendo su propia confesión de fe.

Una historia testimonial

Los escritores de los libros bíblicos fueron selectivos en su elección de materiales y (agregaría un historiador secular) desequilibrados en su presentación del mismo. Por ejemplo, la antigua Babilonia, Persia, Egipto, Grecia y Roma —en cada caso, poderosos imperios y ricas civilizaciones— sólo se incluyen en cuanto su influencia en la fortuna de Israel y Judá, dos minúsculos estados paragolpes en el borde del desierto de Arabia, de los cuales pocos habrían oído hablar. A los grandes pensadores de Grecia, como Aristóteles, Sócrates y Platón, ni siquiera se los menciona, como tampoco a los héroes nacionales como Alejandro Magno (salvo indirectamente) y Julio César.

En cambio, el relato bíblico se concentra en hombres como Abraham, Moisés, David, Isaías y los profetas a quienes llegó la palabra de Dios, y en Jesucristo, la palabra de Dios hecha carne. Porque lo que interesa a la Escritura no es la sabiduría, la riqueza o el poderío del mundo, sino la salvación que viene de Dios. La historia bíblica es *Heilsgeschichte*, historia de la salvación.

El alcance de esta historia sagrada es magnífico. Aunque no menciona extensas áreas de la civilización humana que ocuparían un lugar prominente en cualquier historia del mundo escrita por hombres, en principio y desde el punto de vista de Dios cuenta toda la historia del hombre de comienzo a fin; desde el principio, cuando 'Dios creó los cielos y la tierra' hasta el final, cuando creará 'un cielo nuevo y una tierra nueva' (Génesis 1.1; Apocalipsis 21.1, 5).

Los cristianos dividen la historia en antes y después de Cristo (a.C. y d.C.) porque creen que la venida de Jesucristo al mundo es la línea divisoria. Asimismo la vida de Jesucristo divide la Biblia en dos: el Antiguo Testamento, que mira hacia su advenimiento y es una preparación para recibirlo, y el Nuevo Testamento, que relata la historia de su vida, muerte y resurrección, extrayendo sus implicaciones a medida que comienza a emerger la joven iglesia que un día llegará a su realización.

En este capítulo intentaré presentar un bosquejo de la historia del Antiguo Testamento, y en el capítulo siguiente su continuación en el Nuevo Testamento. Luego, habiendo contemplado la Biblia desde el punto de vista geográfico e histórico, en el capítulo 5 estaremos en condiciones de considerar el mensaje que Dios dispuso transmitir por medio de ella.

El Antiguo Testamento es una biblioteca de treinta y nueve libros. El orden en que están colocados[1] no obedece a la fecha de su composición, ni aun a la fecha del material que contienen, sino a sus géneros literarios. En términos generales, hay en el Antiguo Testamento tres géneros literarios: historia, poesía y profecía. Los libros históricos (los cinco que, desde el Génesis hasta Deuteronomio, forman el 'Pentateuco', y doce más) relatan una historia continua. Comienzan con la creación del hombre en Génesis 1 y el llamamiento de Abraham en Génesis 12. Continúan relatando la historia de Israel, el nacimiento de la nación en el resto del Pentateuco. Su situación varía durante casi siete siglos en la tierra prometida (en los libros de Josué, Jueces, Samuel, Reyes y Crónicas), y su renacimiento bajo Esdras y Nehemías. Después de estos diecisiete libros históricos vienen cinco libros de poesía hebrea o 'Sabiduría' —Job, Salmos, Proverbios, Eclesiastés y el Cantar de los Cantares— y finalmente los diecisiete libros proféticos —cinco profetas 'mayores' (Isaías, Jeremías, Lamentaciones, Ezequiel y Daniel) y doce 'menores' (desde Oseas a Malaquías).

Cualquier reconstrucción de la historia del Antiguo Testamento forzosamente tiene que resultarnos un tanto arbitraria. Los eruditos están todavía debatiendo, por ejemplo, la fecha del éxodo y el orden en que Esdras y Nehemías dejaron su exilio babilónico en el siglo V a fin de visitar Jerusalén. Yo me propongo relatar la historia según lo que creo es el consenso de los eruditos más ortodoxos.

La creación

La Biblia empieza con un majestuoso relato de la creación del universo, la tierra, la vida y el hombre. Establece desde el comienzo que el Dios que más tarde decidió revelarse a Israel no era el Dios de Israel solamente. Israel no debía considerar a Yavéh[2] como los moabitas consideraban a Quemosh y los amonitas a su dios Milcom o Moloc, casi como una mascota nacional. Porque él no era un dios sencillo o una divinidad tribal cuyo dominio e intereses estaban limitados a la tribu y su territorio, sino el Dios de la creación, el Señor de toda la tierra.

Es verdad que el relato de la creación en el Génesis está centrado en la tierra y en el hombre, en el sentido de que ha sido escrito deliberadamente desde la perspectiva humana sobre la tierra, pero sobre todo es teocéntrico en el sentido de que la iniciativa es del único Dios verdadero:

> En el principio creó Dios … y dijo Dios …
> Y vio Dios … llamó Dios … Y los bendijo Dios …
> Y acabó Dios.

Esta simple y sencilla narración —que atribuye la sabiduría, el propósito, el poder y la bondad al Dios creador— es infinitamente diferente de las fantásticas y aun repulsivas historias de la creación provenientes del Cercano Oriente. Hay similitudes superficiales: todas comienzan con un caos y terminan con alguna clase de cosmos, pero las diferencias son importantes. Las historias del Cercano Oriente son crudas, politeístas, inmorales y grotescas; el relato bíblico es digno, monoteísta, ético y sublime.

La historia de la creación en el Génesis comienza con Dios ('en el principio creó Dios...'), continúa en etapas progresivas ('y dijo Dios...') y termina con el hombre ('y creó Dios al hombre a su imagen'). Hoy en día son pocos los cristianos que imaginan los 'días' de la creación como precisos períodos de veinticuatro horas cada uno. De hecho, y en cuanto a mí respecta, no puedo ver que al menos algunas formas de la teoría de la evolución contradigan o sean contradichas por la revelación del Génesis. La Escritura revela verdades teológicas acerca de Dios: que él creó todas las cosas por su palabra, que su creación era 'buena' y que su programa creativo culminó con el hombre; la ciencia sugiere que la 'evolución' pudo haber sido el método que Dios empleó en la creación.[3]

Nuestros primeros padres

Sugerir esto en forma tentativa no significa en modo alguno despojar al hombre de su carácter único. Yo creo en la historicidad de Adán y Eva como la pareja original de la cual desciende la raza humana. Daré mis razones en el capítulo 7, cuando llegue a la cuestión de cómo hemos de interpretar las Escrituras. Pero mi aceptación de Adán y Eva como seres históricos no es incompatible con mi creencia de que pueden haber existido varias formas de 'homínidos' preadánicos durante miles de años antes. Estos 'homínidos' empezaron a avanzar culturalmente. Hicieron dibujos en sus cuevas y sepultaron a sus muertos. Es concebible que Dios creara a Adán de uno de ellos. Podemos llamarlos *homo erectus*, y creo que a algunos de ellos se los podría denominar inclusive *homo sapiens*, pues estos son nombres científicos arbitrarios. Pero Adán fue el primer *homo divinus*, si podemos acuñar la frase, el primer hombre al cual puede dársele la designación bíblica de 'hecho a imagen de Dios'. No sabemos precisamente cuál era la semejanza divina, porque la Escritura no nos lo dice. Pero ella parece sugerirnos que dicha imagen incluía facultades racionales, morales, sociales y espirituales que hacían del hombre una criatura diferente de las demás, y semejante al Dios creador, y en virtud de las cuales se le dio 'dominio' sobre la creación inferior.

¿En qué fecha ubicaríamos entonces a Adán? En 1701, James Ussher, arzobispo de Armagh, calculó, con la ayuda de las genealogías bíblicas, que Adán habría sido creado alrededor del año 4004 a.C. Pero las genealogías no pretenden ser completas. Por ejemplo, en una de las genealogías de Jesús se dice que Jorám 'engendró' a Uzías, mientras sabemos por el segundo libro de Reyes que en realidad aquel no fue su padre sino su tatarabuelo (han sido excluidas tres generaciones completas); y recientes estudios sobre el Cercano Oriente han confirmado que tales omisiones ocurrían con frecuencia.

El texto mismo nos da algunas claves mejores. El relato bíblico sobre Adán y sus descendientes inmediatos en Génesis 3 y 4 parece implicar una civilización neolítica. Se dice que Adán fue colocado en un huerto 'para cultivarlo y guardarlo'. A sus hijos, Caín y Abel se los describe respectivamente como 'un labrador en la tierra' y un 'cuidador de ovejas', y también Caín 'edificó una ciudad', que puede no haber sido otra cosa que un caserío rudimentario. Estas son expresiones significativas, ya que el cultivo de la tierra y la domesticación de animales (a diferencia del pastoreo y la caza) junto con la primitiva vida en comunidad en aldeas, no comenzaron hasta fines de la Edad de Piedra. Sólo unas pocas generaciones más tarde leemos que algunos tocaban 'la lira y la flauta' y otros forjaban 'instrumentos de bronce y hierro'. Puesto que la era neolítica se ubica generalmente desde alrededor del 6000 a.C., estaríamos ante una fecha comparativamente tardía para Adán.

El segundo capítulo del Génesis nos dice que el trabajo y el descanso (seis días de trabajo y uno de descanso), y el matrimonio monógamo, son 'ordenanzas de la creación' instituidas por Dios para nuestro beneficio antes de que entrara el pecado en el mundo. La entrada del pecado mediante la 'caída' o desobediencia del hombre se describe

> **El trabajo, el descanso, el matrimonio monógamo fueron instituidos por Dios para nuestro beneficio antes de que entrara el pecado en el mundo.**

en Génesis 3, y el subsiguiente deterioro del hombre y su sociedad, y los inevitables juicios de Dios, en los capítulos siguientes. El diluvio parece haber sido un desastre relativamente local: se lo registra como una lección objetiva sobre la impiedad humana y la misericordia de Dios con Noé y los suyos, mediante un solemne pacto: 'Mientras la tierra permanezca, no cesarán la sementera y la siega, el frío y el calor, el verano y el invierno, y el día y la noche' (Génesis 8.22).

Igualmente, se recuerda a la Torre de Babel (probablemente un zigurat[4]) como un ejemplo del juicio divino sobre el orgullo humano, que condujo a la dispersión de las naciones (Génesis 11.1–9).

La promesa de Dios a Abraham

Alrededor del año 2000 a.C., con el llamado de Abraham por Dios, tuvo lugar un nuevo comienzo de enorme importancia. Es probable que Dios lo haya llamado primero en Ur de los Caldeos, y luego en Harán. Le ordenó dejar su país y su familia y dirigirse a otro país donde habría de bendecirlo abundantemente:

> Jehová había dicho a Abram: Vete de tu tierra y de tu
> parentela, y de la casa de tu padre, a la tierra que te
> mostraré. Y haré de ti una nación grande, y te bendeciré,
> y engrandeceré tu nombre, y serás bendición. Bendeciré a
> los que te bendijeren, y a los que te maldijeren maldeciré;
> y serán benditas en ti todas las familias de la tierra.
>
> Génesis 12.1–3

Fundamentalmente, la promesa de Dios era: 'Yo te bendeciré'. Más adelante se lo expresó así:

> Estableceré mi pacto entre mí y ti … para ser tu Dios,
> y el de tu descendencia después de ti.   Génesis 17.7

'Yo seré vuestro Dios y vosotros seréis mi pueblo', expresión que se repite una y otra vez en el Antiguo Testamento, ha llegado a ser reconocida como la esencia del pacto de Dios con Israel. Además de esta relación de pacto, Dios prometió a Abraham una tierra y una simiente. Se puede decir sin exageración que no sólo el resto del Antiguo Testamento sino todo el Nuevo Testamento son un desarrollo de estas promesas de Dios. En los días del Antiguo Testamento Israel fue la simiente prometida y Canaán la tierra prometida. Pero el pacto incluía una referencia a 'todas las familias de la tierra' y la bendición de las mismas. Sólo ahora en Cristo ha comenzado a cumplirse esta promesa, porque Jesucristo y su pueblo son una verdadera simiente de Abraham. Como Pablo escribió a los Gálatas:

> Y si vosotros sois de Cristo, ciertamente linaje de Abraham
> sois, y herederos según la promesa.   Gálatas 3.29

El cumplimiento final está más allá de la historia. Entonces la simiente de Abraham será 'una gran multitud que nadie puede contar', una realidad tal como las estrellas del cielo y las arenas de la orilla del mar, y su herencia será la nueva Jerusalén, 'la ciudad que tiene fundamentos, cuyo arquitecto y constructor es Dios mismo' (Apocalipsis 7.9; Génesis 22.17; Hebreos 11.8–12, 16, 39–40).

Dios continuó renovando su pacto a Abraham año tras año, y luego lo confirmó con su hijo Isaac y con su nieto Jacob.[5] La Palestina de sus días pertenecía a la Edad de Bronce, pero ellos nunca se detuvieron para disfrutarla. Eran nómadas. El único territorio que poseyeron fue un campo cerca de Hebrón, que Abraham compró para poder enterrar a su esposa Sara en una cueva (Génesis 23).

Jacob (su otro nombre 'Israel') tuvo doce hijos, los cuales fueron, de hecho, los originales 'hijos de Israel'. Pero estos progenitores de las doce tribus de Israel vivieron su ocaso y murieron no en la tierra prometida de Canaán sino en Egipto, adonde los había llevado la hambruna. José había llegado a ser un administrador importante en Egipto, al parecer, una especie de gran visir. Este progreso no es tan importante como algunos han supuesto, pues la dinastía reinante en Egipto desde alrededor del 1700 a.C. eran los Hyksos, los llamados reyes-pastores, ellos mismos de origen semita. Pero también José murió en el exilio, y el libro de Génesis termina con la declaración:

> … lo embalsamaron, y fue puesto en un ataúd en Egipto.
> Génesis 50.26

Cuando en Éxodo 1.8 se declara simplemente que 'se levantó sobre Egipto un nuevo rey, que no conocía a José', se hace referencia a una de las dinastías que sucedieron a aquella. Es probable que fuera la decimonovena, cuyos primeros faraones construyeron las ciudades de Pitón y Ramsés, esta última como residencia real en la región del delta, donde los israelitas se habían establecido. Resultaba conveniente, pues, el empleo del trabajo de los esclavos israelitas (Éxodo 1.11), y a medida que pasaban los años esa esclavitud se hizo más difícil de soportar, hasta que 'amargaron su vida con dura servidumbre, en hacer barro y ladrillo, y en toda labor del campo' (Éxodo 1.14).

El exilio en Egipto duró en total 430 años (Éxodo 12.40–41). ¿Qué había sido de la promesa de Dios?

El éxodo de Egipto

Mientras el pueblo de Israel gemía bajo el régimen opresor de los faraones, clamaban a Dios por liberación:

> Y oyó Dios el gemido de ellos, y se acordó de su pacto
> con Abraham, Isaac y Jacob.   Éxodo 2.24

En realidad, Dios ya estaba preparando el libertador que había escogido. Por una notable providencia, Moisés había sido educado en la corte (Éxodo 2.1–10) y había aprendido 'toda la sabiduría de los egipcios'. Pero tuvo que huir para salvar su vida y estaba oculto en la península de Sinaí (Éxodo 2.11–15). Aquí, cerca del monte Horeb (o Sinaí), donde más tarde habría de recibir los Diez Mandamientos para la nueva nación, Dios le habló desde la zarza ardiente:

> Yo soy el Dios de tu padre, Dios de Abraham,
> Dios de Isaac, y Dios de Jacob.   Éxodo 3.6

Dios le dijo entonces a Moisés que estaba a punto de rescatar al pueblo de Israel de su esclavitud y llevarlo finalmente a la tierra de la promesa. Además, encomendó a Moisés que fuera a exigir al faraón la liberación de su pueblo.

Al principio, Moisés se sintió cohibido; tenía miedo al faraón, y más aún a la respuesta que podrían darle sus compatriotas israelitas. Pero Dios le confirmó:

> Así dirás a los hijos de Israel: 'Jehová, el Dios de vuestros
> padres, el Dios de Abraham, Dios de Isaac y Dios de Jacob,
> me ha enviado a vosotros.'   Éxodo 3.15

Moisés obedeció, y el pueblo de Israel lo aceptó como su dirigente. Pero el faraón, probablemente Ramsés II, que reinó sobre Egipto por sesenta y seis años (1290–1224), no prestó atención. En el lenguaje bíblico, 'endureció su corazón'. No dio su consentimiento hasta que finalmente las diez plagas hubieron demostrado decisivamente la superioridad de Yavéh sobre todos los dioses de Egipto (Éxodo 4.27–13.16). La fecha debe haber sido alrededor del 1280 a.C.

El 'Mar Rojo' que los israelitas cruzaron en su huída probablemente fue algún bañado poco profundo al norte del extremo septentrional del Golfo de Suez. El milagro no estuvo en 'el fuerte viento oriental', sino en el hecho de que Dios lo enviara en el momento mismo en que 'Moisés extendió su mano sobre el mar' (Éxodo 14.21).

Israel nunca olvidó esta salida de Egipto garantizada por la intervención sobrenatural de Dios: en el culto público la recordaban en los cánticos como un notable ejemplo del poder y la misericordia de Dios:

> Pero él los salvó por amor de su nombre,
> Para hacer notorio su poder.
> Reprendió al Mar Rojo y lo secó,
> Y les hizo ir por el abismo como por un desierto.
> Los salvó de mano del enemigo,
> Y los rescató de mano del adversario.　　Salmo 106.8–10

> Alabad a Jehová, porque él es bueno,
> Porque para siempre es su misericordia.
> Alabad al Dios de los dioses,
> Porque para siempre es su misericordia.
> Al que hirió a Egipto en sus primogénitos,
> Porque para siempre es su misericordia.
> Al que sacó a Israel de en medio de ellos,
> Porque para siempre es su misericordia.
> Con mano fuerte, y brazo extendido,
> Porque para siempre es su misericordia.
> Al que dividió el Mar Rojo en partes,
> Porque para siempre es su misericordia;
> E hizo pasar a Israel por en medio de él,
> Porque para siempre es su misericordia.
> 　　　　　　Salmo 136.1–2, 10–14

Los fugitivos israelitas, una gran multitud harapienta, no se dirigieron directamente a la tierra prometida por el camino de la costa conocido como 'el camino de la tierra de los filisteos'. Lo hicieron hacia el sudeste para encontrarse con su Dios en el monte Sinaí, como este le había indicado a Moisés. Les llevó unos tres meses llegar hasta ese lugar, y una vez que acamparon al pie de la montaña se quedaron casi un año.

Allí Dios le dio a Israel tres preciosos dones: un pacto renovado, una ley moral y los sacrificios expiatorios.

Lo primero fue la renovación del pacto. En lo alto de la montaña Dios le ordenó a Moisés decir a Israel:

> Vosotros visteis lo que hice a los egipcios, y cómo os tomé
> sobre alas de águilas, y os he traído a mí. Ahora, pues,
> si diereis oído a mi voz, y guardareis mi pacto, vosotros
> seréis mi especial tesoro sobre todos los pueblos; porque
> mía es toda la tierra. Y vosotros me seréis un reino
> de sacerdotes, y gente santa. Éxodo 19.4–6

En segundo lugar, Dios dio a Israel una ley moral. La obediencia a esa ley sería el compromiso de Israel en el pacto. Su esencia eran los mandamientos, pero estos estaban complementados por otros 'estatutos' ('harás', 'no harás') y por ' juicios' que forman todo un código ('cuando un hombre …'). El pacto fue solemnemente ratificado por la sangre del sacrificio cuando el pueblo hizo la trascendental promesa de guardar la ley de Dios.

En tercer lugar, Dios proveyó generosamente para los quebrantamientos de su ley. Dio instrucciones para la construcción de un 'tabernáculo', una tienda rectangular de unos quince metros por cinco, hecha de cortinas de lienzo teñidas estiradas sobre un armazón y cubiertas con pieles impermeables y pieles de cabras. En su interior había dos habitaciones: el 'lugar santo' y el 'lugar santísimo'. Este santuario interior ocupaba la mitad del recinto mayor, del cual estaba separado por una cortina llamada 'el velo'. Delante del velo había un candelabro o lampadario, un altar para quemar incienso y una mesa sobre la cual se colocaban panes leudados. Detrás del velo estaba el arca sagrada, un cofre de madera que contenía las tablas de piedra con los Diez Mandamientos grabados. Su tapa de oro, llamada 'el asiento de la misericordia' o 'propiciatorio', estaba flanqueada por querubines, figuras de criaturas celestiales. En los templos paganos los querubines hubieran constituido una suerte de trono para el ídolo, pero no en el tabernáculo de Israel, debido a la prohibición de fabricar ídolos. Dios se manifestaba en ese lugar como en una especie de resplandor o *Shekinah*, su presencia permanente en medio de su pueblo (por ejemplo, Éxodo 25.8 y 40.34).

El tabernáculo fue construido en un gran patio. Cerca de su puerta que daba al este había una fuente de bronce 'para lavar', en la que los sacerdotes se lavaban las manos y los pies, y el gran altar donde se quemaban los animales sacrificados.

Éxodo 15–17 y 35–40 describen la construcción, el montaje y el mobiliario del tabernáculo, en tanto Levítico 1–7 y Éxodo 28–29 relatan los cinco sacrificios básicos. El resto del libro del Levítico detalla cuidadosamente las vestiduras, la consagración y los deberes de los sacerdotes.

Especialmente significativo es el ritual anual prescripto para el día de la expiación (Levítico 16). El sumo sacerdote debía tomar dos cabras; a una tenía que matarla como ofrenda por el pecado, llevando parte de la sangre al interior 'del velo' y para rociar el propiciatorio. La sangre representaba una vida ofrecida en lugar del pecador, quien era perdonado:

> Porque la vida de la carne en la sangre está, y yo os la
> he dado para hacer expiación sobre el altar por vuestras
> almas; y la misma sangre hará expiación de la persona.
>
> Levítico 17.11

El velo simbolizaba la inaccesibilidad de Dios para el pecador y no se lo podía atravesar otro día que el de la expiación, y solamente podía hacerlo el sumo sacerdote, con el único propósito de verter y rociar la sangre. Entonces:

> Pondrá Aarón sus dos manos sobre la cabeza del macho
> cabrío vivo, y confesará sobre él todas las iniquidades de
> los hijos de Israel, todas sus rebeliones y todos sus pecados,
> poniéndolos así sobre la cabeza del macho cabrío, y lo
> enviará al desierto … Y aquel macho cabrío llevará sobre
> sí todas las iniquidades de ellos a tierra inhabitada.
>
> Levítico 16.21–22

Estos actos simbólicos —el derramamiento y rociamiento de la sangre, el ingreso al lugar santísimo y la transferencia del pecado— prefiguran la obra expiatoria de Jesucristo nuestro Salvador.

Las andanzas por el desierto

El tabernáculo fue erigido durante el primer aniversario de la salida de los israelitas de Egipto (Éxodo 40.17). Quince días después celebraron la Pascua (Números 9.1–3), y quince días más tarde se censaron todos los hombres de veinte años o más que podrían tomar las armas (Números 1.1–3). El proceso es asombroso: Israel aparece primero como una turba de esclavos liberados (Éxodo 13.17–18), luego como una nación santa que pacta con Yavéh (Éxodo 19.1–6 y Levítico), un 'reino de sacerdotes' donde habitaba Dios, pero ahora (en el libro de Números) como hombres de armas, un ejército acampado para la batalla, listo para marchar hacia la tierra prometida.

El día veinte del segundo mes del segundo año empezó la marcha. El tabernáculo fue desmontado, sólo siete semanas después de haber sido erigido. La columna de nube, símbolo de la presencia conductora de Dios, se puso en movimiento, 'y partieron los hijos de Israel del desierto de Sinaí según el orden de marcha' (Números 10.12).

Debe haber sido un momento excitante. Por fin después de siete siglos de haber prometido Dios a Abraham y a su descendencia la tierra de Canaán, la promesa estaba a punto de cumplirse. 'Partimos', se decían unos a otros, "para el lugar del cual Jehová ha dicho: 'Yo os lo daré'" (Números 10.29).

Pero su expectativa duró muy poco. Primero, porque el pueblo se quejó por la escasez de alimentos. Sus bocas se hacían agua pensando en los pescados, los pepinos, los melones, los puerros, las cebollas y los ajos que gustaban en Egipto (Números 11.1–6). Entonces Miriam y Aarón, hermanos de Moisés, comenzaron a minar su autoridad (Números 12). Finalmente, los doce exploradores que Moisés envió a reconocer la tierra de Canaán, aunque trajeron frutos que evidenciaban que era sin duda 'una tierra que fluye leche y miel', agregaron que, en su concepto, sus habitantes eran invencibles:

> Mas el pueblo que habita aquella tierra es fuerte, y las ciudades muy grandes y fortificadas … Amalec habita el Neguev, y el heteo, el jebuseo y el amorreo habitan en el monte, y el cananeo habita junto al mar, y a la ribera del Jordán … No podremos subir contra aquel pueblo, porque es más fuerte que nosotros. Números 13.28–29, 31

Ante este informe el pueblo lloró y aulló. Dos de los espías, Caleb y Josué, trataron de persuadirlos de que no debían desobedecer al Señor o temer al pueblo de la tierra, pero todo fue inútil, y la mayoría quiso apedrearlos. Entonces el juicio de Dios cayó sobre su pueblo por su tenaz rebelión, y dispuso que ninguno de esa generación adulta, a excepción de los leales Caleb y Josué, entraría en la tierra prometida.

Habrían de transcurrir cuarenta años entre el éxodo de Egipto y la entrada en Canaán, etapa que podría haberse realizado en uno o dos. Muchos de esos años parecen haber transcurrido en el oasis de Kades-Barnea, en el Neguev, pero fueron también años de vagabundeo, de vuelta hacia el sur, al Sinaí, luego al norte y al este a través del abrupto territorio edomita al sur del Mar Muerto. Desde aquí podrían haber tomado el 'camino real' que iba desde el golfo de Agaba, al este del Mar Muerto, directamente hasta Siria. Pero los edomitas no les permitieron pasar por esa ruta, de modo que tuvieron que hacer un rodeo por el este (Números 20.14–21). No lucharon con los edomitas, porque eran de la misma sangre, pero más hacia el norte vivían los amorreros, los cuales también bloquearon el camino real, bajo los reyes Sehón, de Hesbón, y Og, de Basán. Números 21–25 relata la victoria sobre estos reyes y los fracasados intentos del rey de Moab para vencer a Israel, primero a costa de las maldiciones de Balaam sobre los intrusos y luego mediante incitaciones inmorales.

Israel acampaba sobre las llanuras de Moab (cerca del río Jordán, al norte de donde desemboca en el Mar Muerto), cuando Moisés le dio a conocer su testamento, preservado en el libro de Deuteronomio. Primero les recuerda los recientes años de trágico vagabundeo y sus dramáticas enseñanzas. Luego les recuerda el pacto del Señor y sus condiciones. Más adelante trae a la memoria de Israel los Diez Mandamientos, en términos de amar al Señor su Dios con todo su ser y demostrar su amor con su obediencia.

> Porque tú eres pueblo santo para Jehová tu Dios; Jehová tu Dios te ha escogido para serle un pueblo especial, más que todos los pueblos que están sobre la tierra … Ahora, pues, Israel, ¿qué pide Jehová tu Dios de ti, sino que temas a Jehová tu Dios, que andes en todos sus caminos, y que lo ames, y sirvas a Jehová tu Dios con todo tu corazón y con toda tu alma; que guardes los mandamientos de Jehová y sus estatutos?　　　　Deuteronomio 7.6; 10.12–13

Por último, Moisés expone detalladamente diversas leyes para tener en cuenta en adelante, una vez que el pueblo se instalara en la tierra prometida. En dos o tres ocasiones, en el transcurso de su exposición, Moisés da a conocer a los israelitas cuáles son las únicas alternativas:

> He aquí yo pongo hoy delante de vosotros la bendición y
> la maldición: la bendición, si oyereis los mandamientos de
> Jehová vuestro Dios, que yo os prescribo hoy, y la maldición,
> si no oyereis los mandamientos de Jehová vuestro Dios, y os
> apartareis del camino que yo os ordeno hoy … Mira, yo he
> puesto delante de ti hoy la vida y el bien, la muerte y el mal.
>
> Deuteronomio 11.26–28; 30.15.

El último capítulo del Deuteronomio relata la muerte de Moisés. Durante cuarenta años había servido a Dios y al pueblo de Dios con extraordinaria paciencia y fidelidad, actuando como legislador, administrador y juez, y fundamentalmente, como un vocero escogido de Dios, un profeta. El escritor agrega:

> Y nunca más se levantó profeta en Israel como Moisés,
> a quien haya conocido Jehová cara a cara.
>
> Deuteronomio 34.10

Establecimiento de Israel en Canaán

Ya antes de su muerte, Moisés, por mandato divino había designado a Josué para que lo sustituyera y condujera al pueblo a la tierra prometida. Ahora, pues, vino palabra de Dios a Josué para decirle:

> Esfuérzate y sé valiente; porque tú repartirás a este pueblo
> por heredad la tierra de la cual juré a sus padres que la
> daría a ellos.
>
> Josué 1.6.

Los israelitas pudieron cruzar el río Jordán, como sus padres habían cruzado el Mar Rojo, en virtud de un acto sobrenatural de Dios, aunque esta vez parece que para detener las aguas Dios se valió de un deslizamiento de tierra en lugar de un viento fuerte (Josué 3.15–16). Ante ellos se levantaba la antigua ciudad amurallada de Jericó, y su destrucción, sin siquiera haberla sitiado, constituyó la primera victoria del pueblo de Israel en la tierra prometida. Tras una derrota inicial en Hai, a causa de la desobediencia de Acán, que se apoderó de parte del botín, los victoriosos israelitas se volvieron hacia el sur, donde derrotaron a un ejército confederado conducido por cinco reyes amorreos y procedieron a conquistar la región montañosa del sur, hasta los límites de Filistea.

Luego se volvieron hacia el norte, cerca del lago Huleh, donde Javín, rey de Hazor se había unido con otros reyes. Su ejército contaba con 'muchos caballos y carros' (no debemos olvidar que el establecimiento de Israel en Canaán coincidió aproximadamente con el comienzo de la Edad de Hierro), y sin embargo también él fue derrotado.

> Tomó, pues, Josué toda aquella tierra, las montañas, todo
> el Neguev, toda la tierra de Gosén, los llanos, el Arabá,
> las montañas de Israel y sus valles. Desde el monte Halac,
> que sube hacia Seir, hasta Baal-gad en la llanura del
> Líbano, a la falda del monte Hermón.   Josué 11.16–17

El resto del libro de Josué (capítulos 13–22) contiene una descripción de los territorios asignados por sorteo, y en carácter de herencia, a las tribus israelitas, y un formidable discurso de Josué pronunciado 'muchos días después', en el que recuerda la exhortación de Moisés (registrada en Deuteronomio) y desafía de esta manera a su pueblo:

> Ahora, pues, temed a Jehová, y servidle con integridad
> y en verdad; y quitad de entre vosotros los dioses a los
> cuales sirvieron vuestros padres al otro lado del río, y
> en Egipto; y servid a Jehová. Y si mal os parece servir
> a Jehová, escogeos hoy a quién sirváis; si a los dioses a
> quienes sirvieron vuestros padres, cuando estuvieron al
> otro lado del río, o a los dioses de los amorreos en cuya
> tierra habitáis; pero yo y mi casa serviremos a Jehová.
>   Josué 24.14–15

Los hijos de Israel ya se habían establecido en la tierra que Dios les había prometido, pero sin obedecer su mandamiento de exterminar a sus antiguos habitantes. No tenemos por qué ofendernos por este decreto divino, y hasta podríamos atribuirlo a la necesidad de una radical cirugía. La religión cananea se caracterizaba por la idolatría y la inmoralidad de la peor clase. Los 'baales' eran dioses de la fertilidad, que se suponía eran responsables de las lluvias y las cosechas, y el 'culto' de los santuarios locales se caracterizaba por la prostitución ritual y las orgías sexuales. Así Moisés pudo decir:

'Por la impiedad de estas naciones Jehová las arroja de delante de ti' (Deuteronomio 9.4).

De hecho, tan degradadas eran las prácticas de las naciones paganas que habitaban en Canaán, inclusive el abominable sacrificio de niños, que a veces en las Escrituras se dice, ante la acción de Israel, que 'la tierra vomitó sus moradores' (Levítico 18.24–30).

La desobediencia de Israel al mandato de Dios acarreó la persistencia de la cultura pagana en su territorio y la consiguiente infiltración en sus creencias y prácticas. Esta es la situación durante el período de casi doscientos años que se narra en el libro de Jueces. El mismo ciclo de apostasía, opresión y liberación siguió repitiéndose. Primero la apostasía:

> Después los hijos de Israel hicieron lo malo ante los ojos
> de Jehová, y sirvieron a los baales. Dejaron a Jehová
> el Dios de sus padres, que los había sacado de la tierra
> de Egipto, y se fueron tras otros dioses, los dioses de
> los pueblos que estaban en sus alrededores, a los cuales
> adoraron; y provocaron a ira a Jehová. Y dejaron a Jehová,
> y adoraron a Baal y a Astarot.
>
> Jueces 2.11–13

Luego venía el juicio bajo la forma de un opresor extranjero:

> Y se encendió contra Israel el furor de Jehová, el cual
> los entregó en manos de robadores que los despojaron,
> y los vendió en mano de sus enemigos de alrededor;
> y no pudieron ya hacer frente a sus enemigos.
>
> Jueces 2.14

Finalmente, la liberación:

> Y Jehová levantó jueces que los librasen de mano de los
> que les despojaban.
>
> Jueces 2.16

Pero la historia volvía a repetirse:

> Pero tampoco oyeron a sus jueces, sino que fueron tras
> dioses ajenos, a los cuales adoraron; se apartaron pronto
> del camino en que anduvieron sus padres obedeciendo
> a los mandamientos de Jehová; ellos no hicieron así.
>
> Jueces 2.17

Estos 'jueces' combinaban varias funciones. Primero y sobre todo, eran jefes militares, convocados para liberar a Israel de sus opresores. Así Aod rescató a Israel de los moabitas, Débora de los cananeos, Gedeón de los madianitas, Jefté de los amorreos, y Sansón de los filisteos. Además eran líderes espirituales, llenos del Espíritu, aun cuando exhibían distintos grados de consagración a Yavéh. En tercer lugar, eran jueces, como lo indica su título, que debían legislar en las diferentes causas judiciales y administrar justicia en Israel. No obstante, durante todo este período, parece haber habido muy poca ley y orden, tal como lo indican sintéticamente las últimas palabras del libro:

> Cada uno hacía lo que bien le parecía.

Indudablemente, el más grande de los jueces de Israel fue Samuel. A diferencia de los otros, no realizó proezas militares. En los años en que ejercía sus funciones sucedió el desastre inimaginable: los filisteos capturaron el arca de Dios y la llevaron de Silo a Asdod, pero para recuperarla Samuel confió en armas espirituales: —la oración y el arrepentimiento de toda la nación—.

Su reputación como caudillo espiritual comenzó temprano. Dedicado al Señor por sus padres desde antes de nacer, se crió en Silo bajo la tutela del sumo sacerdote Elí. Ya en su juventud, se nos dice que 'todo Israel, desde Dan hasta Beerseba, conoció que Samuel era fiel profeta de Jehová' (1 Samuel 3.20). Ofició como sacerdote y también juzgó a Israel recorriendo todos los años un circuito desde Ramá, su lugar de residencia, hasta Bet-el, Gilgal y Mizpa (1 Samuel 7.15–17).

Cuando envejeció nombró a sus hijos como jueces, pero estos no anduvieron en los caminos de su padre, 'dejándose sobornar y pervirtiendo el derecho' (1 Samuel 8.3). Entonces los ancianos de Israel acudieron a Samuel en Ramá y le pidieron que les nombrara un rey que los gobernara. Cuando Samuel puso este pedido en oración vio claramente que su pueblo no lo había rechazado a él, sino a Dios. Desde sus comienzos, unos doscientos cincuenta años antes, Israel había sido una teocracia, es decir, una nación gobernada por Dios. Fue por esa razón que Samuel discutió con ellos y les advirtió que los futuros reyes habrían de oprimirlos; pero el pueblo se negó a escucharle y dijo:

No, sino que habrá rey sobre nosotros; y nosotros seremos
también como todas las naciones ...   1 Samuel 8.19–20

Establecimiento de la monarquía

El primer rey de Israel, Saúl, hijo de Cis, inició su reinado con grandes promesas. Era rico, alto, apuesto, joven y popular, también un
gran patriota, de modo que cuando oyó que el amonita Nahas había
sitiado a Jabes-Galaad, inmediatamente reunió un gran ejército y
lo condujo intrépidamente hasta el otro lado del Jordán para rescatarla.

A pesar de sus antecedentes, Saúl no tuvo tanto éxito contra los
filisteos. Estos habían establecido guarniciones en territorio israelita y constituían un permanente motivo de humillación para Israel.
Fue Jonatán, el hijo de Saúl, el que un día derrotó por sí solo a una
guarnición filistea, y el joven David (destinado a suceder en el trono
a Saúl) el que mató al gigante filisteo Goliat. Estas hazañas entusias-
maron al pueblo al tiempo que despertaron los celos de Saúl.

Saúl se desmoronó principalmente por su desobediencia. En tres
ocasiones desobedeció el claro mandato de Dios: cuando no destruyó totalmente a los amalecitas, cuando usurpó la facultad sacer-
dotal de ofrecer sacrificios y cuando consultó a una hechicera. Era
inevitable que llegara el veredicto de Dios, por medio de Samuel:

Por cuanto tú desechaste la palabra de Jehová,
  él también te ha desechado para que no seas rey.
                                        1 Samuel 15.23

Saúl murió combatiendo contra los filisteos, junto con sus tres
hijos, y el dolor sobrecogió a David:

¡Ha perecido la gloria de Israel sobre tus alturas!
¡Cómo han caído los valientes!   2 Samuel 1.19

David había sido designado heredero del trono en vida de Saúl,
pero pasó los últimos años del reinado de este huyendo de sus celos.
En Hebrón, donde los hombres de Judá (su tierra) lo ungieron rey,
comenzó su reinado. Pero siete años después acudieron a Hebrón
representantes de todas las tribus de Israel para rendirle homenaje, y
lo ungieron rey por segunda vez. Entonces trasladó su capital a Jebús

(que acababa de ser capturada a los jebuseos), a la que llamó Jerusalén, es decir, 'ciudad de paz', y en medio de una tumultuosa alegría trasladó el arca desde Kiriat-jearim.

Lo primero que hizo David fue unificar a Israel, librándolo de sus enemigos. Obtuvo sucesivas victorias sobre todos sus enemigos tradicionales —filisteos, edomitas, moabitas, amonitas y sirios— y gobernó a lo largo y a lo ancho de la tierra prometida desde el 'río de Egipto' (el vado que constituía la frontera con Egipto) hasta el Éufrates. A la luz de estas conquistas resultaba más que humillante tener que soportar rebeliones internas, primero la de su hijo Absalón y luego la de un indigno pretendiente del trono, llamado Seba.

Pero David distaba mucho de ser un señor de la guerra: su gran sensibilidad artística había hecho de él un poeta y músico (con su lira había aplacado muchas veces la melancolía de Saúl), y esto además de su magnanimidad para con sus enemigos y de su lealtad para con sus amigos.

Su mayor cualidad residía en su devoción a Dios. Los salmos que escribió expresan una notable profundidad espiritual, arrepentimiento después de su adulterio con Betsabé (Salmo 51) y confianza en el Dios de su salvación. Por ejemplo:

> Jehová es mi roca y mi fortaleza, y mi libertador;
>> Dios mío, fortaleza mía, en él confiaré;
>> Mi escudo, y el fuerte de mi salvación,
> Mi alto refugio; Salvador mío;
>> de violencia me libraste.
> Porque ¿quién es Dios, sino sólo Jehová?
>> ¿Y qué roca hay fuera de nuestro Dios?
> Dios es el que me ciñe de fuerza,
>> Y quien despeja mi camino.   2 Samuel 22.2–3, 32–33

> Te amo, oh Jehová, fortaleza mía.
> Jehová, roca mía y castillo mío, y mi libertador;
>> Dios mío, fortaleza mía, en él confiaré;
> Mi escudo, y la fuerza de mi salvación,
>> mi alto refugio.
> Invocaré a Jehová, quien es digno de ser alabado,
>> Y seré salvo de mis enemigos.

> Porque ¿quién es Dios sino sólo Jehová?
> ¿Y qué roca hay fuera de nuestro Dios?
> Dios es el que me ciñe de poder,
> Y quien hace perfecto mi camino.   Salmo 18.1–3, 31–32

Habiéndose construido un palacio en Jerusalén, David estaba ansioso de construir también una casa para el Señor. Pero Dios, por medio del profeta Natán, se lo prohibió, diciéndole que la construcción del templo le correspondería a su hijo. Entre tanto, agregó Dios:

> Asimismo Jehová te hace saber que él te hará casa …
> Y será afirmada tu casa y tu reino para siempre delante
> de tu rostro, y tu trono será estable eternamente.
>
>   2 Samuel 7.11, 16

Israel nunca olvidó el pacto eterno de Dios con David. Los creyentes israelitas sabían con certeza que cuando viniera el Mesías, este habría de ser un hijo de David.

Dios comenzó a cumplir su promesa a David cuando sentó en el trono a su hijo Salomón; fue esta una época en la cual Israel alcanzó el cenit de su esplendor. No por nada Jesús se refirió a 'Salomón en toda su gloria'.

El rey Salomón era un hábil administrador y constructor, y poco después de ascender a la realeza rogó a Dios que le diera sabiduría:

> Da, pues, a tu siervo corazón entendido para juzgar a
> tu pueblo, y para discernir entre lo bueno y lo malo.
>
>   1 Reyes 3.9

La oración de Salomón fue contestada, y dividió su reino en doce regiones bajo igual número de funcionarios cuya responsabilidad consistía en proveer a la casa real, una por cada mes del año. Fortificó ciudades y organizó un ejército estable, al que dotó con 1.400 carros y 40.000 caballos. Fue el padre de la marina de Israel, cuyas naves, fondeadas en el golfo de Akaba, realizaban aventurados viajes comerciales. Construyó palacios para él y para la reina, salones para asambleas, justicia y armería y sobre todo el gran templo, hecho de piedra, maderas de cedro y ciprés, y oro. Protegió a las artes, y él mismo compuso numerosas canciones y proverbios (1 Reyes 4.32–34).

Su reputación de esplendor, sabiduría y justicia se difundió hasta muy lejos, y bajo su gobierno su pueblo gozó de paz y prosperidad:

> Judá e Israel eran muchos, como la arena que está junto
> al mar en multitud, comiendo, bebiendo y alegrándose ...
> Y Judá e Israel vivían seguros, cada uno debajo de su parra
> y debajo de su higuera.   1 Reyes 4.20, 25

Sin embargo, no todo andaba tan bien como parecía. Salomón no amaba al Señor su Dios con todo su corazón, ni amaba a su prójimo como a sí mismo. Mantenía un harén de mujeres extranjeras (paganas; un abierto desafío a la divina prohibición de los matrimonios mixtos) que 'inclinaron su corazón tras dioses ajenos' (1 Reyes 11.1–8). Y sólo pudo mantener su programa de construcciones y su opulento estilo de vida en la corte mediante medidas opresivas, como elevados impuestos y trabajos forzosos para treinta mil hombres.

No es sorprendente, pues, que cuando el pueblo se congregó para coronar a Roboam como sucesor de Salomón su padre, le dijera:

> Tu padre agravó nuestro yugo, mas ahora disminuye
> tú algo de la dura servidumbre de tu padre, y del yugo
> pesado que puso sobre nosotros, y te serviremos.
>   1 Reyes 12.4

Los ancianos consejeros del rey asesoraron sabiamente a Roboam sobre aquellos valores e ideales de servicio que debían ser la base de toda moderna monarquía constitucional:

> Si tú fueres hoy siervo de este pueblo y lo sirvieres ...
> ellos te servirán para siempre.   1 Reyes 12.7

Pero Roboam procedió irreflexiva o insensatamente y cometió un tremendo error: aceptó los consejos de jóvenes e inexpertos asesores en el sentido de endurecer su yugo y así provocó que las diez tribus del norte y las del este se independizaran de la dinastía de David.

Saúl, David y Salomón habían reinado sobre Israel cuarenta años cada uno, de modo que durante los 120 años que van desde el 1050 el 930 a.C., aproximadamente, había habido un reino unido. Pero ahora el reino se había dividido. El reino del norte se llamó Israel; Jeroboam fue su primer rey y Siquem (trasladada más tarde a Samaria) su capital. El reino del sur, Judá, tuvo en Roboam su primer rey y en Jerusalén su ciudad capital. Israel fue gobernado por diferentes dinastías y duró unos doscientos años hasta la destrucción de Samaria, en el 722 a.C. Judá fue más estable y conservó la dinastía de David durante toda su larga historia de unos 350 años hasta la destrucción de Jerusalén, en el 586 a.C.

No es fácil seguir la historia de la monarquía dividida cuando se procura entender las relaciones entre los dos reinos, sus conflictos y alianzas con los poderosos imperios del norte y el sur, y la intervención de los profetas que hablaron osadamente en nombre de Yavéh tanto a los reyes como al pueblo. La historia bíblica, además, se complica por el hecho de que gran parte de ella se repite, una vez en los libros de Reyes y otra en los libros de Crónicas, habiendo escrito más tarde el cronista (¿Esdras?), con el evidente propósito de subrayar la importancia del reino del sur, la dinastía davídica y el culto del templo. Lo mejor será concentrarnos primero en la historia de Israel.

El reino del norte, Israel

Jeroboam, el primer rey del reino del norte, había sido siervo de Salomón. En realidad, este había tenido una opinión tan elevada de su capacidad y diligencia que lo puso a cargo de la mayor parte del grupo de trabajos forzados. Más tarde Salomón tuvo motivos para sospechar que Jeroboam lo traicionaba y este huyó a Egipto para salvar su vida, siendo protegido por Sisak (Sheshong I de la dinastía XXII). Sólo regresó después de la muerte de Salomón, para desafiar a Roboam, como hemos visto.

Con el propósito de apartar los corazones de sus súbditos de la casa de David, Jeroboam decidió impedir las peregrinaciones a Jerusalén. Hizo entonces dos santuarios, uno al norte, en Dan y el otro al sur, en Bet-el, instalando en cada uno de ellos un becerro de oro, y dijo:

> He aquí tus dioses, oh Israel, los cuales te hicieron subir
> de la tierra de Egipto.   1 Reyes 12.28

Esta es la razón por la cual Jeroboam ha pasado a la posteridad como el hombre 'que hizo pecar a Israel'.

Pero Judá no era mucho mejor bajo el reinado de Roboam, porque junto con el culto a Yavéh el pueblo se corrompió con algunas de las abominaciones de los rituales cananeos de la fertilidad. Hacía sólo cuatro o cinco años que Roboam era rey, cuando Sisak invadió Jerusalén y despojó al templo de los tesoros con que Salomón lo había enriquecido.

Jeroboam fue sucedido en el trono de Israel por cinco reyes de los cuales sabemos poco. Pero en el 881 a.C., unos veintiocho años después de la muerte de Jeroboam, comenzó la dinastía de Omri, el cual estableció su capital en Samaria y la hizo casi inexpugnable sobre una bien fortificada colina cónica. Pero causó un perjuicio muy grande a Israel al casar a su hijo Acab (que pronto habría de sucederle) con la princesa fenicia Jezabel, ya que esta no sólo era una adoradora de Melkart ('Baal' en el relato bíblico), la divinidad principal de Tiro, sino que además insistió en mantener a su costo en la corte un séquito de 'profetas de Baal', a partir de lo cual comprometió a su propio esposo el rey en su culto idolátrico. Jezabel también dio muerte a los profetas del Señor.

Esta desvergonzada apostasía en el palacio fue la señal para el despertar de la profecía ética, destinada a un lugar relevante en Israel y Judá durante más de tres siglos. El primer profeta de esta noble línea fue Elías, quien vino de Galaad, en la Transjordania. Austero en su vida privada e intrépido en su ministerio público, acusó a Acab de perjudicar a Israel con su traición religiosa. También convocó a los profetas de Baal a una confrontación pública en el monte Carmelo, al mismo tiempo que acusaba al pueblo de inconsecuencia, de estar 'claudicando entre dos pensamientos' (1 Reyes 18.21). Cuando los profetas de Baal fracasaron al no obtener respuesta alguna de su dios, Elías oró:

> Jehová Dios de Abraham, de Isaac y de Israel, sea hoy manifiesto que tú eres Dios en Israel, y que yo soy tu siervo.
>
> 1 Reyes 18.36

El resultado fue una incuestionable reivindicación del Dios vivo.

Elías era un hombre de una extraordinaria sensibilidad social además de la religiosa, y sabía que a Yavéh le desagradaba tanto la opresión de sus súbditos por parte del rey como su apostasía. Junto a un palacio perteneciente a Acab, en la llanura de Jezreel, había una hermosa viña, propiedad de un hombre llamado Nabot, que Acab codiciaba para sí. Pero como Nabot se negaba a vender la herencia de sus padres, la reina Jezabel, sin lugar a dudas con la complicidad de Acab, lo hizo asesinar para quedarse con ella. Entonces Elías la encaró:

> ¿No mataste, y también has despojado? … En el mismo
> lugar donde lamieron los perros la sangre de Nabot,
> los perros lamerán también tu sangre, tu misma sangre.
>
> 1 Reyes 21.19

La sangre inocente de Nabot fue vengada por Jehú, un comandante del ejército israelita ungido rey por la autoridad del profeta Eliseo. Jehú literalmente arrasó con la casa de Acab y libró a su tierra del culto de Baal.

La dinastía de Jehú gobernó alrededor de cien años (aprox. 841–753 a.C.), casi la mitad de lo que duró el reino del norte. Los primeros años se caracterizaron por las continuas luchas con Siria, nación que arrebató a Jehú toda la Transjordania, hasta que un nieto de Jehú, primero, y luego su bisnieto Jeroboam II, la recuperaron.

Bajo Jeroboam II (782–753 a.C.) el reino de Israel alcanzó su mayor esplendor:

> Él restauró los límites de Israel desde la entrada de Hamat
> hasta el mar del Arabá. 2 Reyes 14.25

La paz trajo prosperidad, la prosperidad apatía, la apatía abusos. Los santuarios locales rebosaban de peregrinos y, según todas las apariencias, Israel estaba experimentando un avivamiento religioso. Pero los profetas sólo tenían ojos para la injusticia y la inmoralidad de los jefes de la nación. Amós, el primer gran profeta del siglo VIII a.C.,[6] era un simple pastor de rebaños en el sur, pero la palabra de Dios lo llevó compulsivamente al reino del norte para denunciar la hipocresía de Israel:

> Así ha dicho Jehová:
> Por tres pecados de Israel,
>   y por el cuarto, no revocaré su castigo;
> porque vendieron por dinero al justo,
>   y al pobre por un par de zapatos.
> Pisotean en el polvo de la tierra las cabezas de
>   los desvalidos,
>   y tuercen el camino de los humildes;

y el hijo y su padre se llegan a la misma joven,
    profanando mi santo nombre.
Sobre las ropas empeñadas
    se acuestan junto a cualquier altar;
y el vino de los multados
    beben en la casa de sus dioses.   Amós 2.6–8

Amós sabía que la religión, divorciada de la moralidad, constituía una abominación a Yavéh:

Aborrecí, abominé vuestras solemnidades,
    y no me complaceré en vuestras asambleas.
Y si me ofreciereis vuestros holocaustos y vuestras
        ofrendas, no los recibiré,
        ni miraré a las ofrendas de paz de vuestros animales
        engordados.
Quita de mí la multitud de tus cantares,
    pues no escucharé las salmodias de tus instrumentos.
Pero corra el juicio como las aguas,
    y la justicia como impetuoso arroyo.   Amós 5.21–24

Para Oseas, la palabra del Señor llegó a través del dolor que le causaba la infidelidad de su esposa precisamente porque Israel había quebrantado de la misma manera su pacto de matrimonio con Yavéh, para ir detrás de sus 'amantes', los baales de los santuarios locales. Dios no quería una devoción religiosa exterior, sino fidelidad al pacto:

Misericordia quiero, y no sacrificio,
    y conocimiento de Dios más que holocaustos.
                                              Oseas 6.6

Después de la dinastía de Jehú, el reino del norte subsistió apenas otros treinta años, etapa en la que ocuparon el trono sucesivos jefes militares. El nuevo factor en la política internacional era el surgimiento del gran imperio asirio. Ya a mediados del siglo anterior Acab y Jehú habían pagado tributo al rey Salmanasar III. Ahora el rey de Asiria era Tiglat Pileser III (745–727 a.C.), llamado Pul en el relato bíblico, el cual se embarcó en una serie de campañas de expansión imperial. Cuando Tiglat llegó a Israel fue sobornado por el rey Monahem con mil talentos de plata.

Algunos años después (en el 735 a.C.), el 'coronel' Peka, hijo de Remalías, y bajo cuya responsabilidad estaba el gobierno de Israel, se alió con Rezín, rey de Siria, para sacudir el yugo asirio. Cuando Acaz, el rey de Judá, rehusó unírseles, ellos invadieron su territorio. Acaz fue presa del pánico, pero el profeta Isaías trató de calmarlo con un mensaje de Dios:

> Guarda, y repósate; no temas, ni se turbe tu corazón
> a causa de estos dos cabos de tizón que humean …
> Si vosotros no creyereis, de cierto no permaneceréis.
>
> Isaías 7.4, 9

Acaz no creyó. Apeló, en cambio, a la ayuda de Tiglat-pileser, pero las consecuencias fueron desastrosas: los territorios israelitas de Galilea y Transjordania quedaron despoblados y Acaz rindió homenaje a Tiglat-pileser y aun a Asur, el dios asirio, con plata y oro del templo.

Cuando Tiglat-pileser murió, Samaria, en gesto de abierto desafío, dejó de pagar tributos a Asiria. Este acto de osadía fue el tañido fúnebre para Israel. El nuevo rey, Salmanasar V, sitió a Samaria, haciéndola capitular tres años después (probablemente en el 722) ante su sucesor Sargón II. El pueblo de Israel en su mayor parte fue deportado, y la tierra colonizada por sirios y babilonios. De esta mezcla de razas surgieron los samaritanos.

Así terminó ignominiosamente el reino del norte, después de poco más de doscientos años de existencia. Israel había creído que el pacto con Dios lo hacía inmune al juicio, pero el profeta Amós había enseñado otra cosa:

> A vosotros solamente he conocido
>   de todas las familias de la tierra;
> por tanto, os castigaré
>   por todas vuestras maldades.
>
> Amós 3.2

El reino del sur, Judá

Hasta ahora hemos seguido de cerca el surgimiento y la caída del reino del norte. Los libros de Reyes y Crónicas también relatan algo del reino del sur durante el mismo período, pero su historia no es tan colorida y los nombres de sus primeros reyes no tan bien conocidos, excepto tal vez Josafat, contemporáneo de Acab.

Ahora bien, el reino del sur habría de continuar sólo por otros 135 años. Su etapa de independencia conoció el brillo de dos grandes reformas religiosas, la primera promovida por el rey Ezequías, a quien apoyaron los profetas Isaías y Miqueas, y la segunda a cargo del rey Josías, con el que colaboraron su primo lejano el profeta Sofonías y el joven profeta Jeremías.

Apenas comenzando su gobierno, Ezequías restauró y reabrió el templo, y luego acabó resueltamente con todo el aparato de la idolatría asiria introducido por Acaz, su padre.

Estas reformas fueron ciertamente el fruto del fiel testimonio de Isaías y Miqueas, quienes habían denunciado la idolatría, el ritualismo vacío y la injusticia social y habían llamado al pueblo al arrepentimiento durante los dos reinados anteriores, justamente cuando Amós y Oseas proclamaban la palabra de Dios al reino del norte. He aquí uno de los grandes oráculos de Miqueas:

> ¿Con qué me presentaré ante Jehová,
>   y adoraré al Dios Altísimo?
> ¿Me presentaré ante él con holocaustos,
>   con becerros de un año?
> ¿Se agradará Jehová de millares de carneros,
>   o de diez mil arroyos de aceite?
> ¿Daré mi primogénito por mi rebelión,
>   el fruto de mis entrañas por el pecado de mi alma?
> Oh hombre, él te ha declarado lo que es bueno,
>   y qué pide Jehová de ti:
> Solamente hacer justicia, y amar misericordia,
>   y humillarte ante tu Dios.   Miqueas 6.6–8

Sargón, rey de Asiria, murió en combate en el 705 a.C. y lo sucedió su hijo Senaquerib. Este hecho parece haber sido la señal esperada para la rebelión de Ezequías contra la dominación asiria. Sin embargo, hasta el 701 a.C. no llegó Senaquerib al reino rebelde de Judá. Primero tomó sus ciudades fortificadas y luego sitió Jerusalén, encerrando a Ezequías (según su propia expresión) 'como un pájaro en una jaula'. Afortunadamente, Ezequías había tomado la precaución de asegurar la provisión de agua de la ciudad mediante su famoso acueducto desde un manantial en las afueras de las murallas hasta la cisterna de Siloé. Aun así, la situación era desesperante, tal como la describió Isaías:

> Queda la hija de Sion
> como enramada en viña,
> y como cabaña en melonar,
> como ciudad asolada.   Isaías 1.8

El comandante asirio lanzaba improperios contra los habitantes de la ciudad bloqueada:

> No oigáis a Ezequías, porque os engaña cuando dice:
> Jehová nos librará. ¿Acaso alguno de los dioses de las
> naciones ha librado su tierra de la mano del rey de Asiria?
> ¿Dónde está el dios de Hamat y de Arfad? ¿Dónde está
> el dios de Sefarvaim, de Hena, y de Iva? ¿Pudieron estos
> librar a Samaria de mi mano?   2 Reyes 18.32–34

El rey Ezequías consultó a Isaías, y el profeta respondió:

> Así ha dicho Jehová: No temas por las palabras que has
> oído, con las cuales me han blasfemado los siervos del
> rey de Asiria.   2 Reyes 19.6[7]

La doctrina central de la teología de Isaías era la soberanía de Dios. Había recibido su llamado al oficio profético durante una visión del Señor como rey, el cual gobernaba desde un trono exaltado. Isaías creía que Dios era rey de las naciones y que las usaba como instrumentos de su propósito.

De modo que el sitio de Jerusalén fue levantado. Según el relato bíblico 'aquella misma noche salió el ángel de Jehová, y mató en el campamento de los asirios a ciento ochenta y cinco mil' (2 Reyes 19.35; Isaías 37.36). Es posible que Herodoto se esté refiriendo a este incidente cuando describe una invasión nocturna del campamento asirio por ratones, pero dice que los ratones dejaron indefensos a los soldados porque royeron las cuerdas de sus arcos y aljabas y las correas de sus escudos, cuando en realidad bien pudo haber ocurrido que hayan contagiado la peste bubónica.

Cualquiera fueran los medios empleados, Israel identificó este episodio como una notable liberación divina:

> Dios es nuestro amparo y fortaleza,
>   Nuestro pronto auxilio en las tribulaciones.
> Estad quietos, y conoced que yo soy Dios;
>   Seré exaltado entre las naciones;
>   enaltecido seré en la tierra.
> Jehová de los ejércitos está con nosotros;
>   Nuestro refugio es el Dios de Jacob.
>
> Salmo 46.1, 10–11

El medio siglo que siguió a la muerte de Ezequías fue una época de apostasía religiosa. Su hijo Manasés, un corrompido vasallo de Asiria, adoptó una política de sincretismo religioso y reintrodujo las abominaciones del culto cananeo y asirio que Ezequías había destruido. El culto a los astros, el espiritismo, el culto de Baal y aun los horrores del sacrificio de niños, profanaron la tierra. Su hijo, Amón, quien reinó sólo dos años, parece no haber sido mejor.

Pero el buen rey Josías, que reinó desde el 639 hasta el 609 a.C., revirtió de nuevo las cosas e introdujo reformas, incluso más completas que las de su bisabuelo Ezequías. Ascendió al trono de Judá a los ocho años de edad, y siendo todavía un joven de dieciséis, 'comenzó a buscar al Dios de David su padre', lo que presumiblemente significa que se reformó a sí mismo y a los que integraban su corte. Cuatro años después 'comenzó a limpiar a Judá y a Jerusalén de los lugares altos, imágenes de Asera, esculturas, e imágenes fundidas' (2 Crónicas 34.3), y un año después Jeremías recibió su llamado para ser profeta.

Sólo cinco años más tarde, sin embargo, siendo ya un joven de veintiséis, Josías puso en marcha una reforma radical en toda la nación, a partir del instante en que los obreros que estaban reparando el templo descubrieron el 'libro de la ley' (probablemente alguna edición parcial de Deuteronomio). El rey convocó al pueblo, 'grandes y pequeños', a una asamblea pública y él mismo les leyó el redescubierto libro de la ley. Luego renovó el pacto de la nación con Dios, hizo quitar de la ciudad y de las provincias todos los objetos idolátricos de culto asirio y cananeo, cerró los santuarios locales, prohibió la hechicería, los sacrificios humanos y ordenó la celebración de la Pascua de Jerusalén.

> No hubo otro rey antes de él, que se convirtiese a Jehová
> de todo su corazón, de toda su alma y de todas sus fuerzas,
> conforme a toda la ley de Moisés; ni después de él nació
> otro igual. 2 Reyes 23.25

Podemos estar seguros de que, detrás de la escena, Jeremías estaba estimulando esta reforma, al tiempo que deploraba lo que veía como su relativa superficialidad. Llamó la atención del pueblo hacia la suerte del Israel infiel, y agregó:

> Con todo esto, su hermana la rebelde Judá no se volvió
> a mí de todo corazón, sino fingidamente, dice Jehová.
> Jeremías 3.10

Jeremías a menudo se refiere a la 'obstinación' del corazón malvado de los hombres ('engañoso es el corazón, más que todas las cosas, y perverso') y anticipa los días del nuevo pacto, cuando Dios ponga su ley en el interior de los hombres y 'la escribiré en su corazón' (Jeremías 7.24; 17.9; 31.33).

Jeremías tuvo razón. Los resultados de la reforma de Josías no perduraron, y su hijo Joacim pronto logró deshacer su buena obra. El nuevo rey parece haber empleado el trabajo de esclavos para construirse un lujoso palacio, lo cual le acarreó una de las más tremendas denuncias de Jeremías:

> ¡Ay del que edifica su casa sin justicia,
>   y sus salas sin equidad,
> sirviéndose de su prójimo de balde,
>   y no dándole el salario de su trabajo!
> Que dice: Edificaré para mí casa espaciosa,
>   y salas airosas;
> y le abre ventanas,
>   y la cubre de cedro,
>   y la pinta de bermellón.
> ¿Reinarás,
>   porque te rodeas de cedro?
> ¿No comió y bebió tu padre,
>   e hizo juicio y justicia,
>   y entonces le fue bien?

El juzgó la causa del afligido y del menesteroso,
   y entonces estuvo bien.
¿No es esto conocerme a mí?
   dice Jehová.
Mas tus ojos y tu corazón
   no son sino para tu avaricia,
   y para derramar sangre inocente,
   y para opresión y para hacer agravio.

Jeremías 22.13–17

Jeremías no había hablado estas palabras especulando con ganarse el favor de Joacim, de modo que cuando el rey escuchó en su casa de invierno la lectura del rollo con las advertencias del juicio inminente sobre Judá, destrozó el rollo con un cuchillo y lo arrojó al fuego (Jeremías 36.21–23). Jeremías tuvo que ocultarse.

En estos años el panorama internacional experimentó varios cambios importantes. Durante los últimos doscientos años, Asiria había sido la potencia dominante en el Cercano Oriente, y sus ejércitos habían invadido una y otra vez la región de Israel y Judá. Pero en el año 616 a.C. Asiria fue invadida por Nabopolasar, el fundador de la dinastía babilónica, y en 612 Nínive (la capital) cayó después de un sitio de dos meses y medio. Nadie lloró su caída. El libro de Jonás ilustra cuán hipócrita podía parecerle al israelita el arrepentimiento de Nínive, y el profeta Nahum expresa la reacción general ante la opresión ninivita:

¡Ay de ti, ciudad sanguinaria,
   toda llena de mentira
y de rapiña,
   sin apartarte del pillaje! ...
Heme aquí contra ti, dice Jehová de los ejércitos ...
Todos los que oigan tu fama
   batirán las manos sobre ti,
porque ¿sobre quién no pasó continuamente
   tu maldad?

Nahúm 3.1, 5a, 19b

Aun después de la caída de Nínive, Asiria no aceptó inmediatamente la derrota. En el 609 el faraón Necao de Egipto acudió en su ayuda, pero los babilonios lo derrotaron en el 605 en la batalla de

Carquemis, sobre el Éufrates. Ahora Babilonia estaba por encima de todo, y Judá transfirió su homenaje de Necao a Nabucodonosor.

Cuando el ejército de Nabucodonosor no pudo derrotar a Necao en la frontera egipcia en el 601, el rey Joacim le retiró el pago de tributos. Esto equivalía a una rebelión; pero Joacim murió en el 598, antes de que Nabucodonosor hubiera tenido tiempo de sofocar la rebelión, y su hijo Joaquín debió soportar el airado castigo de Babilonia, el cual cayó sobre él un año después. Jerusalén fue sitiada y capturada, y tres mil miembros de la nobleza fueron llevados cautivos a Babilonia, junto con los tesoros del templo. Entre los exiliados íba el profeta y sacerdote Ezequiel, quien predijo la partida de Dios del templo a causa del habitual pecado de Judá.

Desde el principio Moisés había advertido sobre las consecuencias de la desobediencia.

Nabucodonosor designó a Sedequías, otro de los hijos de Josías, de carácter débil e indeciso, para ocupar el trono de Judá. Sus consejeros le sugirieron pedir ayuda a Egipto, pero Jeremías insistió en que la única esperanza de supervivencia para Judá consistía en someterse a Babilonia. A él mismo, un decidido patriota, se le hacía muy difícil soportar la humillación de su pueblo, y fundamentalmente porque su actitud atraía sospechas de traición. Su voz clamaba en el desierto, pero debió sufrir solo.

Desgraciadamente, Sedequías 'no se humilló delante del profeta Jeremías, que le hablaba de parte de Jehová' (2 Crónicas 36.12). En el año 589 a.C. se rebeló abiertamente contra Babilonia, pero como no recibió la ayuda prometida por Egipto, Jerusalén tuvo que soportar un segundo sitio, esta vez por dieciocho meses. El hambre resultó atroz. Jeremías seguía insistiendo en la rendición, lo que le costó primero la cárcel y luego un intento de asesinato.

Entre los años 587 y 586 el ejército sitiador abrió una brecha en los muros y la ciudad cayó. Las murallas de la ciudad quedaron reducidas a escombros, y fueron quemadas hasta los cimientos, lo mismo que el magnífico templo de Salomón.

El pequeño remanente que quedó fue puesto bajo las órdenes de Gedalías, y Jeremías continuó exhortándolos a someterse a la autoridad de Babilonia. Pero Gedalías fue asesinado, y los sobrevivientes huyeron a Egipto, arrastrando consigo al desventurado Jeremías.

Una lectura del libro de Lamentaciones nos acerca a la desesperación que sentía Israel cuando destruían su templo y llevaban a su pueblo al cautiverio:

> ¡Cómo ha quedado sola la ciudad populosa!
> La grande entre las naciones se ha vuelto como viuda,
> La señora de provincias ha sido hecha tributaria …
> Desapareció de la hija de Sion toda su hermosura;
> Sus príncipes fueron como ciervos que no hallan pasto,
> Y anduvieron sin fuerzas delante del perseguidor …
> ¿No os conmueve a cuantos pasáis por el camino?
> Mirad, y ved si hay dolor como mi dolor que me
>   ha venido;
> Porque Jehová me ha angustiado en el día de
>   su ardiente furor.   Lamentaciones 1.1, 6, 12

Pero los israelitas piadosos no fueron tomados por sorpresa, porque sabían que el pacto de Dios con Israel había acordado no sólo la promesa hecha por Dios de serles su Dios, sino también la disposición del pueblo a obedecerle. Desde el principio Moisés les había advertido sobre las consecuencias de la desobediencia, y los profetas habían insistido continuamente en que el juicio sería inevitable si la nación no se arrepentía:

> Jehová … envió constantemente palabra a ellos por medio
> de sus mensajeros, porque él tenía misericordia de su
> pueblo y de su habitación..   2 Crónicas 36.15

Restauración de la cautividad babilónica

La cautividad babilónica duró unos cincuenta años. Aunque los exiliados habían sido arrancados por la fuerza de sus hogares, parecían disfrutar de considerable libertad. Jeremías había escrito una carta al primer contingente de exiliados, diciéndoles: 'Edificad casas, y habitadlas; y plantad huertos, y comed del fruto de ellos. Casaos, y engendrad hijos e hijas' (Jeremías 29.5–6).

La dificultad mayor era de índole religiosa, pues se sentían espiritualmente perdidos por estar desprovistos del templo y los sacrificios. Pero Ezequiel estaba en medio de ellos para guiarlos y les hablaba la palabra del Señor; incluso sostenía haber visto 'visiones de Dios', 'en medio de los cautivos junto al río Quebar' (Ezequiel 1.1) —la misma gloria de Dios que había habitado en el templo—, de modo que, después de todo, Dios no podía haberlos abandonado para siempre.

En el año 559 a.C. Ciro II ascendió al trono del cercano reino de Persia. Nueve años después, derrotó al ejército medo y se convirtió en rey de Media, y 'los medos y los persas' (expresión familiar para los lectores del libro de Daniel) se unieron. Pero este fue sólo el comienzo de la brillante carrera militar de Ciro, ya que en el año 546 derrotó a ese sinónimo de riqueza, Creso, rey de Lidia, y añadió a su imperio toda el Asia Menor.

Los exiliados judíos deben haber oído hablar de las hazañas de Ciro con la creciente expectativa de que su propia liberación de Babilonia no estuviera lejana. Sabían que Dios los redimiría alguna vez, porque sus profetas siempre habían proclamado visiones de esperanza a sus advertencias de condenación. En esas promesas de Yavéh los exiliados ponían su confianza.

Las más claras e inmediatas de tales promesas de salvación se hallan en Isaías 40–55. Los eruditos bíblicos debaten sobre si estos capítulos fueron escritos realmente 150 ó 200 años antes por Isaías o si proceden de la pluma de algún anónimo profeta contemporáneo. Pero si la autoría está en disputa, no ocurre lo mismo con el mensaje. Yavéh no es como los ídolos paganos: él es el Dios vivo, el creador del mundo, y él gobierna en los reinos de los hombres. Aun los gobernantes paganos son instrumentos de su poder. Él es quien levantó a Ciro para liberar a su pueblo.

> ¿Quién ha suscitado de oriente
>   a aquel a quien la victoria sale al paso?
> ¿Quién le entrega las naciones
>   y a los reyes abaja?
> Conviértelos en polvo su espada,
>   en paja dispersa su arco.
> ¿Quién lo realizó y lo hizo?
>   El que llama a las generaciones desde el principio:
> Yo, Yavéh, el primero,
>   y con los últimos yo mismo.
>
> Isaías 41.2, 4. BJ

Así dice Jehová a su ungido,
a Ciro, al cual tomé yo por su mano derecha,
para sujetar naciones delante de él
y desatar lomos de reyes;
para abrir delante de él puertas,
y las puertas no se cerrarán:
Yo iré delante de ti,
y enderezaré los lugares torcidos;
quebrantaré puertas de bronce,
y cerrojos de hierro haré pedazos ...
Por amor de mi siervo Jacob,
y de Israel mi escogido,
te llamé por tu nombre;
te puse sobrenombre,
aunque no me conociste.
Yo soy Jehová, y ninguno más hay;
no hay Dios fuera de mí.
Yo te ceñiré,
aunque tú no me conociste.   Isaías 45.1–2, 4–5

En el año 539 a.C. llegó la tan ansiada salvación. Balsasar, rey de Babilonia, vio la escritura en la pared, y esa misma noche su imperio cayó en poder de los persas. Inmediatamente Ciro publicó dos decretos, autorizando a los exiliados judíos a regresar a su patria y a reconstruir su templo. El texto del segundo decreto, que incluye el detalle de los materiales y las medidas del templo a construir, ha sido conservado en Esdras 6:3–5. La promulgación de tales edictos por Ciro es totalmente consecuente con su conocida política. Como ha escrito el profesor F. F. Bruce:

La concepción que 'Ciro' tenía del imperio era muy diferente de la Asiria. Los asirios imponían a sus súbditos la adoración de sus dioses principales, y se jactaban de subyugar los dioses de sus súbditos. Ciro ... no tenía la intención de ofender la susceptibilidad religiosa de sus súbditos con semejante proceder; por el contrario, trataba de conciliar sus susceptibilidades tomando parte en la adoración de sus diversos dioses.[8]

Es difícil imaginar el alivio, la alegría, la satisfacción de los exiliados judíos cuando se les anunciaron las nuevas de su liberación.

> Cuando Jehová hiciere volver la cautividad de Sion,
> Seremos como los que sueñan.
> Entonces nuestra boca se llenará de risa,
> Y nuestra lengua de alabanza;
> Entonces dirán entre las naciones:
> Grandes cosas ha hecho Jehová con estos.
> Grandes cosas ha hecho Jehová con nosotros;
> Estaremos alegres. Salmo 126.1–3

En realidad, cuando los israelitas reflexionaban sobre su historia pasada y el amor constante de su Dios del pacto, vinculaban entre sí tres ejemplos sobresalientes de la misericordia divina. En cada caso él había tomado la iniciativa en su gracia soberana, y en cada caso él había llamado a su pueblo a la tierra prometida. En el primero, trajo a Abraham desde la Mesopotamia; en el segundo a las doce tribus desde Egipto, y en el tercero a los exiliados en Babilonia.

No todos los exiliados aprovecharon el decreto de Ciro y aceptaron la repatriación; hubo muchos que se quedaron. El libro de Ester relata una dramática historia sobre algunos de ellos durante el reinado de Asuero (Jerjes I), que gobernó el imperio persa entre el 486 y el 465 a.C.

La repatriación tuvo lugar en tres etapas claramente definidas. No todos los eruditos concuerdan en cuanto al orden de los acontecimientos, pero personalmente me ajusto a la opinión tradicional. Primero, Zorobabel partió para restaurar el templo (538 a.C.); después Esdras (458 a.C.) para restaurar las leyes, y finalmente Nehemías (445 a.C.) para restaurar el muro de la ciudad.

El primero y más importante contingente de judíos salió de Babilonia para su patria en el 538, aproximadamente un año después del edicto de Ciro. Fueron guiados por Zorobabel, nieto del rey Joaquín, y Josué el sumo sacerdote. Ni bien llegaron a Jerusalén construyeron el altar de los holocaustos y colocaron los cimientos del templo. Pero entonces los samaritanos, al negárseles la oportunidad de colaborar, comenzaron a oponerse a la reconstrucción, y la obra se interrumpió por unos quince años.

Su nuevo comienzo se debió en gran parte a instancias de los profetas Hageo y Zacarías. Hageo reprobó a la gente que había construido sus casas mientras la casa del Señor aún yacía en ruinas:

> ¿Quién ha quedado entre vosotros que haya visto esta
> casa en su gloria primera, y cómo la veis ahora? ¿No es
> ella como nada delante de vuestros ojos? Pues ahora,
> Zorobabel, esfuérzate, dice Jehová; esfuérzate también,
> Josué hijo de Josadac, sumo sacerdote; y cobrad ánimo,
> pueblo todo de la tierra, dice Jehová, y trabajad; porque
> yo estoy con vosotros, dice Jehová de los ejércitos.
>
> Hageo 2.3–4

Zacarías agregó su palabra de exhortación:

> Las manos de Zorobabel echarán el cimiento de esta casa,
> y sus manos la acabarán.   Zacarías 4.9

Así, pues, la obra comenzó de nuevo en el año 520 y terminó en el 515, unos setenta años después de la destrucción de su predecesor.

Saltamos ahora unos setenta y cinco años, al relato de la segunda etapa de la reconstrucción de la vida nacional de Israel después del exilio, supervisada por Esdras; sacerdote y escriba, y, como lo han descrito varios estudiosos, una suerte de 'secretario de estado para asuntos judíos' en Babilonia. Esdras fue enviado a Jerusalén por el rey persa Artajerjes I (465–423 a.C.) con instrucciones reales para 'visitar a Judea y a Jerusalén, conforme a la ley de tu Dios que está en tu mano' (Esdras 7.14). Su tarea consistía en regular las responsabilidades religiosas y morales de Israel de acuerdo con la ley.

Trece años después llegó Nehemías, enviado también por el rey Artajerjes y con autoridad para reconstruir la ciudad y en particular sus murallas. A su llegada no perdió tiempo, sino que dijo a los funcionarios locales:

> Vosotros veis el mal en que estamos, que Jerusalén está
> desierta, y sus puertas consumidas por el fuego; venid,
> y edifiquemos el muro de Jerusalén, y no estemos más
> en oprobio.   Nehemías 2.17

A pesar de la oposición y las amenazas la tarea se cumplió en cincuenta y dos días. Entonces se celebró una gran asamblea pública en la cual Esdras y los levitas leyeron en voz alta la ley de Dios y la explicaron al pueblo. Siguió entonces la confesión pública del pecado nacional y la renovación del pacto de guardar en lo sucesivo la ley de Dios. Finalmente, se dedicó la muralla reconstruida en medio de gran regocijo, 'y el alborozo de Jerusalén fue oído desde lejos' (Nehemías 12.43).

Desdichadamente, como sucediera con las anteriores reformas, no todos los compromisos del pueblo fueron cumplidos, porque cuando Nehemías hizo una segunda visita a Jerusalén, poco más tarde, halló lamentables irregularidades, como el incumplimiento de los diezmos, la violación del sábado y los matrimonios con paganos. Pero Nehemías encaró estos problemas con toda lealtad a lo que la ley de Dios había prescrito.

Es muy probable que la profecía de Malaquías pertenezca a esta época, pues hace referencia a idénticas o muy semejantes infidelidades (por ejemplo, los matrimonios mixtos y el divorcio, la laxitud en el pago de los diezmos, la ofrenda a Dios hecha de sacrificios defectuosos).

El período intertestamentario

Israel tuvo que aguardar otros cuatrocientos años antes que naciera su Mesías. A este lapso se lo conoce como el 'período intertestamentario', ya que en él no se escribió ningún libro del Antiguo o el Nuevo Testamento. La voz de la profecía se había callado. El autor del primer libro de los Macabeos, que pertenece a los apócrifos[9] y describe los acontecimientos entre 175–134 a.C., menciona varias veces este hecho. Se refiere a una época de gran aflicción para Israel: 'Tribulación tan grande no sufrió Israel desde los tiempos en que dejaron de aparecer profetas' (1 Macabeos 9.27), y dice que Simón fue confirmado como jefe y sumo sacerdote a perpetuidad, 'hasta que apareciera un profeta digno de fe' (1 Macabeos 14.41).

No obstante, hay referencias a este período en el libro de Daniel, indiscutiblemente uno de los documentos bíblicos más difíciles. Las cuestiones relacionadas con su autoría, su composición e interpretación continúan confundiendo a los eruditos. Contiene varios sueños y visiones notables, algunos de los cuales se explican mientras otros quedan total o parcialmente sin interpretación.

Estos sueños predicen el surgimiento y la caída de grandes imperios, en particular en cuanto afectan al pueblo de Dios. El más conocido es el sueño de Nabucodonosor de la imagen de un coloso cuya cabeza estaba hecha de oro, el pecho y los brazos de plata, el vientre y los muslos de bronce, las piernas de hierro y los pies de una mezcla de hierro y arcilla. Dice el sueño del rey que una piedra golpeó los pies del coloso y toda la imagen se hizo pedazos. Daniel interpretó el sueño como una referencia a sucesivos imperios que, en la opinión de los eruditos, corresponderían a Babilonia ('tú, oh rey… eres la cabeza de oro'), el imperio medo-persa (el pecho y los brazos), Grecia, el reino que 'dominará sobre toda la tierra', y Roma, que se convierte en 'un reino dividido' y no subsiste. Si esto es así, entonces la piedra 'cortada, no con mano', es el reino del Mesías, del cual dice Daniel:

> El Dios del cielo levantará un reino que no será jamás destruido … permanecerá para siempre.　　　Daniel 2.44

Estos grandes imperios se sucedieron el uno al otro y proporcionaron el escenario en el cual se desarrolló el drama divino de la redención. El reino babilonio duró del 605 al 539 a.C. el medo-persa del 539 al 331, el griego del 331 al 63 y el romano desde el 63 hasta ya entrada la era cristiana.

Los últimos capítulos del libro de Daniel son más explícitos. En el capítulo 8 se registra la visión de un poderoso carnero que carga hacia el oeste, el norte y el sur, sin que ningún animal pueda resistir su ataque. Como tiene dos cuernos, representa al imperio medo-persa (versículo 20). Mientras tanto, 'un macho cabrío venía del poniente sobre la faz de toda la tierra'. Este es 'el rey de Grecia' (versículo 21), es decir, el imperio griego que surge bajo Filipo de Macedonia. El macho cabrío del poniente tenía 'un cuerno notable entre sus ojos', con el cual atacó al carnero y le quebró ambos cuernos. Este cuerno prominente será el hijo de Filipo, Alejandro Magno, quien después de una serie de precipitadas victorias contra Asia Menor, Tiro, Gaza y Egipto, derrotó al ejército persa en el 331 a.C. Luego 'el macho cabrío se engrandeció sobremanera' (versículo 8), refiriéndose tal vez a la continuación de la campaña de Alejandro a través del Afganistán, hasta la India. 'Pero estando en su mayor fuerza, aquel gran cuerno fue quebrado', pues murió en Babilonia en el 323, 'y en su lugar salieron otros cuatro cuernos notables', pues el imperio de Alejandro se dividió en cuatro regiones principales gobernadas por sus generales:

Macedonia y Grecia, Tracia o Asia occidental, Siria y Babilonia (bajo Seleuco) y Egipto (bajo Ptolomeo).

Estos últimos dos gobernaron a Israel durante los siguientes trescientos años. 'Y se multiplicaron los males sobre la tierra' (1 Macabeos 1.9). Así como en siglos anteriores Palestina había sido un territorio parachoques entre los imperios asirio-babilonio-persa al norte, y Egipto al sudeste, ahora Judea estaba presa entre los seléucidas que gobernaban en Siria y los ptolomeos que gobernaban en Egipto. A los primeros se les llamaba 'el rey del norte' en Daniel 11, a los segundos 'el rey del sur'. Ambas dinastías perduraron hasta mediados del siglo I a.C. y sus relaciones variaron entre una incómoda coexistencia y la hostilidad abierta y aun la guerra. Judea debió soportar el dominio de una y de la otra.

Volviendo a la visión de Daniel del macho cabrío, cuyo único cuerno fuera reemplazado por 'otros cuatro cuernos notables', el relato continúa de este modo:

> Y de uno de ellos salió un cuerno pequeño, que creció
> mucho al sur, y al oriente, y hacia la tierra gloriosa.
> Y se engrandeció hasta el ejército del cielo … Aun se
> engrandeció contra el príncipe de los ejércitos, y por él fue
> quitado el continuo sacrificio, y el lugar de su santuario
> fue echado por tierra … y echó por tierra la verdad
>
> Daniel 8.9–12

A este 'cuerno pequeño' se lo interpreta como 'un rey altivo de rostro y entendido de enigmas' que 'causará grandes ruinas… y destruirá a los fuertes y al pueblo de los santos' (Daniel 8.23–24). Indudablemente parece una referencia a Antíoco Epifanes (175–163 a.C.), quien además en Daniel 11.21 es llamado 'un hombre despreciable'.

En el 167 a.C. Antíoco Epifanes ordenó la suspensión de los sacrificios del templo, la destrucción de las Escrituras y la abolición de la circuncisión, de la costumbre de guardar el sábado y las leyes alimenticias. El clímax se produjo en diciembre, cuando se dedicó un nuevo altar a Zeus, 'El Señor de los cielos' (cuya encarnación pretendía ser Antíoco), sobre el cual ofrecieron animales impuros. Fue eliminado el holocausto continuo y el santuario fue profanado por 'la abominación desoladora' (Daniel 11.31).

El edicto real debía aplicarse bajo pena de muerte tanto en las provincias como en Jerusalén. Muchos cumplieron, pero muchos otros lo resistieron, prefiriendo la muerte a la contaminación. Tuvieron lugar las más terribles torturas y matanzas, algunas de las cuales se describen en los libros de los Macabeos. Los mártires murieron 'a espada y a fuego, en cautividad y despojo' (Daniel 11.33). Probablemente el autor de la Epístola a los Hebreos se estuviera refiriendo a ellos cuando escribió:

> Otros fueron atormentados, no aceptando el rescate, a
> fin de obtener mejor resurrección. Otros experimentaron
> vituperios y azotes, y a más de esto prisiones y cárceles.
> Fueron apedreados, aserrados, puestos a prueba, muertos
> a filo de espada ... de los cuales el mundo no era digno.
>
> Hebreos 11.35–38

El sumo sacerdote Matatías, quien se encargó de matar personalmente a un traidor judío y al sistema real que los estaba sacrificando, se hizo cargo de la resistencia organizada. Sobrevino entonces un período de guerrillas durante cuyo transcurso se demolieron los altares paganos, se circuncidó por la fuerza a los niños judíos y se dio muerte a los doblegados.

Matatías murió en el 166 y le sucedieron por turno tres de sus hijos: Judas, llamado Macabeo, apodo que probablemente significaba 'el martillo' o 'el exterminador' (166–161 a.C.), Jonatán (161–143 a.C.) y Simón (143–135 a.C.). Los libros de los Macabeos registran los detalles de su rebelión contra el gobierno gentil y de sus extraordinarias hazañas militares.

Probablemente el mayor de sus triunfos ocurrió en el 164 a.C., cuando bajo la dirección de Judas Macabeo se purificó el área del templo y se lo restauró, se construyó y dedicó un nuevo altar y se reiniciaron los sacrificios.

> Precisamente fue inaugurado el altar, con cánticos,
> cítaras, arpas y címbalos, en el mismo tiempo y el mismo
> día en que los gentiles lo habían profanado.
>
> 1 Macabeos 4.54

La guerra de independencia continuó por muchos años, y la autonomía política no se logró hasta el 128 a.C. bajo Juan Hyrcano, hijo de Simón, de quien se dice que era sacerdote y jefe, y aun profeta y rey. Simón y sus hijos recuperaron una buena parte del territorio que rodeaba a Judea.

Pero en el 63 a.C. el general romano Pompeyo entró en Jerusalén y penetró en el lugar santísimo, para horror de los sacerdotes. Judea se convirtió en un protectorado romano y otra vez se perdió la independencia judía.

En el 40 a.C. Herodes, que había sido prefecto militar de Galilea y más tarde cotetrarca de Galilea, fue hecho 'rey de los judíos' por el senado romano. Gradualmente reconquistó su reino, y en el año 37 a.C. sitió y tomó Jerusalén, ocasión en que ejecutó a Antígono, el último de los sacerdotes-gobernadores macabeos. Herodes fue siempre impopular por su condición de extranjero edomita (aunque de religión judía); no obstante, reinó treinta y tres años. Bajo su protección se iniciaron en el 19 a.C. las tareas de reconstrucción del gran templo, obra que continuó hasta casi el año 70 d.C. cuando el ejército romano lo destruyó, esta vez para siempre.

Durante el inestable período del gobierno macabeo dentro de la comunidad judía fueron tomando forma importantes movimientos que más tarde se institucionalizaron en los diferentes partidos religiosos contemporáneos de nuestro Señor.

La rebelión de los Macabeos fue fundamentalmente una protesta religiosa, un desafiante rechazo de todo arreglo con las influencias helenizantes. Nada encendía más la indignación de los Macabeos que los sumos sacerdotes temporales instalados por el favor de los reyes seléucidas. Ellos y sus seguidores son los 'judíos renegados' de los libros de los Macabeos, los mismos que querían eliminar las marcas de la circuncisión, imitar las costumbres griegas en cuanto al vestir y aun construir un estadio como los de los griegos para competencias deportivas.

Los judíos que evitaban toda contaminación con la cultura griega se llamaban *jasidim* (piadosos). Auténticos antecesores de los fariseos, se caracterizaron por su celo separatista y les preocupó mucho más la libertad religiosa que la independencia política.

Los Asmoneos (nombre de familia de los Macabeos) no se conformaban con la libertad religiosa; querían también la independencia nacional. Una y otra vez se enredaron en toda clase de intrigas políticas, y, con el tiempo, dieron origen a los saduceos.

Los celotes, finalmente, eran los extremistas políticos que querían continuar la lucha de los Macabeos por la independencia. Famosos por su ardor revolucionario, lucharon obstinadamente para arrancar su libertad a Roma a toda costa.

Cuando en el cumplimiento del tiempo vino Jesucristo, en una ocasión el pueblo procuró 'apoderarse de él y hacerle rey'(Juan 6.15). Pero Jesús se alejó de ellos y tuvo que explicarles que, si bien era el Rey, su reino no era 'de este mundo' (Juan 18.33–38). La libertad que Jesús ofrecía era libertad de la tiranía del pecado.

> Si vosotros permaneciereis en mi palabra, seréis
> verdaderamente mis discípulos; y conoceréis la verdad,
> y la verdad os hará libres. Juan 8.31–36

Los grandes imperios

Las fechas a.C. se relacionan con la hegemonía de cada imperio tal como afectó a Israel.

854–612	Asiria
612–605	Egipto
605–539	Babilonia
539–331	Persia
331–63	Grecia (inclusive seléucidas y ptolomeos)
63–	Roma

Algunas fechas para recordar

ca.[10] 1280	Éxodo de Egipto.
ca. 1050	Establecimiento de la monarquía bajo Saúl.
ca. 1010	El rey David asciende al trono.
ca. 930	Muere el rey Salomón. Comienza la monarquía dividida —Israel se mantiene hasta el 722 y Judá hasta el 586.
722	Caída de Samaria y desaparición del reino del norte.
701	Senaquerib sitia Jerusalén.

612 Caída de Nínive, capital de Asiria.

597 Caída de Jerusalén. Comienza la cautividad babilónica.

586 Destrucción de Jerusalén.

539 Edicto de Ciro. Los primeros exiliados retornan aproximadamente un año después.

515 Inauguración del templo restaurado.

458 Llega Esdras a Jerusalén.

445 Llega Nehemías a Jerusalén.

323 Muerte de Alejandro Magno.

167 Antíoco Epifanes profana el templo. Comienza la rebelión macabea.

63 Pompeyo llega a Jerusalén. Judea se convierte en protectorado romano.

Guía de estudio

1 ¿Qué nos dice el relato bíblico de la creación sobre la naturaleza de Dios?

2 ¿Cómo debemos entender la descripción de Adán como hecho a la imagen de Dios?

3 ¿Cuál es la naturaleza y significado de la promesa de Dios a Abraham?

4 ¿Qué lecciones aprendieron los israelitas a través del Éxodo y de los años que pasaron en el desierto?

5 ¿Qué puede aprender la iglesia contemporánea del período de los jueces?

6 Comparar y contrastar a David y Salomón como reyes de Israel.

7 ¿Por qué Jeroboam I pasó a la historia como aquel que hizo pecar a Israel?

8 Explicar el significado de las profecías de Amós y Oseas en su contexto histórico.

9 Describir las reformas religiosas que tuvieron lugar durante los últimos años del reino del sur. ¿Eran justas las críticas de Jeremías hacia las reformas de Josías?

10 ¿Cómo fue que la decadencia del imperio asirio ayudó a preparar el camino para la caída final de Jerusalén y la destrucción del templo de Salomón?

11 Describir las diferentes etapas del retorno de los exiliados a Jerusalén entre los años 538–445 a.C.

12 Al estudiar las profecías del libro de Daniel, ¿qué aprendemos sobre el surgimiento y la caída de grandes imperios durante el período intertestamentario?

13 ¿Qué movimientos importantes estaban tomando forma en la comunidad judía durante el período del gobierno macabeo?

Notas

1 El orden de los libros del AT es diferente en la Biblia hebrea y las cristianas. La iglesia cristiana siguió el orden de la Septuaginta, la traducción griega hecha en el siglo II a.C.

2 Aunque menos familiar que 'Jehová', esta es probablemente la versión correcta del nombre hebreo YHWH, cuya significación fue revelada a Moisés. Ver Éxodo 3.13–15.

3 Reconozco, sin embargo, que otros cristianos que aceptan y sostienen la autoridad de las Escrituras rechazan la teoría de la evolución por ser (según ellos) incompatible con la enseñanza bíblica. Mientras continúa el debate, es particularmente importante para todos nosotros (sea cual fuere nuestra posición) tratar de distinguir entre el hecho y la teoría científicos, y lo que la Biblia afirma claramente y lo que nosotros quisiéramos que afirmara. En el capítulo 7 volveremos sobre esta cuestión.

4 Una torre templo en forma de una pirámide de ladrillo con una terraza, edificada sobre un promontorio artificial. Se sabe que en Babilonia se construían 'zigurats' ya en el 3000 a.C.

5 Por ejemplo, a Abraham, Génesis 15.1–6; 17.1–8; 22.15–18; a Isaac, 26.1–5; a Jacob, 28.13–15; 35.9–12.

6 Algunos, sin embargo, suponen que Jonás y Joel son anteriores a Amós.

7 También Isaías 37.33–35.

8 *Israel and the nations*, por F. F. Bruce, Paternoster, 1963, edición ilustrada, 1969, página 100.

9 Se llama 'apócrifos' a algunos libros que no formaban parte del canon hebreo del Antiguo Testamento. Algunos contienen material evidentemente legendario, y otros, materiales que los cristianos leen por su valor ético más que doctrinario.

10 Abreviatura de *circa* (latín) que significa 'aproximadamente' o 'alrededor de'.

4

La historia de la Biblia

Nuevo Testamento

EN EL CAPÍTULO ANTERIOR HEMOS BOSQUEJADO LA HISTORIA del Antiguo Testamento, la cual abarca varios miles de años. En este capítulo daremos un bosquejo de la historia del Nuevo Testamento, la cual abarca menos de un siglo. Es un fascinante relato de las palabras y hechos de Jesús de Nazaret: primero, de lo que él 'empezó a hacer y enseñar' (Hechos 1.1) durante su vida en la tierra, y luego, de lo que continuó haciendo y enseñando mediante los apóstoles que escogió, después de retornar a su Padre y constituir su iglesia.

Los cuatro Evangelios

Si bien en los escritos seculares de esa época, específicamente en Tácito y Suetonio, se encuentra alguna que otra referencia a Jesús, nuestra principal fuente de información sigue siendo los cuatro 'Evangelios', conocidos así con propiedad pues estrictamente hablando no son biografías sino testimonios. Ellos dan evidencia de Cristo y de las buenas nuevas de salvación, y cada uno de sus autores selecciona, arregla y presenta su material según su propósito como 'evangelistas'. Sin embargo, esto no nos da motivos para dudar de su autenticidad. Por el contrario, debemos aproximarnos a los Evangelios con confianza, no con suspicacia. Hay muchas razones para hacerlo.

Primero, los evangelistas eran ciertamente cristianos, y los cristianos son personas honestas a quienes les interesa la verdad.

Segundo, dan evidencias de su imparcialidad al incluir incidentes que muy bien podrían haber preferido omitir. Por ejemplo, aun cuando Pedro era un dirigente de la iglesia muy respetado, los Evangelios no dejan de mencionar ni su petulancia ni su negación de Jesús.

Tercero, los evangelistas sostienen que ellos mismos son testigos de Jesús o que registran la experiencia de testigos directos. Si bien es probable que ninguno de los Evangelios haya sido publicado antes del año 60 d.C., no tenemos por qué imaginar un vacío entre la ascensión de Jesús y esa fecha. Ese fue el período de la 'tradición oral', durante el cual las palabras y hechos de Jesús se usaron en el culto cristiano, en la evangelización y en la enseñanza de los convertidos hasta que se las recopiló por escrito. Lucas dice que tuvo a su alcance 'muchas' de esas compilaciones (Lucas 1.1–4).

Cuarto, Jesús, al parecer, enseñaba como un rabí judío, mediante formas (por ejemplo, parábolas y epigramas) que una tenaz memoria oriental no tendría dificultad de recordar, y, además, había prometido que el Espíritu Santo habría de estimular la 'memoria' de los apóstoles (Juan 14.25–26).

Quinto, si Dios hizo algo absolutamente único y decisivo por medio de Jesús, como creen los cristianos, es inconcebible que esto se perdiera en medio de las brumas de la antigüedad. Si su propósito fue que las generaciones futuras se beneficiaran con esas buenas noticias, debe haber previsto la manera de transmitirlas verazmente, a fin de ponerlas al alcance de todos en todo tiempo y lugar. Lo que decidió fue presentar el único evangelio en cuatro Evangelios.

Una sola verdad

Al leer los Evangelios vemos claramente que relatan la misma historia, aunque en forma diferente. Los tres primeros (Mateo, Marcos y Lucas) se conocen generalmente como los Evangelios 'sinópticos' porque sus historias son paralelas y presentan un relato 'sinóptico' (es decir, similar) de la vida de Jesús. Mateo y Lucas parecen haber conocido el Evangelio de Marcos e incorporado gran parte del mismo a los suyos. Tuvieron también algún otro material común, conocido generalmente como 'Q' (inicial de la

Al leer los cuatro Evangelios vemos claramente que relatan la misma historia, aunque en forma diferente.

palabra alemana Quelle, 'fuente'), además de la información independiente que también pudo haber tenido cada uno. Los eruditos no concuerdan en cuanto al conocimiento que pudo haber tenido Juan de los Evangelios sinópticos o el uso que pudo haber hecho de ellos, pero la mayoría cree que su Evangelio fue el último en publicarse.

El Evangelio de Marcos es el más breve y probablemente el más antiguo de los cuatro. El estilo es pulido, los relatos son vívidos y el tono excitante: todo sucede 'inmediatamente' después de alguna otra cosa. El apóstol Pedro se refiere a Marcos como su 'hijo' (1 Pedro 5.13; Hechos 12.11–12), y los Padres del siglo II, como Papías e Ireneo, lo describen como el intérprete de Pedro. Bien puede ser, por lo tanto, que las memorias o la predicación de Pedro, o ambas cosas, hayan sido preservadas en el Evangelio de Marcos, que tiene obvias similitudes con la Primera Epístola de Pedro.

Es posible que el nombre de Mateo fuera asignado al primer Evangelio porque 'Q', consistente en gran parte de los dichos de Jesús, era una colección suya. Sabemos que era un recaudador de impuestos (Mateo 9.9), de modo que ha de haber estado acostumbrado a hacer anotaciones y llevar registros. Por cierto, según Papías, 'Mateo compiló los *logia* (dichos) en hebreo (es decir, el idioma arameo que hablaba Jesús), y cada cual los tradujo como pudo hacerlo'.[1] Su Evangelio es muy judío y refleja su interés especial en el cumplimiento de las profecías.

Lucas es el único gentil entre los autores del Nuevo Testamento. Había viajado mucho, y como uno de los acompañantes de Pablo habría absorbido la predicación del apóstol a los gentiles sobre la gracia de Dios. Por esa razón, da énfasis al alcance universal del amor de Cristo, tal como lo ilustra su preocupación por los menospreciados por el judaísmo de su época: —mujeres y niños, publicanos y pecadores, leprosos, samaritanos y gentiles.

Juan evidentemente había meditado larga y profundamente sobre la enseñanza de Jesús. Su propio pensamiento y lenguaje asimilaron tan completamente los de su Señor que no es fácil decir cuándo terminan las palabras de uno y comienzan las del otro. No nos deja dudas acerca del propósito de su Evangelio, ya que él mismo lo define. Ha registrado, dice, una cantidad de 'señales' que Jesús hizo, a fin de que sus lectores crean en él como el Cristo, el Hijo de Dios, y reciban así la vida eterna (Juan 20.30–31). Fiel a su confesado propósito, reúne una cantidad de señales y testimonios, a fin de demostrar la 'gloria' única de Jesús.

Nacimiento y juventud de Jesús

Cada evangelista comienza su relato en un lugar diferente. Marcos se lanza casi inmediatamente al ministerio público de Jesús tal como lo había anunciado Juan el Bautista. Juan se va al otro extremo y se extiende a lo largo de una eternidad pasada hasta la existencia preencarnada de Jesucristo. Como 'la Palabra', Jesús estaba con Dios en el comienzo mismo. De hecho, él mismo era Dios, activo en la creación del universo. Mucho antes de que viniera al mundo 'en la carne', estaba continuamente 'viniendo al mundo' como la luz verdadera (aunque no reconocida) para alumbrar a todo hombre con la luz de la razón y de la conciencia (Juan 1.1–14).

Mateo y Lucas son quienes nos relatan la historia del nacimiento de Jesús. Lucas lo hace a través de los ojos de la virgen María (quizá tomándolo de sus propios labios), mientras Mateo lo relata desde el punto de vista de José.

Lucas registra el anuncio del ángel a María de que su concepción y el niño que nacerá serán sobrenaturales:

> Respondiendo el ángel, le dijo: 'El Espíritu Santo vendrá
> sobre ti, y el poder del Altísimo te cubrirá con su sombra;
> por lo cual también el Santo Ser que nacerá, será llamado
> Hijo de Dios.'   Lucas 1.35

Lucas sigue describiendo cómo María compartió su secreto con su prima Elisabet, quien pronto daría a luz a Juan el Bautista; cómo José (cuyo penoso dilema en cuanto al embarazo de María describe Mateo) viajó con ella hacia el sur, de Nazaret a Belén, su hogar ancestral, a fin de cumplir con los requisitos del censo imperial; y cómo en el establo de la posada de Belén nació Jesús y su madre lo acunó en un pesebre.

Aunque el Salvador del mundo nació de una manera tan humilde, sin que alguien lo aclamara públicamente, hubo algunos que le rindieron homenaje. Lucas habla de algunos pastores que escucharon la buena noticia de los ángeles, y Mateo de unos misteriosos magos (astrólogos sacerdotes de Persia) a quienes una estrella guió a Belén. Parece haber habido una deliberada providencia en reunir estos dos grupos contrastantes, ya que los pastores eran judíos, incultos y pobres, mientras los magos eran gentiles, cultos y ricos. Sin embargo, las barreras de raza, educación y posición social fueron trascendidas por su común adoración del niño Jesús. Magos y pastores anticiparon la colorida variedad de los seguidores de Jesús.

Pero no todos lo adoraron. Herodes el Grande, que en el curso de su reinado asesinó a todo posible rival, se alarmó cuando los magos dijeron que habían venido a ver al Rey de los judíos… porque el rey de los judíos era él en persona. ¿De quién se trataba, pues? Advertidos por Dios de la resolución de Herodes de matar al niño, José y María huyeron con él a la seguridad de Egipto; el que había venido a reinar se convirtió en refugiado.

Jesús se crió en Nazaret de Galilea. Su hogar debe de haber distado mucho de ser pudiente, pues cuando José y María presentaron su primogénito al Señor, llevaron como ofrenda una yunta de palomas (era lo que la ley prescribía para quienes no podían ofrendar un cordero). Pero debe de haber sido un hogar feliz, compartido (con el paso de los años) por los hijos de la familia. José trabajaba como carpintero y le enseñó el oficio a Jesús; María lo educaba en piedad y justicia enseñándole a leer las Escrituras y a orar. En la hermosa campiña de los alrededores debe de haberse familiarizado con los lirios del campo y las aves (a los cuales más tarde se refiere) y con el Dios vivo que los viste y alimenta.

El único incidente de la infancia de Jesús que registran los Evangelios tuvo lugar cuando, a los doce años, sus padres lo llevan a Jerusalén en ocasión de la Pascua con el propósito de prepararlo para que a los trece pueda convertirse en 'hijo del mandamiento'. Después de la festividad queda accidentalmente rezagado y sus padres lo hallan 'sentado entre los doctores, escuchándoles y preguntándoles'. Aquellos maestros judíos 'se maravillaban de su inteligencia y de sus respuestas', y sus padres quedan perplejos cuando Jesús les pregunta: '¿No sabíais que en los negocios de mi Padre me conviene estar?' Su comunión con Dios como Padre y su disposición a hacer su voluntad habrían de acompañarle durante su posterior ministerio.

Aparte de este relato, registrado en Lucas 2.41–51, el versículo anterior y el siguiente nos dicen todo lo que necesitamos saber sobre la juventud de Jesús. Ambos versículos son como puentes: el 40 cubre los doce años desde su nacimiento y el 52 los restantes dieciocho, más o menos, hasta que empezó su ministerio público. Ambos nos dicen que durante esos años Jesús se desarrollaba natural pero perfectamente en cuerpo, mente y espíritu. He aquí el versículo 52:

> Y Jesús crecía en sabiduría y en estatura,
> y en gracia para con Dios y los hombres.

Aunque los evangelistas no se preocupan por darnos un relato estrictamente cronológico del ministerio público del Señor, según el

Evangelio de Juan parece haberse extendido aproximadamente tres años.[2] Podemos llamar al primero el año de anonimato, al segundo el año de popularidad y al tercero el año de adversidad.

El año de anonimato

Los cuatro Evangelios relatan algo sobre el ministerio de Juan el Bautista, un asceta que no vestía otra cosa que una túnica de pelo de camello con un cinturón de cuero y que se mantenía con una austera dieta de langostas y miel silvestre. De sus labios volvió a oírse, después de varios siglos de silencio, la auténtica voz de la profecía exhortando al pueblo al arrepentimiento en preparación para la venida del Mesías. Grandes multitudes acudían al río Jordán para oírlo predicar y ser bautizados.

Cuando el mismo Jesús se presentó para ser bautizado, Juan vaciló porque se había declarado indigno aun de agacharse para desatar las correas de las sandalias de aquel que venía posterior a él. Pero Jesús estaba resuelto a cumplir toda justicia y a identificarse con los pecados de los demás aunque no tenía pecados propios que confesar. Convenció, pues, a Juan que lo bautizara. En ese momento el Espíritu Santo vino sobre él como una paloma, y se oyó la voz del Padre proclamándole con palabras de la Escritura del Antiguo Testamento como Hijo amado y su Siervo sufriente.[3]

Inmediatamente después de su bautismo, el mismo Espíritu que había descendido sobre Jesús lo 'llevó' al desierto de Judea. Allí ayunó durante cuarenta días, sin duda para buscar fuerzas por medio de la oración para el ministerio que se le había encomendado. Durante este período también fue alevosamente tentado por el diablo para entrar en componendas y así lograr buenos fines por malos medios. Pero los años que el Señor había dedicado reposadamente a la meditación de las Escrituras lo mantuvieron firme y pudo contrarrestar cada una de las sugestiones diabólicas con una respuesta bíblica porque estaba decidido a vivir de acuerdo con la Escritura y a obedecer de este modo la voluntad de su Padre.

Parece que después de las tentaciones en el desierto Jesús retornó al río Jordán y dio a los hermanos Andrés y Simón Pedro una suerte de llamado preliminar a su servicio; ambos dejaron a Juan el Bautista y comenzaron a seguirlo.

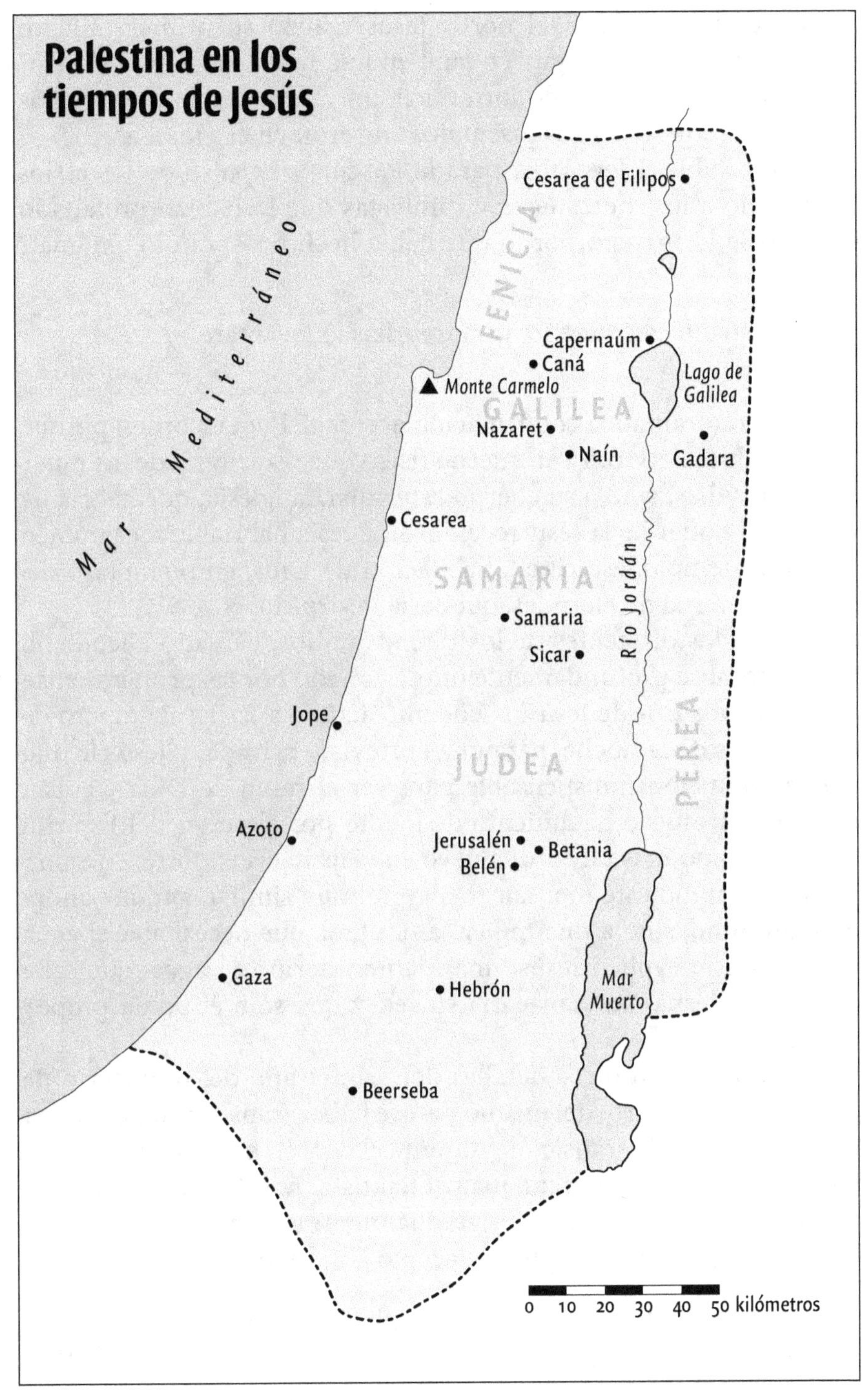
Palestina en los tiempos de Jesús
Cesarea de Filipos
FENICIA
Mar Mediterráneo
Capernaúm
Caná
Monte Carmelo
Lago de Galilea
GALILEA
Nazaret
Naín
Gadara
Cesarea
SAMARIA
Samaria
Sicar
Río Jordán
Jope
PEREA
JUDEA
Azoto
Jerusalén
Betania
Belén
Gaza
Hebrón
Mar Muerto
Beerseba
0 10 20 30 40 50 kilómetros

Volviendo a Galilea, al norte, Jesús realizó su primer milagro cuando transformó el agua en vino en una boda en Caná. Esto simbolizaba su pretensión de introducir un nuevo orden, y con ellos 'manifestó su gloria, y sus discípulos creyeron en él' (Juan 2.1–11).

Luego, subió a Jerusalén para la Pascua y expulsó de los atrios del templo a los mercaderes y cambistas que lo habían profanado. Cuando se lo increpó por lo que había hecho, respondió enigmáticamente:

> Destruid este templo, y en tres días lo levantaré.
>
> Juan 2.19

Fue otra dramática confirmación acerca del nuevo orden porque con ella aludía no sólo a su cuerpo físico que resucitaría de los muertos en tres días, sino a su cuerpo espiritual, la iglesia, que habría de vivir en el poder de la resurrección. Su iglesia habría de ser también un nuevo templo, espiritual, habitación de Dios, en reemplazo del templo material de Herodes, que sería destruido.

Uno de los dirigentes de los rabinos judíos, llamado Nicodemo, fue un hombre profundamente impresionado por las primeras enseñanzas y milagros de Jesús. Nicodemo acudió a Jesús, al amparo de las sombras de la noche, para una entrevista privada, y Jesús le dijo que la condición indispensable para ver el reino de Dios y entrar en él era un nuevo nacimiento de lo alto por el poder del Espíritu Santo. Tiempo más tarde, de nuevo en viaje hacia el norte, en Samaria, Jesús repitió este mensaje, o alguno muy similar, aunque ahora no a un judío, sino a una mujer samaritana que necesitaba 'el agua viva', como le explicó Jesús; una fuente interior de agua 'que salte para vida eterna', que aplacaría su sed y que sólo él podía proporcionarle.[4]

No se registran otros detalles del primer año del ministerio de Jesús. La mayor parte del mismo parece haber transcurrido en Judea. Fue un período de transición, durante el cual su ministerio se superpuso con el de su precursor, Juan el Bautista. Los discípulos de Jesús también estaban bautizando, y gradualmente su número llegó a superar a los de Juan, hecho que este aceptó con hermosa humildad:

> Es necesario que él crezca, pero que yo mengüe.
>
> Juan 3.30

Esta situación fue la señal para que Jesús abandonara Judea y fuera a Galilea. Poco después Juan fue arrestado y encarcelado, y Jesús inició el ministerio galileo, el año de popularidad (Juan 3.24; 4.1–3; Marcos 1.14).

El año de popularidad

Mientras asistía al servicio de la sinagoga, un sábado, en su pueblo de Nazaret, le dieron a Jesús el rollo de Isaías, del cual leyó:

> El Espíritu del Señor está sobre mí,
>> Por cuanto me ha ungido
>> para dar buenas nuevas a los pobres;
> Me ha enviado a sanar a los quebrantados de corazón;
>> A pregonar libertad a los cautivos,
>> Y vista a los ciegos;
>> A poner en libertad a los oprimidos;
> A predicar el año agradable del Señor.   Lucas 4.18–19

Durante el sermón que siguió, Jesús tuvo la osadía de sostener que él mismo era el cumplimiento de esta Escritura. Al principio la congregación se llenó de asombro por sus palabras llenas de gracia, pero cuando Jesús comenzó a sugerir que su ministerio, al igual que el de los profetas Elías y Eliseo, habría de ser más aceptable a los gentiles que a Israel, se enfurecieron tanto que lo expulsaron de la ciudad, e incluso trataron de despeñarlo desde una colina cercana. Esto fue un anticipo del rechazo de que sería objeto, y se vio obligado a trasladar el centro de sus actividades de Nazaret a Capernaúm, sobre la orilla noroeste del lago.

Durante el resto del segundo año, Jesús hizo innumerables viajes desde Capernaúm por toda Galilea. Mateo resume así la forma que adoptó su ministerio:

> Y recorrió Jesús toda Galilea, enseñando en las sinagogas
> de ellos, y predicando el evangelio del reino, y sanando
> toda enfermedad y toda dolencia en el pueblo.
>> Mateo 4.23 (9.35)

Primero, predicaba. Marcos dice que el tema de su predicación era 'el evangelio de Dios', resumido en estas palabras:

> El tiempo se ha cumplido, y el reino de Dios se
> ha acercado; arrepentíos, y creed en el evangelio.
>
> Marcos 1.15

Este reino divino era el reinado personal de Dios en la vida de los hombres, y él (Jesús) había venido a inaugurarlo. Su venida era el cumplimiento de las expectativas del Antiguo Testamento, y a fin de 'recibirlo', 'entrar en él' o 'heredarlo', los hombres debían arrepentirse y creer, aceptando humildemente sus privilegios y sometiéndose a sus demandas, como lo hacen los niños.

Luego, enseñaba. No se limitaba a anunciar el evangelio del reino e invitar a los hombres a que entraran en él; procedía a enseñar a sus discípulos la ley del reino. De esto no tenemos mejor resumen que el 'Sermón del Monte', el cual consiste indudablemente en instrucciones dadas durante un prolongado período. Su tema fundamental es el llamado a sus discípulos a ser diferentes tanto de los paganos como de los fariseos. 'No seáis como ellos', les dice. Para ser la luz del mundo y la sal de la tierra, su justicia debía ser mayor que la de los escribas y

El pueblo estaba asombrado de la autoridad de Jesús.

fariseos. No debían tratar (como los casuistas) de evadir las demandas de la ley, ni (como los hipócritas) de practicar su piedad delante de los hombres, sino de comprender que Dios ve en secreto y mira el corazón. Sus discípulos debían ser también totalmente diferentes de los gentiles, en su amor, sus oraciones y sus proyectos. Debían amar a sus enemigos así como a sus amigos, renunciar a las vanas repeticiones en la oración por una inteligente aproximación a su Padre, y buscar primero, como el bien supremo, no sus propias necesidades materiales, sino el reino y la justicia de Dios.

El pueblo estaba asombrado de la autoridad de Jesús, porque este no enseñaba como los escribas (que invariablemente citaban a sus maestros), ni aun como los profetas (que hablaban en nombre de Jehová), sino por su propia autoridad y en propio nombre, declarando 'de cierto, de cierto os digo'.

Además, reforzaba su enseñanza con inolvidables parábolas que ilustraban el amor de Dios por los pecadores (por ejemplo, la del hijo pródigo), la necesidad de confiar humildemente en la misericordia de Dios para la salvación (por ejemplo, la del fariseo y el publicano), el amor que debemos tenernos los unos a los otros (la del buen samaritano), la forma en que es recibida la palabra de Dios y el reino de Dios crece (la del sembrador y la de la semilla de mostaza), la responsabilidad de los discípulos por el desarrollo y ejercicio de sus dones (las minas y los talentos), y el juicio de aquellos que rechazan el evangelio (la del trigo y la cizaña).

En tercer lugar, sanaba. También realizaba otros milagros, exhibiendo su poder sobre la naturaleza al calmar una tempestad sobre el lago o al caminar sobre el agua o al multiplicar los panes y los peces. Pero sus milagros más comunes eran de sanidad, efectuados con un toque de su mano, o con una simple palabra. Desde un punto de vista, la explicación suficiente de su ministerio de sanidad es su amor, porque la evidencia de cualquier forma de sufrimiento lo movía a compasión. Pero, además, sus milagros eran 'señales' tanto del reino de Dios como de su propia divinidad: significaban que había comenzado el reinado del Mesías, como lo habían anticipado las Escrituras. Fue con esta certidumbre como Jesús trató de confirmar la fe de Juan el Bautista en la cárcel:

> Id, haced saber a Juan lo que habéis visto y oído: los ciegos ven, los cojos andan, los leprosos son limpiados, los sordos oyen, los muertos son resucitados, y a los pobres es anunciado el evangelio.
> Lucas 7.22

Del mismo modo, los milagros eran señales de que las fuerzas del mal estaban en plena retirada ante el avance del reino de Dios:

> Mas si por el dedo de Dios echo yo fuera los demonios, ciertamente el reino de Dios ha llegado a vosotros.
> Lucas 11.20

Los milagros eran también señales de que Jesús era el Hijo de Dios, pues cada uno constituía una parábola en acción, la dramatización de una de sus divinas afirmaciones. La alimentación de los cinco mil puso al descubierto su convicción de ser el pan de vida. La curación del ciego de nacimiento, su convicción de ser la luz del mundo, y la resurrección de los muertos, su derecho de ser la resurrección y la vida.

Jesús inició también a los Doce en esta triple obra de predicación, enseñanza y curación. Al parecer los escogió y llamó durante este segundo año de su ministerio público, mostrando con el nombre de 'apóstoles' la obra que se les encomendaba. Ampliaré este concepto en un capítulo posterior, cuando consideremos la autoridad única de los mismos. En términos humanos, sus discípulos conformaban un grupo heterogéneo y poco promisorio que incluía a cuatro pescadores, un recaudador de impuestos, al menos un político celote y otro que resultó un traidor. Sin embargo, los mantuvo a su lado, enseñándoles por medio de lo que veían y oían y enviándolos de dos en dos, dotados de autoridad para predicar y sanar como él lo hacía.

Durante el ministerio en Galilea las multitudes aumentaban. Toda la región estaba tensa por la excitación y la expectación:

> Y se reunía mucha gente para oírle, y para que
> les sanase de sus enfermedades.   Lucas 5.15

La popularidad de Jesús parece haber alcanzado su apogeo en el momento de la alimentación de los cinco mil, precisamente después de la decapitación de Juan el Bautista, un sombrío presagio de la inversión de la marea. Se supone que toda la gente allí reunida debe de haber sobrepasado holgadamente los cinco mil, ya que esta cantidad tiene en cuenta sólo a los hombres adultos; con mujeres y niños (Mateo 14.21), bien pudieron llegar al doble o triple. Cuando todos hubieron satisfecho su hambre, como resultado de la milagrosa multiplicación de los cinco panes de cebada y los dos pescados secos, el entusiasmo alcanzó niveles de delirio, y el rumor de que 'seguramente este es el profeta que había de venir al mundo' comenzó a correr de boca en boca. Entonces la gente tomó una determinación: estaban dispuestos a 'llevarlo por la fuerza y hacerlo rey', es decir, su caudillo nacional para que los liberara del dominio de Roma. Pero Jesús intuyó su propósito y 'volvió a retirarse al monte él solo' (Juan 6.14–15).

El año de adversidad

De regreso a Capernaúm, al otro lado del lago, Jesús predicó un sermón en la sinagoga, usando como texto el milagro de los panes y los peces: no había venido para convertirse en un revolucionario político, sino que era el pan de vida, y todo aquel que se le acercara y le creyera jamás volvería a tener hambre o sed. El pan que habría de proveer para que el mundo viviera era su propia carne. De inmediato los judíos comenzaron a discutir:

¿Cómo puede este darnos su carne a comer?

También sus discípulos encontraron difíciles sus palabras, y muchos de ellos 'volvieron atrás, y ya no andaban con él' (Juan 6.52, 66). La marea había cambiado.

Jesús entonces 'se retiró' e hizo viajes más distantes, más allá de los límites de Galilea. Fue a Tiro y Sidón, en el noroeste (Marcos 7.24), y a Decápolis, una región al sudeste del lago (Marcos 7.31). Más tarde volvió al norte, esta vez a Cesarea de Filipo, en las estribaciones del Monte Hermón (Marcos 8.27). Aquí tuvo lugar un incidente muy importante, que constituye una suerte de línea divisoria de las aguas en la narrativa de los Evangelios. Jesús les preguntó a sus discípulos sobre lo que la gente pensaba de él, y ellos le comunicaron los resultados de la especulación popular: que era Juan el Bautista, o Elías, o alguno de los profetas. ¿Pero qué decían los Doce? Pedro respondió de inmediato: 'Tú eres el Cristo.'

La reacción de nuestro Señor resulta chocante para muchos lectores, pues les mandó 'no dijesen esto de él a ninguno' (Marcos 8.30). Pero el versículo siguiente aclara el enigma:

> Y comenzó a enseñarles que le era necesario al Hijo del
> Hombre padecer mucho, y ser desechado por los ancianos,
> por los principales sacerdotes y por los escribas, y ser
> muerto, y resucitar después de tres días. Esto les decía
> claramente.
> Marcos 8.31–32

En varias oportunidades, después de sus milagros, Jesús les ordenaba guardar silencio porque deseaba mantener en secreto su carácter mesiánico mientras la gente lo interpretara erróneamente, como cuando quisieron hacerlo rey por la fuerza. Ahora que Pedro había confesado claramente su fe, 'comenzó' a enseñar sobre la necesidad de sus sufrimientos y lo hizo 'claramente', es decir, abiertamente. Al principio Pedro no pudo aceptar esta verdad, pero Jesús insistió una y otra vez y agregó que su plan de gloria mediante el sufrimiento sería también la experiencia de sus seguidores (Marcos 8.34–38).

Seis días después, según el relato de los evangelistas sinópticos, Jesús tomó consigo a Pedro, Santiago y Juan y los llevó a un 'monte alto' (¿el Hermón?), y allí se transfiguró delante de ellos apareciendo con el rostro y las vestiduras envueltos en una luz brillante. Esta experiencia anticipaba el brillo de su gloria, la gloria de su reino y del cuerpo de su resurrección, la gloria a la cual accedería un día mediante el sufrimiento.

Jesús retornó a Galilea para una visita en cierto sentido de carácter privado, pues continuaba enseñándoles a sus discípulos acerca de sus próximos sufrimientos y la resurrección (Marcos 9.30–31). Poco después inició su viaje hacia el sur (Marcos 10.1). En realidad 'afirmó su rostro para ir a Jerusalén' (Lucas 9.51), y en el camino volvió reiteradamente sobre los mismos temas (Marcos 10.32–34, 45). Lucas proporciona una cantidad de detalles sobre este viaje y las instrucciones dadas por Jesús, no registrados por los otros evangelistas (Lucas 9.51–18.14). Nos dice que Jesús se refirió a un bautismo de sufrimiento que tendría que sobrellevar y a su ansiedad mientras no lo cumpliera (Lucas 12.50). Después les dijo:

> He aquí subimos a Jerusalén, y se cumplirán todas las
> cosas escritas por los profetas acerca del Hijo del Hombre.
>
> Lucas 18.31

La llegada a Jerusalén fue por Jericó, un oasis no lejos del cual el Jordán desemboca en el Mar Muerto. En este lugar Jesús devolvió la vista al ciego Bartimeo y transformó a Zaqueo, el sombrío recaudador de impuestos (Lucas 18.35–19.10). Luego vino el escarpado ascenso por el camino del desierto hacia la ciudad santa.

Los evangelistas sinópticos parecen indicar que Jesús fue inmediatamente a Jerusalén para irrumpir en los sucesos de su última semana, pero por el Evangelio de Juan sabemos que pasó casi seis meses en Judea, y que visitó Jerusalén durante la fiesta de los Tabernáculos, en octubre, y la fiesta de la Dedicación, en diciembre (Juan 7.2, 10, 14; 10.22–23). No se sabe a ciencia cierta dónde habitó durante este período, pero se cree que un tiempo en el desierto de Judea y aún al otro lado del Jordán, cerca del lugar de su bautismo (Juan 10.40; 11.54).

Cuando aparecía en público, durante las celebraciones aludidas, sus afirmaciones (que confirmaba con señales) resultaban aún más claras y atrevidas. Él era —decía— el portador del agua de vida, la luz del mundo (como lo había puesto en evidencia cuando le devolvió la vista a un ciego de nacimiento), el gran 'Yo soy' que vivía desde la eternidad antes de Abraham, el Buen Pastor que pondría su vida por sus ovejas, y (cuando resucitó a Lázaro) la resurrección y la vida (Juan 7.37–39; 8.12; 9.5; 8.58; 10.11; 11.25–26). Los dirigentes judíos encontraban estas declaraciones cada vez más provocativas, y se dice que varias veces trataron de arrestarlo y matarlo (Juan 5.18; 7.30, 32; 8.59; 10.39; 11.53–57).

Ya en los momentos de su ministerio en Galilea, aunque las multitudes lo apoyaban tumultuosamente, no había escapado a la crítica malintencionada de los escribas y fariseos. Marcos reúne una serie de cuatro 'controversias' durante las cuales lo acusan primero de blasfemia (por atreverse a perdonar pecados a un hombre); después, de confraternizar con pecadores; más adelante, de laxitud religiosa por no ayunar, y, finalmente, de quebrantar el sábado (Marcos 2.1–3.6). Al defenderse de estos cargos, Jesús sólo logró empeorar las cosas ante sus críticos porque pretendió ser el Hijo del hombre, con autoridad para perdonar, el médico que había venido a curar pecadores enfermos, el esposo en cuya presencia los huéspedes de la boda no podían ayunar, y aun el Señor del sábado.

Con el transcurso del tiempo había ido todavía más lejos: condenó a los fariseos por su hipocresía (por ejemplo Lucas 11.37–52) y por enaltecer tradiciones humanas por sobre los mandamientos de Dios (Marcos 7.1–13), y más tarde reprochó a los saduceos su ignorancia de la Palabra y el poder de Dios (Marcos 12.18–27). Gradualmente crecía la tensión. Los dirigentes judíos estaban celosos de su reputación ante el pueblo, humillados porque Jesús había puesto al descubierto su superficialidad y avergonzados por la transparente integridad de Jesús. Era sólo cuestión de tiempo para que se produjera el choque final.

Cuando Jesús se acercaba a Jerusalén por última vez, al llegar al punto del camino que rodea el Monte de los Olivos desde donde podía verse la ciudad, no pudo retener las lágrimas y dijo estas palabras:

¡Oh, si también tú conocieses, a lo menos en este tu día, lo que es para tu paz! Mas ahora está encubierto de tus ojos.

Lucas 19.42

No obstante, a pesar de lo que aparentemente habría de ser el rechazo de la ciudad, lanzó una última apelación. Mediante un cuidadoso arreglo pudo entrar en Jerusalén cabalgando un asno prestado (Mateo 21.1–11), para cumplir deliberadamente la profecía de Zacarías:

> Alégrate mucho, hija de Sion; da voces de júbilo, hija
> de Jerusalén; he aquí tu rey vendrá a ti, justo y salvador,
> humilde, y cabalgando sobre un asno, sobre un pollino
> hijo de asna. Zacarías 9.9

Las multitudes que lo acompañaban ansiaban aclamarlo. Cortaban ramas de los árboles y se quitaban las túnicas para tenderle una alfombra en el camino. Agitaban ramas de palmera y lanzaban sus *hosannas* para su 'entrada triunfal' en Jerusalén. Pero las autoridades no compartían su triunfo, y entonces duró muy poco. Una segunda purificación del templo lo enemistó con ellas (Marcos 11.15–19), y durante los tres días siguientes, de lunes a miércoles, su hostilidad fue en aumento. Lo comprometían en controversias teológicas y políticas, aunque no podían enredarlo con sus argumentos (Marcos 12). Jesús, por su parte, acusó con una serie de 'ayes' (Marcos 23) a los fariseos por sus apariencias religiosas y advirtió a sus apóstoles de la próxima destrucción de Jerusalén y de la oposición que debían esperar antes de que su regreso pusiera fin a la historia (Mateo 24; Marcos 13; Lucas 21).

Muerte y resurrección de Jesús

El jueves de esta última semana fue, según ciertos cálculos, la víspera de la Pascua y, según otros, la Pascua misma. Jesús sabía que su 'hora', de la cual había dicho repetidamente que aún estaba lejana, finalmente había llegado. Sería una hora de sufrimiento sin paralelo, pero también la hora de su 'glorificación', en que Dios habría de revelarlo plenamente y cumplir la salvación incluso de los gentiles (Juan 12.20–33).

Sus últimas horas de libertad en privado transcurrieron junto a los Doce, en un aposento del piso alto prestado por un amigo. Allí comieron juntos la Pascua. Durante la cena Jesús realizó el trabajo de un esclavo —obviamente ninguno de ellos lo hubiera hecho— cuando lavó los pies de sus discípulos, y les dijo que debían amarse humildemente unos a otros de esa misma manera. Durante y después de la cena les dio también pan y vino como símbolos de su cuerpo y su sangre, ofrecidos más adelante por su salvación, y les ordenó comer y beber en memoria de él. Luego los fortificó al instruirlos sobre el carácter de una nueva e íntima relación con él —hecha posible mediante el Espíritu Santo—, y rogó por ellos, para que el Padre los conservara tal como eran: un pueblo distinto, que ya no pertenecía al mundo, pero que tendría que seguir viviendo en él como su representante.

Debe de haber sido tarde cuando abandonaron el aposento alto; caminaron por las desiertas calles de la ciudad, cruzaron el valle del Cedrón y comenzaron a ascender al Monte de los Olivos. En el huerto del Getsemaní Jesús agonizó rogando con ansias que, si era posible, no tuviera que beber 'esta copa', un símbolo del Antiguo Testamento de la ira de Dios sobre el pecado. Pero terminó cada oración con una nueva entrega a la voluntad del Padre, y se levantó con la serena e inconmovible resolución de beberla. En ese mismo momento llegaron para arrestarlo los soldados del templo con antorchas y armas, y Judas consumó su traición entregándoles a Jesús.

Ocurrieron entonces (esa noche y a la mañana siguiente) una abrumadora seguidilla de seis diferentes juicios, tres en tribunales judíos, uno ante Herodes y dos ante Poncio Pilato. Cuando lo acusaron testigos falsos, Jesús guardó silencio, pero cuando el sumo sacerdote le preguntó si él era 'el Cristo, el Hijo de Dios', reconoció osadamente que sí lo era, e inmediatamente lo condenaron a muerte por blasfemia. Esta parodia de justicia le resultó aún más amarga por la brutalidad de aquellos que lo golpeaban y escupían en la cara, y por la cobarde negación de Pedro, fuera, en el patio.

Puesto que la ley romana no les permitía a los judíos aplicar la pena de muerte, era necesario que la ratificara el procurador romano. Poncio Pilato, a quien se lo reconoce como un administrador eficiente pero implacable, advirtió inmediatamente que los judíos hacían víctima a Jesús de una acusación política, a saber, de haber prohibido el pago del tributo al César y de su pretensión de ser rey. Unas cuantas preguntas acerca de la realeza de Jesús lo convencieron de que este no era un agitador revolucionario. Pero Pilato era más un oportunista que un hombre de principios. Quería al mismo tiempo soltar a Jesús y satisfacer a los judíos, de modo que intentó varias maneras de contemporizar. ¿Se conformarían con que Jesús sufriera algunos azotes, o que fuera juzgado por Herodes, o que se le aplicara la acostumbrada clemencia de la Pascua? Pero los judíos no querían que Pilato eludiera su decisión. Cuando le insinuaron que si soltaba a Jesús perdería el favor del César, Pilato se decidió; entonces se lavó las manos en público fingiendo inocencia y entregó a Jesús a la turba para que lo escarnecieran, lo azotaran y lo crucificaran.

La crucifixión era un horrible método de ejecución. Para los romanos resultaba vergonzoso, de allí que la reservaran para los esclavos y los peores criminales. Era también una suerte de sádica tortura, pues prolongaba deliberadamente el dolor y posponía la muerte a veces durante días.

Por medio de las siete 'palabras' que pronunció desde la cruz podemos imaginar de qué manera vio y soportó su prueba. Las tres primeras indican que fue capaz de olvidar sus propios sufrimientos para preocuparse enteramente por el bienestar de otros. Oró para que sus verdugos fueran perdonados; encomendó a su madre y a Juan que se cuidaran mutuamente; y ratificó al ladrón arrepentido, que estaba crucificado a su lado, que ese mismo día estaría con él en el paraíso (Lucas 23.34; Juan 19.26–27; Lucas 23.43). Después de todas estas cosas, parece que Jesús guardó silencio por varias horas, mientras una extraña oscuridad cubría la tierra. Luego gritó cuatro veces, tal vez en rápida sucesión, lo cual nos da alguna idea del carácter y el propósito de sus sufrimientos (Juan 19.28; Marcos 15.33–34; Juan 19.30; Lucas 23.46). Primero gritó 'Tengo sed'; un grito que reflejaba su dolor físico. Después 'Dios mío, Dios mío, ¿por qué me has desamparado?' Este grito de angustia toma la forma de pregunta no porque Jesús no conociera la respuesta, sino porque estaba citando el Salmo 22.1. Y lo citaba (como siempre citaba la Escritura) porque creía que lo estaba cumpliendo. El abandono de Dios que estaba experimentando era el juicio divino que merecían nuestros pecados. Estaba bebiendo la 'copa' de la ira de Dios. Casi inmediatamente exhaló un fuerte grito de triunfo ('Consumado es') para indicar que había acabado la tarea encomendada de cargar con el pecado. Finalmente encomendó

Pilato entregó a Jesús a la turba para que lo escarnecieran, lo azotaran y lo crucificaran.

su espíritu al Padre para mostrar que su muerte era una decisión voluntaria:

Padre, en tus manos encomiendo mi espíritu.

Lucas 23.46

Unas treinta y seis horas después Dios lo levantó de entre los muertos, como prueba decisiva de que no había muerto en vano. Con las primeras luces del alba del domingo de resurrección, María Magdalena y algunas otras mujeres fueron a la tumba de José de Arimatea para completar los ritos fúnebres que el día de reposo había interrumpido. Pero se encontraron conque la piedra había sido puesta a un lado de la entrada de la tumba y que esta estaba vacía. Cuando oyeron las noticias, Pedro y Juan corrieron al sepulcro, y al mirar en su interior descubrieron, no sólo que había desaparecido el cuerpo del Señor, sino que sus atavíos fúnebres aún estaban allí, en el lugar correspondiente. Era una clara evidencia circunstancial de que nadie había tocado el cuerpo, sino que Dios lo había levantado de entre los muertos. Entonces 'vieron y creyeron'.

Luego el Señor resucitado comenzó a manifestárseles, primero a María y enseguida a Pedro. Después a dos discípulos en el camino a Emaús. Más adelante a los apóstoles, esa misma noche, y otra vez el domingo siguiente, cuando Tomás (ausente la semana anterior) estaba con ellos. Ya de regreso a Galilea, se les apareció allí, en una montaña y a la orilla del lago. En cada uno de sus encuentros les daba evidencias de que era el mismo de antes, la misma persona que antes de su muerte, aunque maravillosamente transformada, y les encargaba que fueran por todo el mundo para hacer discípulos en todas las naciones.

Estas apariciones continuaron por cuarenta días. La última tuvo lugar en el Monte de los Olivos donde luego de prometerles poder para que fueran sus testigos una vez que hubiera descendido sobre ellos el Espíritu Santo, y tras haberlos bendecido, 'fue llevado arriba, al cielo'. No hay por qué dudar de la naturaleza literal de su ascensión, mientras comprendamos su propósito. No era necesaria como una manera de partir, pues 'ir al Padre' no significaba un viaje en el espacio, y es probable que Jesús hubiera podido simplemente desaparecer como en ocasiones anteriores. La razón por la cual ascendió delante de sus ojos fue más bien mostrarles que su partida era definitiva. Ahora se había ido para siempre, o al menos hasta su glorioso retorno. Por todo esto los discípulos volvieron gozosos a Jerusalén para aguardar ya no otra aparición del Resucitado, sino que el Espíritu Santo descendiera con poder, como se los había prometido.

La iglesia naciente

Los discípulos tuvieron que esperar solamente diez días, al cabo de los cuales, repentinamente, mientras estaban orando juntos para que la promesa se cumpliera, esta se produjo. Acompañado por un ruido como de viento y la aparición de llamas como de fuego, el Espíritu Santo descendió sobre ellos y se alojó en ellos, inundándolos. Fue el acontecimiento culminante en el ministerio salvador de Cristo, porque, tal como lo explicó Pedro en su sermón esa misma mañana, al derramar su Espíritu desde el cielo Jesucristo llevó a su plenitud el significado de su nacimiento, muerte, resurrección y ascensión.

Al Pentecostés se lo debe interpretar también como un acontecimiento fundamentalmente misionero. El milagro de las lenguas extranjeras que allí hablaron los discípulos simboliza el nacimiento por el evangelio de la comunidad cristiana donde tienen cabida todas las naciones.

Ese día se convirtieron, bautizaron y fueron añadidas a la iglesia tres mil personas:

> Y perseveraban en la doctrina de los apóstoles,
> en la comunión unos con otros, en el partimiento
> del pan y en las oraciones.   Hechos 2.42

Maravilla la claridad y el vigor de la predicación de los apóstoles. Lucas nos proporciona como en una muestra cuatro sermones de Pedro: el día de Pentecostés, después de la curación del paralítico cerca de la puerta del templo llamada la Hermosa, ante el Concilio judío y en casa de Cornelio (Hechos 2.14–40; 3.12–26; 5.29–32; 10.34–43). Aunque, desde luego, sólo se trata de un resumen de los mismos, es suficiente para ilustrar el contenido y la forma de la proclamación de Pedro.

Pedro predicaba la vida, muerte y resurrección de Jesucristo. Mientras este vivió entre los hombres había sido aprobado divinamente por sus milagros, y su muerte se debía tanto al propósito de Dios como a la impiedad de los hombres (Hechos 2.23). Aunque estos lo negaron y mataron, Dios lo reivindicó levantándolo de entre los muertos. Y ahora está exaltado como Señor, Cristo, Salvador y Juez. Además, todo esto lo confirman por una y otra parte tanto las Escrituras del Antiguo Testamento como el testimonio presencial de los apóstoles. Por lo tanto, arrepiéntanse los hombres de sus pecados, crean en el nombre de Jesucristo y sean bautizados; recibirán entonces la bendición prometida a la simiente de Abraham, a saber, el perdón de los pecados y el don del Espíritu.

No nos imaginemos, sin embargo, que la iglesia naciente no tenía problemas, ya que desde el mismo momento que por medio de su Espíritu lanzaba su ofensiva para conquistar al mundo, el diablo montó un poderoso contraataque. Su estrategia era triple.

Primero, probó el arma mortal de la persecución (Hechos 3-5). Cuando Pedro y Juan comenzaron a enseñar 'al pueblo' y anunciar 'en Jesús la resurrección de entre los muertos' (Hechos 4.1-2.), los arrestaron y los llevaron para ser juzgados ante el Sanedrín. Allí testificaron de Jesús con asombroso valor, declarándolo el único Salvador. Las autoridades quedaron profundamente impresionadas porque aquellos hombres eran iletrados, pero les prohibieron 'hablar o enseñar en el nombre de Jesús'. Pedro y Juan replicaron que debían obedecer a Dios y no a los hombres, y que, en todo caso, no podrían dejar de decir lo que habían visto y oído. Entonces, después de amenazarlos nuevamente, los dejaron ir. Los apóstoles fueron directamente al lugar donde estaban sus hermanos cristianos y juntos oraron al soberano Señor de la naturaleza y de la historia, no por su seguridad y protección, sino simplemente para que les diera valor a fin de continuar hablando su palabra. De modo que la predicación continuó. Otra vez fueron arrestados, y ahora encarcelados, pero un ángel del Señor los libertó y les dijo que continuaran predicando el evangelio en los sagrados recintos del templo. Una vez más fueron arrestados y llevados a juicio, pero esta vez el concilio judío —advertido por el fariseo Gamaliel de que podían estar oponiéndose a Dios— no hizo más que azotarlos y repetir su mandato de que no hablaran en el nombre de Jesús. ¿Cuál fue la reacción de los apóstoles?

> Salieron de la presencia del concilio, gozosos de haber
> sido tenidos por dignos de padecer afrenta por causa

> del Nombre. Y todos los días, en el templo y por las
> casas, no cesaban de enseñar y predicar a Jesucristo.
>
> Hechos 5.41–42

Las otras armas que el diablo utilizó contra la iglesia fueron más sutiles. Incapaz de aplastarla por la presión externa, trató de minarla desde adentro.

La generosidad de los primeros cristianos había llevado a muchos de ellos a vender sus propiedades y entregar el producto a los apóstoles para el socorro de los necesitados. Los esposos Ananías y Safira decidieron hacer lo mismo, pero guardaron para sí parte del dinero aunque declaraban haberlo entregado todo. Su propiedad estaba completamente a su disposición, tanto antes como después de la venta, como lo aclaró Pedro poco después, y tampoco estaban obligados a desprenderse de ninguna parte de ella. Su pecado consistió en que quisieron hacer creer que lo habían dado todo, cuando no era cierto. Si su intriga hubiera tenido éxito, la hipocresía hubiera comenzado a penetrar en la comunidad cristiana, pero Pedro detectó su mentira, y ellos debieron pagarla con sus vidas (Hechos 5.1–11).

La tercera arma satánica fue la más indirecta. El diablo quiso que la preocupación de los apóstoles por la administración social (para ser precisos, el cuidado de las viudas cristianas) llegara a apartarlos de la tarea específica de la enseñanza para la cual los había destinado Dios. Pero los apóstoles estaban atentos a este peligro de modo que delegaron la tarea. Hicieron que el conjunto de los discípulos eligiera siete 'diáconos' (como se les llama generalmente) para que se ocuparan del trabajo social de la iglesia, a fin de que los apóstoles pudieran consagrarse a la prioridad que Dios les había encomendado, a saber, 'la oración y el ministerio de la palabra' (Hechos 6.1–6).

Cuando la triple ofensiva inicial del diablo hubo fracasado, Lucas pudo escribir:

> Y crecía la palabra del Señor, y el número de los
> discípulos se multiplicaba grandemente en Jerusalén.
>
> Hechos 6.7

Uno de los siete diáconos era Esteban, hombre lleno de gracia, fe, sabiduría y poder. Acusado de hablar contra la ley de Moisés en el templo, fue llevado ante el concilio. Su defensa, que Hechos 7 registra, es un relato magistral de la relación de Dios con Israel destinado a demostrar que Dios no está atado a ningún lugar ni edificio, sino sólo a su pueblo, del cual es su Dios. Esteban terminó su defensa acusando a sus acusadores: les dijo que eran duros de cerviz, porque siempre resistían al Espíritu Santo, y que eran culpables de la muerte de Cristo. Entonces se precipitaron sobre él para sacarlo de la ciudad y apedrearlo hasta matarlo.

La providencia de Dios hizo que la muerte del primer mártir cristiano contribuyera a la difusión del evangelio en lugar de obstaculizarlo, ya que la persecución posterior esparció a los cristianos por Judea y Samaria, y en todas partes predicaban la Palabra (Hechos 8.1–4). Entre ellos estaba Felipe, otro de los siete 'diáconos', conocido por su notable éxito en la evangelización de los samaritanos, repudiados durante siglos por los judíos. Los apóstoles (que se quedaron en Jerusalén) enviaron a Pedro y a Juan para investigar y apoyar lo que había sucedido y así evitar dentro de la iglesia el tradicional cisma judío-samaritano. Felipe también explicó las buenas nuevas de Cristo crucificado a un funcionario del estado etíope que volvía a su país desde Jerusalén (Hechos 8.5–40).

La misión a los gentiles

Este avance hasta Samaria y Etiopía constituye sólo el preludio de la misión a los gentiles que empezaría pronto. Lucas la introduce en Hechos con dos significativas conversiones, la de Saulo de Tarso (desde entonces llamado Pablo) y, mediante el testimonio de Pedro, la del centurión romano Cornelio. Ambos acontecimientos señalan la parte vital que desempeñaron los grandes apóstoles Pablo y Pedro en la apertura de las puertas de la iglesia a los gentiles.

Saulo de Tarso se menciona primero como el hombre que cuidó las ropas de los que estaban apedreando a Esteban. Es de suponer que nunca olvidó el coraje y el amor del primer mártir cristiano, que oró pidiendo perdón para sus enemigos. Pero continuó ahogando la voz de la conciencia y persiguiendo salvajemente a la iglesia, hasta aquel día memorable (descrito no menos de tres veces en Hechos) en que Jesús se le apareció en el camino a Damasco y se posesionó de él.

Al llegar a Damasco Pablo se enteró por Ananías de que Dios lo había convocado para ser apóstol, no sólo discípulo, y para llevar el nombre de Cristo tanto a los gentiles como a los judíos (Hechos 9.15).

Su conversión debe de haber ocurrido entre tres y cinco años después de la crucifixión.

Casi dos capítulos completos de Hechos están dedicados al relato de la conversión de Cornelio; para Lucas (Hechos 10–11) este había sido un acontecimiento por demás importante, ya que Cornelio, aunque 'temeroso de Dios' —de los que estaban al margen de la sinagoga— era un gentil. Fue necesaria una visión especial para convencer a Pedro de que debía entrar en casa de Cornelio y predicarle el evangelio, y además una reiteración del Pentecostés (como creo que puede describírsela) para convencerlo de que ahora Dios no hacía distinción entre judíos y gentiles sino que concedía su purificación y su Espíritu a todos los creyentes sin discriminación (Hechos 10.47; 11.17; 15.7–11). Fue un inmenso salto hacia adelante.

Algunos de los que abandonaron Jerusalén después del martirio de Esteban viajaron al norte, hasta Antioquía (capital de Siria y tercera ciudad del imperio debido a su renombre), donde predicaron el Señor Jesús a los griegos, al punto que un gran número de ellos creyó. Al oír esto, la iglesia de Jerusalén envió a Bernabé a Antioquía, y este a su vez buscó a Pablo para que lo ayudara. Durante todo un año los dos enseñaron a los conversos. Aquí (en Antioquía) se estableció la primera iglesia gentil, por primera vez se llamó cristianos a los discípulos y se lanzó la primera expedición misionera (Hechos 11.19–26; 13.1–3). Se calcula la fecha alrededor del año 47.

Pablo se enteró por Ananías de que Dios lo había convocado para ser apóstol, no sólo discípulo, y para llevar el nombre de Cristo tanto a los gentiles como a los judíos.

El primer viaje misionero

Los misioneros escogidos, apartados por la iglesia en obediencia a la dirección del Espíritu, fueron Bernabé y Pablo, quienes luego invitaron a Marcos (sobrino de Bernabé) a acompañarlos. Se embarcaron para Chipre, la tierra natal de Bernabé, y luego al noroeste, desembarcando en suelo asiático en Perge de Panfilia. Para entonces, Marcos se había desanimado y regresado a Jerusalén. Tal vez se asustó de los pantanos de Panfilia donde (supuestamente) Pablo contrajo la malaria que dañó sus ojos. El hecho es que, cuando hubieron

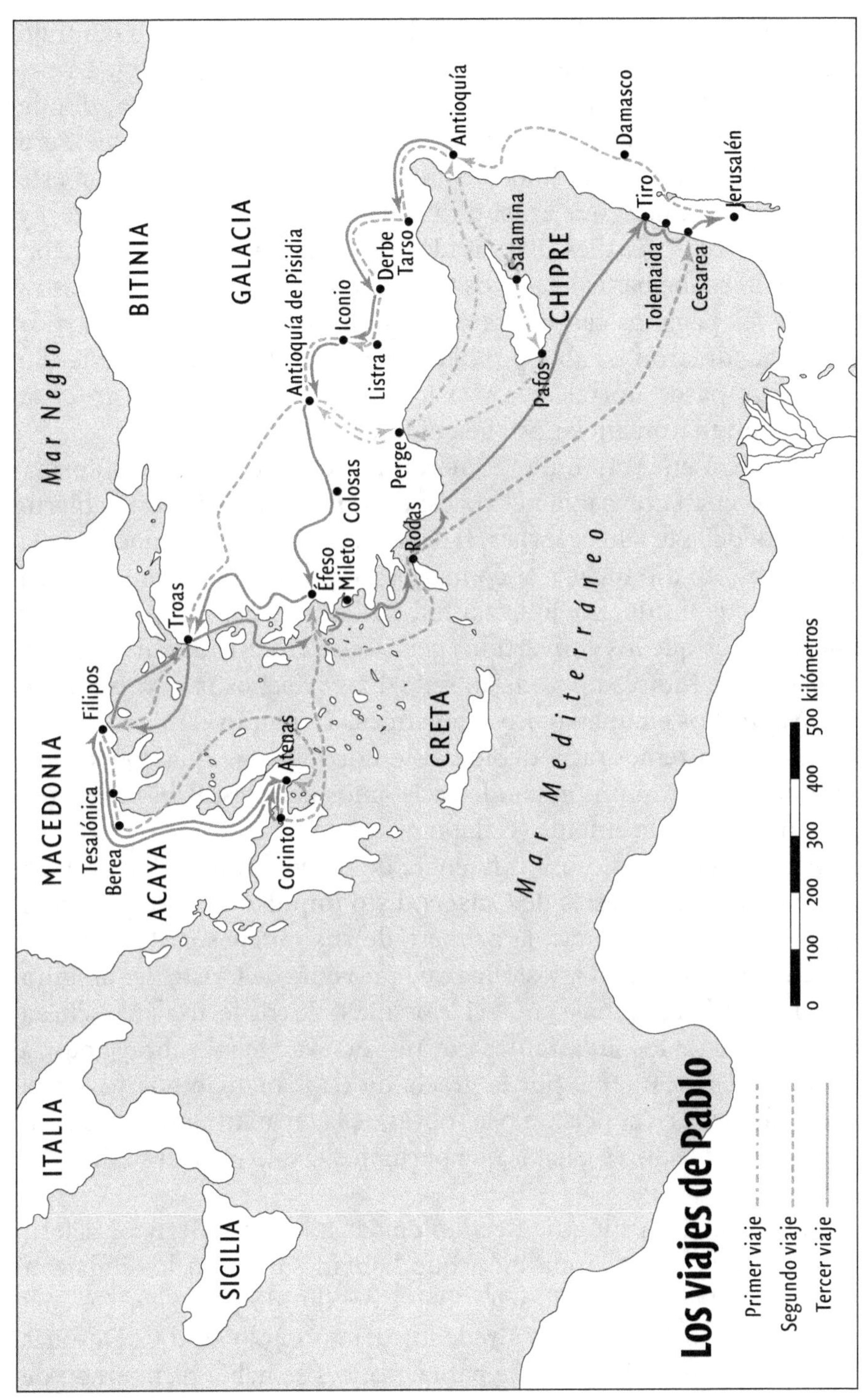
ITALIA
SICILIA
MACEDONIA
Filipos
Tesalónica
Berea
ACAYA
Atenas
Corinto
Mar Negro
BITINIA
GALACIA
Antioquía de Pisidia
Iconio
Listra
Derbe
Tarso
Antioquía
Damasco
Jerusalén
Tiro
Tolemaida
Cesarea
Salamina
CHIPRE
Pafos
Perge
Rodas
Troas
Éfeso
Mileto
Colosas
CRETA
Mar Mediterráneo
Los viajes de Pablo
Primer viaje
Segundo viaje
Tercer viaje
0   100   200   300   400   500 kilómetros

trepado a la meseta y llegaron a Galacia, parece que Pablo contrajo alguna enfermedad que le afectó la vista (Gálatas 4.13–15). La primera ciudad gálata que visitaron fue Antioquía de Pisidia, donde Pablo predicó en la sinagoga y muchos judíos se convirtieron. Pero cuando los judíos incrédulos se opusieron al mensaje de Pablo, este dio un paso audaz (que en el futuro habría de repetir a menudo) y se dirigió a los gentiles. Expulsados de la ciudad por la oposición, Pablo y Bernabé pasaron a otros tres pueblos gálatas —Iconio, Listra (donde los paganos casi adoraron a los apóstoles como dioses y los judíos apedrearon a Pablo por blasfemo) y Derbe. Luego, volviendo sobre sus pasos, fortalecieron a los nuevos conversos y en cada iglesia designaron ancianos que cuidaran a los creyentes.[5]

De vuelta en Antioquía reunieron a toda la iglesia y le informaron de lo que Dios había hecho, especialmente cómo 'había abierto la puerta de la fe a los gentiles' (Hechos 14.27). Pero el regocijo de la iglesia pronto dio lugar a la controversia, porque llegó de Jerusalén un grupo denominado 'judaizantes', quienes comenzaron a enseñar que a menos que los convertidos gentiles se circuncidaran y guardaran la ley de Moisés no podrían ser salvos (Hechos 15.1–5). Pablo se trabó con ellos en una vigorosa polémica. Y cuando el mismo Pedro, en una caída temporaria debida al temor más que a la convicción, se retiró de la comunión con los cristianos gentiles, Pablo tuvo que reprenderlo públicamente (Gálatas 2.11–14).

Parece que la insidiosa influencia de los judaizantes había penetrado aun en las iglesias de Galacia. Esto impulsó a Pablo a escribir su Epístola a los Gálatas, la primera de sus muchas cartas. En ella defiende su autoridad apostólica que provenía de Cristo, les asegura que no hay discordancia entre él y los apóstoles de Jerusalén, rechaza el evangelio de los judaizantes por no ser 'evangelio', subraya que la salvación es solamente por la gracia de Dios mediante la fe, sin el agregado de la circuncisión o las obras de la ley ni ninguna otra cosa, y ruega a sus lectores gálatas que permanezcan firmes en su libertad cristiana.

La iglesia de Antioquía decidió enviar a Pablo y Bernabé a Jerusalén para arreglar la cuestión que habían suscitado los judaizantes, y esto llevó a la realización del 'Concilio de Jerusalén' (el cual se describe en Hechos 15), alrededor del año 49 ó 50 d.C. Después de mucho debate, Pedro (que para entonces se había recuperado de su desvío) relató la conversión de Cornelio. Luego Pablo y Bernabé relataron lo que Dios había hecho por medio de su ministerio entre los gentiles. Finalmente Santiago, el hermano del Señor, reforzó el argumento con citas del Antiguo Testamento. Los gentiles convertidos, concluyó, no necesitaban ser circuncidados para ser salvos. No obstante, a fin de respetar los escrúpulos de las conciencias judías débiles y promover así la comunión entre gentiles y judíos dentro de la iglesia, podía pedírseles que respetaran voluntariamente ciertas reglas alimenticias y matrimoniales judías.[6]

Existe la casi certeza de que debemos a este Santiago la Epístola de Santiago. Posiblemente haya sido escrita por esta época. Evidentemente es una homilía judeo-cristiana que enfatiza una fe verdadera, viva y salvadora evidenciada en una vida de amor fraternal, autodisciplina y devoción a Dios.

Segundo viaje misionero

Llevando una carta de los apóstoles y ancianos de Jerusalén con las decisiones del Concilio, Pablo partió en su segundo viaje misionero, esta vez acompañado por Silas.[7] Volvieron a visitar las iglesias de Galacia, dando a conocer el decreto del Concilio. En Listra, Pablo invitó a Timoteo a que los acompañara. Ya que era hijo de padre gentil, Pablo lo circuncidó por deferencia a los judíos de la ciudad, porque ahora que había quedado establecido el principio de la salvación por la gracia estaba dispuesto a hacer una concesión táctica de esa índole (Hechos 16.1–4; 1 Corintios 9.19–20).

Habiéndoles prohibido el Espíritu Santo (no se explica en qué forma) viajar al sudoeste hacia Éfeso o al norte hacia Bitinia, Pablo y sus compañeros se vieron obligados a dirigirse hacia el noroeste y arribaron así a Troas, sobre la costa del mar Egeo. Aquí Pablo tuvo un sueño en el cual un griego le rogaba que pasara a Macedonia y les ayudara. Él y sus compañeros interpretaron la visión como un llamado de Dios a llevar el evangelio a Europa. Y Lucas, el autor de Hechos, empleando el pronombre 'nosotros' por primera vez en su relato, indica sencillamente que él partió con ellos.

Macedonia era la provincia más al norte de Grecia, y el grupo misionero predicó el evangelio en tres de sus ciudades principales: Filipos (donde Pablo y Silas pasaron una noche memorable en la cárcel, con sus pies en el cepo), Tesalónica (donde muchos creyeron como fruto de una misión de tres semanas) y Berea. Pablo pasó entonces a Acaya, la provincia sur de Grecia, donde visitó Atenas y Corinto, sus dos ciudades principales.

Hay algo muy conmovedor en el cuadro de Pablo en Atenas: el apóstol cristiano solo en medio de las glorias de la antigua Grecia. Al recorrer la ciudad, sin embargo, no fue la belleza sino la idolatría lo que llamó su atención. Esto lo conmovió profundamente y, primero en la sinagoga con los judíos, después en la plaza del mercado con los viajeros y finalmente delante del famoso concilio del Areópago con los filósofos epicúreos y estoicos, predicó fielmente a Jesús, la resurrección y el juicio venidero.

Timoteo se le unió mientras estaba en Atenas, pero Pablo se encontraba tan preocupado por conocer la situación de la iglesia de Tesalónica bajo la persecución, que lo envió inmediatamente de regreso para saber qué ocurría y animarlos a perseverar (1 Tesalonicenses 3.1–5). Cuando Timoteo volvió, Pablo se había marchado a Corinto (1 Tesalonicenses 3.6; Hechos 18.5). Las buenas noticias que le trajo dieron ocasión a su Primera Epístola a los Tesalonicenses, y poco después a la Segunda. En estas cartas Pablo se regocija por la fe de los tesalonicenses, su

> **Al recorrer la ciudad de Atenas, lo que llamó la atención de Pablo no fue la belleza sino la idolatría.**

amor y firmeza, y por el ejemplo que estaban dando a todos los creyentes de Macedonia y Acaya (1 Tesalonicenses 1). Continúa también defendiendo su propia integridad personal contra sus detractores judíos (1 Tesalonicenses 2). Luego exhorta a sus lectores a ganarse la vida y a no abandonar el trabajo sobre la falsa suposición de que el retorno del Señor es inminente; a consolarse en sus penas porque cuando Jesús vuelva los vivos no precederán a los muertos, y a vivir vidas de pureza sexual. Tal vez tuviera en mente estas tres categorías cuando escribió:

> Os rogamos … amonestéis a los ociosos … alentéis
> a los de poco ánimo … sostengáis a los débiles.
>
> 1 Tesalonicenses 5.14

Pablo permaneció en Corinto por casi dos años. Siguió su práctica normal de dar testimonio primeramente a los judíos, y ganó un converso notable, Crispo, el dirigente de la sinagoga. Pero cuando los judíos se le opusieron y lo atacaron, nuevamente se volvió a los gentiles y recibió un inesperado apoyo por parte de Galión, procónsul de Acaya. Fue un triunfo verdaderamente maravilloso de la gracia de Dios que surgiera una iglesia judeo-gentil en semejante cloaca del vicio como era Corinto.

Tercer viaje misionero

El viaje de regreso de Pablo a Antioquía fue interrumpido por una breve visita a Éfeso, la principal ciudad de la provincia romana de Asia. Su importancia estratégica debe haberlo impresionado de una manera muy especial, pues al comienzo de su tercer viaje misionero se dirigió casi directamente allí.[8] Después de tres meses de predicación en la sinagoga inició un nuevo método de evangelización. Alquiló 'la escuela de Tirano', presumiblemente una escuela secular o un salón de conferencias, y todos los días, durante dos años, según algunos manuscritos 'desde la hora quinta a la décima' (es decir, desde las 11 a las 16) explicaba el evangelio. Suponiendo que trabajara seis días a la semana, esto representa 3120 horas de argumentación evangélica. No es sorprendente que, como resultado, 'todos los que habitaban en Asia … oyeron la palabra del Señor Jesús' (Hechos 19.8–10).

Durante su permanencia en Éfeso, le preocupaba la iglesia de Corinto a causa de asuntos doctrinales y morales. La primera carta que les dirigió (mencionada en 1 Corintios 5.9) se ha perdido. Sin embargo, al recibir noticias inquietantes de algunos viajeros corintios, quienes le formularon también una cantidad de preguntas de parte de la iglesia, Pablo les escribió una segunda carta que es la que conocemos como 1 Corintios. En ella da gracias a Dios por los dones con que Cristo los ha enriquecido (1 Corintios 1.4–9), pero deplora las facciones en que se ha dividido la iglesia y el falso concepto del ministerio que hay detrás de esas facciones (1 Corintios 1.10–4.21). Expresa también su indignación por la inmoralidad y los litigios que toleraban entre sus miembros (1 Corintios 5–6), y las irregularidades que permitían en el culto público (1 Corintios 11). En respuesta a las preguntas les escribe acerca del matrimonio (1 Corintios 7), acerca de comer alimentos ofrecidos a los ídolos (1 Corintios 8–10), y sobre el uso y abuso de los dones espirituales (1 Corintios 12–14). Luego resume su evangelio y da énfasis particularmente a la resurrección de Cristo y de los cristianos (1 Corintios 15).

Esta carta evidentemente no logró el efecto deseado, pues Pablo decidió visitar Corinto personalmente. Más tarde habría de referirse a la 'tristeza' de esta visita (2 Corintios 2.1), ya que al parecer uno de los dirigentes de la iglesia desafió abiertamente su autoridad. Tan serio fue ese desafío, que, al volver, Pablo les escribió otra carta (mencionada generalmente como la 'carta severa') insistiendo en que el ofensor debía ser castigado. Al parecer esta carta también se ha perdido, a no ser que (como creen algunos eruditos) se encuentre en cierto

'Todos los que habitaban en Asia oyeron la palabra del Señor Jesús.'

modo en 2 Corintios 10.13. En todo caso, la carta severa fue atendida y el ofensor fue debidamente disciplinado. Pablo se llenó de gozo al oír por medio de Tito de la lealtad de los corintios (2 Corintios 1.12–14) e inmediatamente les volvió a escribir.

En esta carta, nuestra 2 Corintios, les ruega ahora perdonar y consolar al rebelde, que ha recibido suficiente castigo (2 Corintios 2.5–11). Continúa escribiendo sobre la gloria, los problemas y responsabilidades del ministerio cristiano (2 Corintios 3–6), dedica dos capítulos al desafío que ha lanzado a favor de las iglesias empobrecidas de Judea (2 Corintios 8–9), y concluye con una extensa defensa de su autoridad apostólica (2 Corintios 10–13).

En esta carta menciona su intención de hacerles una tercera visita (2 Corintios 12.14; 13.1), que eventualmente se habría producido. Éfeso se jactaba de tener un magnífico templo de Artemisa (o Diana), que era una de las siete maravillas del mundo. Como el número de paganos convertidos al cristianismo crecía, los plateros vieron fuertemente amenazado su comercio de objetos, réplicas del templo, etc., que vendían como recuerdos de la diosa (Hechos 19.23–41). Se produjo un serio tumulto y Pablo salió de la ciudad para Macedonia y luego Acaya (Hechos 19.21, 22; 20.1–2).

Al parecer el apóstol permaneció unos tres meses en Corinto, en el hogar de Galión, y desde allí escribió su gran Epístola a los Romanos (Romanos 16.23; 1 Corintios 1.14). En ella dice a los cristianos de Roma no sólo cuán ansioso está de visitarlos y alentarlos, sino de predicar el evangelio en la capital del mundo (Romanos 1.8–15) y luego continuar viaje a España (Romanos 15.18–29). Aprovecha la oportunidad para desarrollar plenamente el evangelio que le ha sido encomendado y al cual se ha rendido. Describe la terrible degradación de la humanidad, y sostiene que no hay distinción entre judíos y gentiles en cuanto a su pecado y su culpa (Romanos 1.18–3.20). Así como tampoco hay distinción entre ellos con referencia a la oferta de salvación:

> Porque no hay diferencia entre judío y griego, pues el mismo que es Señor de todos, es rico para con todos los que le invocan.   Romanos 10.12 (1.16; 3.22–23; 9–11)

Esta salvación es un don gratuito ofrecido por la gracia de Dios, fundado en la muerte de Cristo y —como el mismo Antiguo Testamento lo aclara— recibido por el hombre por medio de la fe, no ha ganado por sus obras (Romanos 3.21–5.21). La fe no sólo justifica al pecador, sino que lo une a Cristo. Y 'en Cristo', es decir unido a él por la fe (invisiblemente) y por el bautismo (visiblemente), el cristiano comienza una vida de libertad totalmente nueva. Es libre del pecado mediante la esclavitud a Dios (Romanos 6), libre de la esclavitud de la ley mediante la posesión del Espíritu (Romanos 7.1–8.13), y libre de todo temor al mal, sea en la vida o en la muerte, mediante la seguridad de ser hijo de Dios para siempre (Romanos 8.14–39).

A continuación Pablo lucha con un problema que lo preocupaba profundamente: ¿Cómo es que los judíos, el pueblo especialmente privilegiado de Dios, no han aceptado a Jesús como su Mesías? Ciertamente no es que la promesa de Dios haya fallado. El extraño fenómeno de esa incredulidad sólo puede ser entendido a la luz, en parte, del misterioso proceso divino de la elección (Romanos 9), en parte por su rebelión como 'pueblo rebelde y contradictorio' (Romanos 10, especialmente el versículo 21) y en parte por una amplia perspectiva histórica de que un día entrará la totalidad tanto de judíos como de gentiles, y 'todo Israel será salvo' (Romanos 11, especialmente los versículos 1.2, 25–26).

Después de este paréntesis Pablo vuelve a la vida de santidad práctica que, debido a las 'misericordias de Dios', todo su pueblo debe llevar en servicio mutuo (Romanos 12), en ciudadanía consciente (Romanos 13), y en el amor fraternal que acepta aun el hermano débil que tiene una conciencia excesivamente escrupulosa (Romanos 14–15).

Dejando Corinto, Pablo y sus compañeros comenzaron su largo viaje a Jerusalén (Hechos 20.3–21.16), llevando consigo la colecta ya completa para la iglesia de Judea. En el camino se detuvieron en las puertas de Troas (donde el sermón de Pablo duró hasta la medianoche y su intercambio fraternal hasta el amanecer) y en Mileto (donde Pablo dio un conmovedor discurso a los ancianos de la iglesia de Éfeso).

Arresto de Pablo y viaje a Roma

Finalmente llegaron a destino, y habiendo estado apenas unas semanas en Jerusalén, algunos judíos asiáticos comenzaron a argumentar maliciosamente que Pablo había atacado a la ley de Moisés con su enseñanza y había profanado el templo introduciendo griegos en él. Estalló un tumulto y sólo la decidida acción del tribuno militar salvó a Pablo de ser linchado (Hechos 31.17–22.29).

Durante más de dos años el apóstol estuvo en prisión. Mientras tanto Lucas estaba libre en Palestina, indudablemente reuniendo material para su Evangelio y Los Hechos. Pablo tuvo que soportar una serie de juicios en Jerusalén y Cesarea ante el Sanedrín (Hechos 22.30–23.10), ante el procurador Félix (Hechos 24.1–21) y su sucesor Festo (Hechos 25.1–12), y ante el rey Agripa y su esposa Berenice (Hechos 25.13–26.32). Pero puesto que como ciudadano romano ejerció su derecho a apelar al César, finalmente fue enviado a Roma para ser juzgado.

El largo y peligroso viaje por mar incluyó la emocionante salvación de un naufragio en la isla de Malta, que Lucas relata gráfica y detalladamente (Hechos 27.1–28.10), y por fin Pablo llegó a la Roma de sus sueños. Los cristianos le dieron la bienvenida y los judíos iban a visitarlo y a escuchar el evangelio de sus labios.

Lucas narró la difusión del evangelio desde Jerusalén, la capital del judaísmo, hasta Roma, la capital del mundo. Termina su relato con un retrato de su héroe, el apóstol Pablo, que aunque bajo arresto domiciliario era todavía un evangelista infatigable:

> Recibía a todos los que a él venían, predicando el
> reino de Dios y enseñando acerca del Señor Jesucristo,
> abiertamente y sin impedimento.   Hechos 28.30–31

El apóstol no sólo aprovechó sus dos años de encarcelamiento en Roma para dar el testimonio por la palabra. También dedicó tiempo a escribir a varias iglesias, y las llamadas 'epístolas de la prisión', que pertenecen a este período, son las cartas a los Efesios (probablemente una carta circular a las iglesias de aquella región asiática), a los Colosenses, a Filemón (una carta personal rogándole que recibiera como un hermano a su esclavo fugitivo, ahora convertido) y a los Filipenses (aunque algunos piensan que esta carta fue escrita antes, desde un supuesto encarcelamiento en Éfeso). No es fácil dar un resumen del mensaje de estas cartas, pues cada una se originó en una situación local diferente. Pero si hay una verdad que se destaca en todas ellas, es la grandeza de Cristo. La plenitud misma de Dios, escribe Pablo, se había dignado habitar en él y obrar por medio de él, por un lado creando el nuevo universo y por el otro reconciliando consigo todas las cosas. Ahora está exaltado a la diestra

Si hay una verdad que se destaca en todas las epístolas, es la grandeza de Cristo.

de Dios, muy por encima de todos los principados y potestades, y le ha sido dado el nombre preeminente, para que toda rodilla se doble y lo confiese Señor. Este Cristo cósmico es también cabeza de la iglesia, cuyos miembros están llamados a ser lo que son: un pueblo santo, unido y victorioso.

La supremacía de Cristo es también el tema de un libro muy diferente de los restantes en el Nuevo Testamento, la Epístola a los Hebreos. Tanto su autor como su destinatario son desconocidos, pues no se los menciona. Pero su propósito es prevenir a ciertos judíos cristianos de caer en el judaísmo, y más bien dar énfasis al cumplimiento final de todas las cosas en Jesucristo. En él se han cumplido todo el sacerdocio y los sacrificios, y por él se ha ganado una redención eterna.

Después de los Hechos de los Apóstoles

Debido a que Lucas concluye Hechos con la llegada de Pablo a Roma y su ministerio allí, nos quedan un tanto a oscuras los años siguientes. Pero parece que Pablo fue liberado de su custodia (como él lo esperaba) y que volvió a viajar por uno o dos años más. Visitó Creta y allí dejó a Tito (Tito 1.5). Poco después le escribió su Epístola a Tito para recordarle sus responsabilidades. Le pide nombrar dirigentes adecuados en cada pueblo, que sean capaces de combatir las falsas enseñanzas. Él mismo debe ser también un maestro y acentuar la clase de conducta cristiana que es apropiada en aquellos que también han abrazado 'la sana doctrina' del evangelio de salvación.

Pablo pasó después a Éfeso, donde dejó a Timoteo por razones similares (1 Timoteo 1.3). En su primera carta a Timoteo le da instrucciones sobre cómo tratar a los falsos maestros, dirigir el culto público, seleccionar candidatos para el oficio pastoral, ejercer su propio ministerio de tal manera que no sea menospreciado por su relativa juventud, velar por el cuidado de las viudas cristianas, dar consejos equilibrados sobre el dinero y comportarse como un hombre de Dios. Es una verdadera 'carta personal' (como se denomina a las epístolas a Timoteo y Tito), que contiene mucha sabiduría práctica para los dirigentes de la iglesia de hoy.

Continuando sus viajes, Pablo habría ido tal vez a Colosas (Filemón 22), después de Macedonia (1 Timoteo 1.3), y atravesando Grecia habría llegado a Nicópolis (Tito 3.12), la capital del Epiro, sobre el Adriático. Tal vez fuera su intención viajar desde allí a España, una vez terminado el invierno. Es probable que nunca sepamos si lo logró, aunque la tradición primitiva dice que sí. En todo caso, en algún lugar volvió a ser arrestado. Tal vez fuera en Troas, donde tuvo que abandonar sus posesiones personales, inclusive una capa y algunos libros y pergaminos (2 Timoteo 4.13). Esta vez su prisión en Roma no era la relativa libertad de un arresto domiciliario, sino probablemente un lúgubre calabozo subterráneo.

Desde esa prisión escribió su Segunda Epístola a Timoteo. Sentía profundamente su soledad, pues solamente Lucas estaba con él. Le ruega a Timoteo que vaya pronto a visitarlo, antes que el invierno haga imposible la navegación. Pero su gran preocupación no era por él mismo, sino por el evangelio, el precioso 'depósito' que se le ha confiado a Timoteo y que este debe ahora transferir a hombres fieles que, a su vez, lo comuniquen a otros. Timoteo mismo debe perseverar en él y guardarlo de toda falsificación. Debe estar preparado, si es necesario, para sufrir por él. Sobre todo, debe predicarlo con sentido de urgencia y fidelidad. Pablo mismo ha predicado el evangelio durante la primera audiencia de su causa, de modo que lo oyeron 'todos los gentiles' reunidos en el lugar del juicio (2 Timoteo 4.17). Era una adecuada conclusión para su vida de testimonio. Ahora al fin podía decir:

> He peleado la buena batalla, he acabado la carrera,
> he guardado la fe. Por lo demás, me está guardada la
> corona de justicia, la cual me dará el Señor, juez justo,
> en aquel día. 2 Timoteo 4.7–8

La tradición dice que Pablo fue decapitado (como correspondía siendo ciudadano romano) en la Vía Ostia. Probablemente su ejecución fue parte de la persecución que estalló en Roma en el año 64, cuando Nerón culpó a los cristianos del gran incendio de la ciudad.

Esta misma persecución neroniana forma el contexto de la Primera Epístola de Pedro. La escribió desde Roma[9] y la dirigió a los cristianos de la parte norte del Asia Menor a quienes anticipaba que habría de alcanzarles la persecución. La denomina un 'fuego de prueba' (1 Pedro 4.12). No deben sorprenderse ante ella 'como si alguna cosa extraña les aconteciese', ni temer, sino más bien regocijarse por su privilegio de compartir los sufrimientos de Cristo (1 Pedro 4.13). De hecho, el soportar pacientemente sufrimientos inmerecidos es parte ineludible de la vocación cristiana, puesto que los cristianos son seguidores de Cristo, el Siervo sufriente del Señor (1 Pedro 2.18–25). El apóstol Pedro habría de poner en práctica pronto sus propias instrucciones, pues él también (como Pablo) fue ejecutado durante la persecución de Nerón, siendo crucificado, según la tradición, cabeza abajo.

El Nuevo Testamento termina como comienza Hechos, con satánicos ataques contra la iglesia, desde adentro y desde afuera. Las tres epístolas de Juan, escritas algún tiempo después del martirio de Pablo y Pedro, advierten a las iglesias de los alrededores de Éfeso de una clase particular de gnosticismo. Los herejes a que se hace referencia negaban que Jesús fuera 'el Cristo venido en carne', pretendían disfrutar de una experiencia de Dios sin ser justos, y alegaban con arrogancia poseer una iluminación superior que los llevaba a menospreciar a los no iluminados. En contraposición a ellos Juan acentúa la verdad de la persona divino-humana de Cristo, la necesidad de la obediencia moral y el amor como el centro. La Segunda Epístola de Pedro y la Epístola de Judas se escribieron también para contrarrestar a los promotores del 'antinomianismo', falsos maestros que degradaban la libertad cristiana a la condición de licencia (2 Pedro 2.19). El juicio de Dios caería sobre ellos.

El mensaje del Apocalipsis

El trasfondo del Apocalipsis fue probablemente la persecución más severa y difundida que inició el emperador Domiciano (81-96). Debido a su testimonio fiel, Juan se encuentra exiliado en la isla de Patmos, a unos kilómetros de la costa de Éfeso (Apocalipsis 1.19). Allí recibe un 'apocalipsis' o revelación. En un sentido los libros de Hechos y Apocalipsis son complementarios. Porque Hechos describe el comienzo de la misión y persecución de la iglesia tal como aparecen en el escenario de la historia, mientras que Apocalipsis nos permite entrever detrás de la escena y captar la invisible batalla espiritual que se desarrolla entre Cristo y Satanás.

Las visiones de Juan están llenas de fantásticos simbolismos. Satanás aparece como 'un gran dragón rojo con siete cabezas y diez cuernos', que declara la guerra a la iglesia. Sus tres aliados son dos horribles monstruos y una llamativa ramera. La 'bestia que sale del mar' representa el poder de persecución del estado; la segunda 'bestia que sale de la tierra' (llamada también 'el falso profeta') representa el culto del emperador y todas las falsas enseñanzas, mientras 'la gran ramera' vestida de escarlata y recubierta de joyas, cuyo nombre es 'Babilonia', representa las incitaciones pecaminosas de la mundanalidad. La persecución, el error y el mal son las tres armas principales que el demonio todavía utiliza en su lucha contra la iglesia. Sin embargo, no prevalecerá contra ella.

> **El Apocalipsis es sobre todo una revelación de Jesucristo como el Cordero que lucha contra Satanás y lo vence.**

Porque el Apocalipsis es sobre todo una revelación de Jesucristo como el Cordero que lucha con el Dragón y lo vence. También aparece de otras maneras, recorriendo y supervisando a su iglesia, compartiéndo el trono del Padre, cabalgando sobre un caballo blanco como Rey de reyes y Señor de los señores para juzgar a las naciones, viniendo como el Esposo a buscar a su esposa. Todo el libro es un sursuncorda, estimulando a los cristianos perseguidos duramente a levantar sus corazones y cobrar valor. Porque Cristo Jesús ha muerto para redimir a su pueblo para Dios de entre todas las naciones. Él reina ahora desde su trono celestial. Y vendrá pronto a juzgar y a salvar.

La oración de la iglesia, con la cual termina la Biblia, es: 'Ven, Señor Jesús.' Y la seguridad de la iglesia a través de su tribulación es que hasta que él venga, 'la gracia del Señor Jesucristo' es suficiente para sostener a todo su pueblo (Apocalipsis 22.20-2).

Algunas fechas para recordar

Es difícil determinar con precisión la cronología del período que abarca el Nuevo Testamento, aunque se conocen algunas fechas. En cuanto a los aspectos dudosos, sin embargo, los eruditos difieren uno de otro en un año o dos. La que se da a continuación es una de las más aceptadas reconstrucciones de los sucesos de la época.

Antes de Cristo

ca.[10] 5 Nacimiento de Jesús.

4 Muerte de Herodes el Grande.

Después de Cristo

30 Muerte, resurrección y ascensión de Jesús. Pentecostés.

ca. 33 Conversión de Saulo de Tarso.

44 Muerte de Herodes Agripa I (Hechos 12.20-23).

ca. 47-48 Primer viaje misionero (Hechos 13, 14).

ca. 49 Concilio de Jerusalén (Hechos 15).

ca. 49-52 Segundo viaje misionero (Hechos 16.1-18.22).

ca. 52-56 Tercer viaje misionero (Hechos 18.23-21.17).

ca. 57 Arresto de Pablo en Jerusalén (Hechos 21.27-23.30).

ca. 57–59   Encarcelamiento de Pablo en Cesarea
(Hechos 23.31–26.32).

ca. 60–61   Arresto domiciliario de Pablo en Roma
(Hechos 28.14–31).

ca. 62–64   Pablo nuevamente en libertad.

64   Incendio de Roma. Nerón persigue a los cristianos.

ca. 65   Martirio de Pablo.

70   Destrucción de Jerusalén por Tito.

81–96   Reinado del emperador Domiciano.

Se extiende la persecución.

ca. 100   Muerte del apóstol Juan.

Guía de estudio

1. ¿Por qué es razonable leer los cuatro Evangelios con la certeza de que ellos son dignos de confianza?

2. Describir las características distintivas de cada Evangelio.

3. Se ve en el Evangelio de Juan que el ministerio público de Jesucristo llevó aproximadamente tres años. Stott escribe: 'Podemos llamar al primero el año de anonimato, al segundo el año de popularidad y al tercero el año de adversidad.' (página 108). Explicar por qué es apropiada esta descripción.

4. ¿En qué sentido la muerte y resurrección de Jesús pueden describirse como "una hora de sufrimiento sin paralelo, pero también la hora de su 'glorificación'," (página 118)?

5. ¿De qué manera trató Satanás de minar la fe de la iglesia primitiva?

6. ¿Cómo comenzó la misión a los gentiles?

7. Bosquejar los sucesos principales de los tres viajes misioneros de Pablo como se encuentran narrados en

Hechos. ¿Cómo se relacionaban las cartas escritas durante sus viajes con las necesidades de las iglesias hacia las cuales sentía una gran responsabilidad?

8. ¿Qué sabemos de los años finales del ministerio de Pablo desde el tiempo de su arresto en Jerusalén hasta su muerte?

9. ¿En qué sentido se puede decir que el libro de Hechos y el libro de Apocalipsis son complementarios entre sí?

10. Hacer un esquema mostrando una posible cronología del período neotestamentario. Indicar en el esquema una probable ubicación de los escritos del Nuevo Testamento.

Notas

[1] Eusebio: *Historia Eclesiástica* III. 39.16.

[2] Juan menciona en su relato tres Pascuas (2.13; 6.4 y 11.55).

[3] Mateo 3; Salmo 2.7; Isaías 42.1.

[4] El incidente de Nicodemo está registrado en Juan 3.1–15 y el de la mujer samaritana en Juan 4.4–42.

[5] El primer viaje misionero se relata en Hechos 13.4–14.28.

[6] La palabra griega traducida 'fornicación' en Hechos 15.20, 29 puede referirse a la fornicación en particular o a la moralidad en general, o (como algunos opinan) a las reglamentaciones judías sobre el matrimonio dentro de las situaciones prohibidas.

[7] El segundo viaje misionero se relata en Hechos 15.36–18.22.

[8] El tercer viaje misionero se relata en Hechos 18.23–21.16.

[9] 'Babilonia' en 1 Pedro 5.13 es casi seguramente un símbolo de Roma.

[10] Abreviatura de *circa* (latín) que significa 'aproximadamente' o 'alrededor de'.

5

El mensaje de la Biblia

UNA CONVICCIÓN CRISTIANA FUNDAMENTAL ES QUE DIOS ha hablado, y que lo ha hecho en una situación histórica y geográfica concreta. Hemos tomado varios capítulos para pasar revista a la geografía y a la historia; ahora ha llegado el momento de escuchar el mensaje. Parte de este ya se ha incluido en la historia de la Biblia, en la medida en que el mensaje de los profetas concuerda con la vida de Israel, y las enseñanzas de Cristo y sus apóstoles en el relato del Nuevo Testamento. Vimos también en el primer capítulo que el mensaje de la Biblia se refiere a la salvación por medio de Cristo. Pero esto necesita un mayor desarrollo.

Siendo la Biblia una biblioteca de libros escritos por muchos autores humanos a lo largo de más de mil años, parece increíble a algunos que podamos pretender tener un solo tema, ni digamos condensarlo en un solo capítulo. Además, dicen, ¿no se contradicen entre sí el Antiguo y el Nuevo Testamento? ¿No presenta el Antiguo a Jehová como un Dios temible, de ira y juicio, enteramente incompatible con el Dios y Padre de nuestro Señor Jesucristo? ¿Cómo podemos reconciliar los truenos del Sinaí con la mansedumbre y la benevolencia de Cristo?

La unidad de la Biblia

Espero que la verdadera respuesta a estas preguntas resulte evidente en este capítulo al tratar de mostrar la asombrosa unidad de la Biblia. Mientras tanto, es suficiente expresar la propia afirmación de la Biblia de que no tiene ni una mezcla de contradicciones misceláneas, ni una evolución gradual de las ideas humanas acerca de Dios, a medida que los hombres crecían y descartaban sus nociones infantiles, sino una revelación progresiva de la verdad de Dios. Indudablemente hay una progresión. Por ejemplo, el gran énfasis del Antiguo

Testamento sobre la unidad de Dios, en contraste con el degradado politeísmo de las naciones paganas. Aunque el Antiguo Testamento se insinúa sobre la Trinidad, esta doctrina está claramente establecida sólo en el Nuevo Testamento. Hay progresión, asimismo desde las enseñanzas registradas de Jesús hasta el cabal entendimiento de su persona y su obra que hallamos en las epístolas y en el prólogo del cuarto Evangelio. Pero esto es exactamente lo que el mismo Jesús dio a entender que sucedería cuando dijo a los apóstoles en el aposento alto:

> Aún tengo muchas cosas que deciros, pero ahora no las
> podéis sobrellevar. Pero cuando venga el Espíritu de
> verdad, él os guiará a toda la verdad; porque no hablará
> por su propia cuenta, sino que hablará todo lo que oyere,
> y os hará saber las cosas que habrán de venir. Él me
> glorificará; porque tomará de lo mío, y os lo hará saber.
>
> Juan 16.12–15

Sin embargo, progresión no es lo mismo que contradicción. Un artista comienza haciendo un boceto, y luego aplica sus colores a la tela poco a poco hasta que todo el cuadro (presente desde el principio en su mente, aunque no en las de quienes lo rodean) emerge finalmente. También los padres enseñan a sus hijos paso a paso: 'mandamiento tras mandamiento, mandato sobre mandato, renglón tras renglón, línea sobre línea, un poquito aquí, otro poquito allá' (Isaías 28.10). Si son sabios, no enseñan nada en las primeras etapas que deba contradecirse más adelante. Sus enseñanzas posteriores complementan lo que han dicho antes y construyen sobre esa base. De esa manera, Dios ha completado su revelación en forma gradual, ampliándola pero nunca rechazándola, hasta que finalmente estuvo completa en Cristo, el Verbo hecho carne (la mayor revelación que pueda concebirse), y en el testimonio de los apóstoles de Cristo.

La Epístola a los Hebreos comienza con una valiosísima declaración de esta verdad:

> Dios, habiendo hablado muchas veces y de muchas
> maneras en otro tiempo a los padres por los profetas,
> en estos postreros días nos ha hablado por el Hijo.
>
> Hebreos 1.1–2

El autor concede aquí que hay varias diferencias entre las revelaciones del Antiguo y del Nuevo Testamento. La revelación fue dada en diferentes tiempos ('en otro tiempo' y 'en estos postreros días'), a diferentes personas ('a los padres' y a 'nosotros'), y especialmente de diferentes maneras ('muchas veces y de muchas maneras'... 'por los profetas' y 'por el Hijo'). Pero aunque la ocasión, los receptores y la forma de la revelación eran diferentes, el autor era el mismo. Fue Dios quien habló a los padres de diferentes maneras por medio de los profetas y es Dios quien nos ha hablado en y por medio de su Hijo.

A la luz de estas declaraciones no debemos vacilar en considerar a Dios mismo como el autor de ambos Testamentos o designar a las Escrituras en su totalidad 'la Palabra de Dios'. Continuaré hablando sobre esto en el capítulo siguiente.

¿Qué es, pues, lo que Dios ha dicho? La Biblia es en esencia una revelación de Dios. Una revelación de sí mismo. En la Biblia oímos a Dios hablar de Dios. Decir esto no es ser inconsecuente con la tesis desarrollada en el primer capítulo, de que la Biblia se interesa en la salvación y da testimonio de Cristo. Porque lo que Dios dice acerca de sí mismo es, sobre todo lo demás, que él ha concebido y cumplido un plan por medio de Cristo para salvar a los hombres caídos.

El Dios vivo y consecuente

Pero antes de llegar a su actividad salvadora, hay que considerar dos verdades básicas acerca de él, que hallan énfasis en todas las Escrituras. La primera es que es un Dios vivo y soberano; la segunda, que es consecuente, es siempre el mismo: 'Padre de las luces, en el cual no hay mudanza, ni sombra de variación' (Santiago 1.17).

Una y otra vez la Biblia enfatiza el contraste entre el Dios único y verdadero con los ídolos muertos del paganismo. Profetas y salmistas ponen en ridículo a los ídolos paganos. Isaías describe la escena en uno de los templos cuando fue capturada Babilonia. Presenta a las principales divinidades babilónicas arrancadas ignominiosamente de sus pedestales, llevadas en hombros y cargadas en carros. ¡Dioses falsos cargados por hombres y convertidos en 'carga sobre las bestias cansadas'! Y cuando se calma la risa, se oye la voz de Dios. Él no es un ídolo que necesite ser llevado por los hombres, porque él es quien lleva a su pueblo:

> Oídme, oh casa de Jacob,
>> y todo el resto de la casa de Israel,
> los que sois traídos por mí desde el vientre,
>> los que sois llevados desde la matriz.
> Y hasta la vejez yo mismo,
>> y hasta las canas os soportaré yo;
> yo hice, yo llevaré, yo soportaré y guardaré.   Isaías 46.3–4

No sólo la incapacidad de los ídolos para salvar despertaba la burla de los profetas, sino su completa falta de vida:

> Los ídolos de ellos son plata y oro,
>> Obra de manos de hombres.
> Tienen boca, mas no hablan;
>> Tienen ojos, mas no ven;
> Orejas tienen, mas no oyen;
>> Tienen narices, mas no huelen;
> Manos tienen, mas no palpan;
>> Tienen pies, mas no andan;
>> No hablan con su garganta.   Salmo 115.4–7

En contraste con ellos: 'Nuestro Dios está en los cielos; todo lo que quiso ha hecho' (Salmo 115.3). Él es el Dios vivo, que ve y oye y habla y actúa.

Este Dios vivo es soberano, un gran Rey sobre toda la tierra. Es rey de la naturaleza y también rey de las naciones.

Como Rey de la naturaleza, sostiene el universo que ha hecho y a todas sus criaturas. Aun los elementos feroces están bajo su dominio. 'Suyo…' es 'el mar, pues él lo hizo' (Salmo 95.5), y 'el viento de tempestad … ejecuta su palabra' (Salmo 148.8). El Salmo 29 da una dramática descripción de una tempestad en la cual la 'voz de Jehová' quiebra los cedros del Líbano. Estalla el relámpago, el desierto es sacudido. Los bosques quedan desnudos. La lluvia provoca inundaciones. A medida que el desastre se expande uno esperaría que con él se expandieran la aprensión y la alarma. Pero el salmista está tranquilo y confía en que Dios maneja las cosas:

> Jehová preside en el diluvio,
>> y se sienta Jehová como rey para siempre.   Salmo 29.10

El Salmo 104 es un primitivo estudio de ecología. En él el salmista se maravilla (Salmo 104.17–18) de la manera en que las cigüeñas hacen sus nidos en las hayas, mientras 'los montes altos' son 'para las cabras monteses' y las 'peñas, madrigueras para los conejos'. El salmo sigue describiendo cómo alimenta Dios a todos los animales:

> Todos ellos esperan en ti,
>> para que les des su comida a su tiempo.
> Les das,
>> recogen;
> abres tu mano,
>> se sacian de bien.   Salmo 104.27–28

En total concordancia con esta insistencia del Antiguo Testamento en que Dios es el Señor de la naturaleza, está la enseñanza de Jesús en el Sermón del Monte, de que Dios gobierna los mundos animados e inanimados. Por un lado, alimenta a las aves del aire y viste a los lirios del campo; por el otro, 'hace salir su sol sobre malos y buenos' y 'hace llover sobre justos e injustos' (Mateo 5.45, 6.26–30).

El Rey de la naturaleza es también Rey de las naciones. Como dijo Daniel al rey Nabucodonosor: 'El Altísimo tiene el dominio en el reino de los hombres, y lo da a quien él quiere' (Daniel 4.32). En un capítulo anterior vimos cómo los pequeños países de Israel y Judá a menudo son semejantes a peones de un ajedrez internacional. Los grandes bloques de poder del día eran los imperios de Egipto y la Mesopotamia. Cuando estos se enfrentaban entre sí en el campo de batalla, y la marea de la guerra subía y bajaba, Israel y Judá y los pequeños pueblos vecinos quedaban en medio de los contendientes. Sin embargo, Israel siempre lanzaba el espléndido grito de fe:

> Jehová reina; temblarán los pueblos.
>
>   Salmo 99.1

Ninguna potencia de la tierra, ya fuera sola o en coalición con otras, podría triunfar sobre el pueblo sin el consentimiento de Dios. ¿Se unen los pueblos y complotan contra el Señor y contra su ungido?

> El que mora en los cielos se reirá;
>> el Señor se burlará de ellos.   Salmo 2.4

Los apóstoles de Jesús en los días del Nuevo Testamento tenían la misma convicción. Cuando a Pedro y a Juan se les prohibió hablar o enseñar en el nombre de Jesús, ellos convocaron a sus amigos a orar. Juntos elevaron sus voces a Dios el 'soberano Señor', el Creador del universo. Recitaron entonces los dos primeros versículos del Salmo 2 (que acabamos de citar), aplicándolos a Herodes, a Poncio Pilato, a los gentiles y a los gobernantes de Israel. Estos habían conspirado juntos en Jerusalén contra Jesús. ¿Para qué? 'Para hacer cuanto tu mano y tu consejo habían antes determinado que sucediera' (Hechos 4.28).

Más aún. Los profetas enseñaban que los emperadores soldados de la época, algunos de los cuales eran hombres crueles y despiadados, con todo eran instrumentos en las manos del Señor. Salmanasar de Asiria era la vara de su ira, con la cual castigaría a Samaria (Isaías 10.5–6); Nabucodonosor de Babilonia su 'siervo' mediante el cual destruiría a Jerusalén (Jeremías 25.9; 27.6) y Ciro de Persia su 'ungido' para libertar a su pueblo de la cautividad. (Isaías 45.1–4; 44.28) Si el Dios de la Biblia es el Dios vivo y soberano, es también siempre consecuente consigo mismo. Nunca emplea arbitrariamente su poder soberano. Por el contrario, su actividad es siempre consecuente con su naturaleza. Una de las declaraciones más importantes sobre Dios en la Escritura es que 'él no puede negarse a sí mismo'. (2 Timoteo 2.13) ¿Es sorprendente que se diga que Dios 'no puede' hacer algo? ¿No puede hacerlo *todo*? ¿No es omnipotente? Sí, puede hacer cualquier cosa que le plazca, cualquier cosa que se le ocurra; los límites están puestos por su propia consecuencia consigo mismo.

Dios de amor, Dios de ira

A veces se suelen oponer el amor y la ira de Dios, junto con sus obras de salvación y de juicio, como supuestamente incompatibles. Ya hemos mencionado cómo algunas personas imaginan al Dios del Antiguo Testamento como un Dios de ira y al del Nuevo Testamento como un Dios de misericordia. Esta es una falsa antítesis. El Antiguo Testamento lo revela también como un Dios de misericordia, mientras que el Nuevo Testamento lo revela también como un Dios de juicio. En realidad, toda la Biblia, tanto el Antiguo como el Nuevo Testamento, lo presentan simultáneamente como un Dios de amor y de ira. Los autores bíblicos no se sienten desconcertados por esto como muchos modernos parecen estarlo. Así, el apóstol Juan puede decir a sus lectores cómo 'Dios amó tanto al mundo que dio a su Hijo unigénito' y al final del mismo capítulo declarar que si alguien desobedece al Hijo 'la ira de Dios está sobre él' (Juan 3.16, 36). Asimismo el apóstol Pablo puede describir a sus lectores como 'por naturaleza hijos de ira, lo mismo que los demás' y en el versículo siguiente escribir que Dios es 'rico en misericordia' y nos ha amado con un gran amor (Efesios 2.3–4).

La única explicación que da la Biblia de esta ambivalente actividad de Dios, de sus hechos de salvación y de juicio, es simplemente que él es así. Tal es su carácter y por eso actúa de esa manera. 'Dios es amor' y por lo tanto ama al mundo y ha dado a su Hijo por nosotros (1 Juan 4.8–9). Pero también es un 'fuego consumidor' (Hebreos 12.19; Deuteronomio 4.24). Su naturaleza de perfecta santidad no puede convivir jamás con el mal, sino que, por decirlo así, 'lo devora'. Está siempre implacablemente en contra de él.

Una de las formas en que las Escrituras expresan esta verdad de la propia coherencia de Dios es cuando dicen que debe 'satisfacerse a sí mismo' y que lo hace.[1] Es decir, que es siempre perfectamente él mismo y actúa en forma que es fiel a sí mismo. En toda situación se expresa él mismo tal como es, en misericordia y en juicio.

Habiendo centrado la atención en la revelación bíblica de Dios como vivo y soberano por una parte, y consecuente consigo mismo por otra, no cabe duda que la manera fundamental como el Dios vivo se ha expresado es en la 'gracia'. Quien no conoce el significado de la gracia no puede entender el mensaje de las Escrituras. El Dios de la Biblia es el 'Dios de toda gracia' (1 Pedro 5.10). Gracia es amor, pero un amor de una clase especial. Es el amor que se inclina y se sacrifica y sirve, amor que es bondadoso para con

Toda la Biblia presenta a Dios simultáneamente como un Dios de amor y de juicio.

el que no lo es y generoso para el desagradecido y que no lo merece. La gracia es el favor libre e inmerecido de Dios, que ama al que no merece ser amado, busca al fugitivo, rescata al perdido sin esperanza, y levanta al mendigo del estercolero para hacerlo sentar entre los príncipes (Salmo 113.7–8).

Es la gracia lo que llevó a Dios a establecer su pacto con un pueblo determinado. La gracia de Dios es la gracia del pacto. Es verdad que también se manifiesta a todos, sin distinción. Esto es lo que se llama su 'gracia común', por la cual él da a todos sin discriminación bendiciones tales como la razón y la conciencia, amor y belleza, vida y alimentos, matrimonio e hijos, trabajo y ocio, gobierno ordenado y muchas cosas más. Pero el hecho de que Dios entre en un pacto especial con un pueblo especial puede considerarse como su acto de gracia distintivo. Porque él tomó la iniciativa de escoger un pueblo para sí y prometerle ser su Dios. No escogió a Israel porque fuera más grande o mejor que otros pueblos. La razón para haberlo escogido residía en él, no en ellos. Como dijo Moisés:

> Os ha querido Jehová y os ha escogido …
> por cuanto Jehová os amó.   Deuteronomio 7.7–8

'Pacto' es un término legal, y significa cualquier compromiso que obligue. Cuando se menciona en las Escrituras para describir lo que Dios ha hecho, sin embargo, no debe considerárselo como un acuerdo entre dos partes iguales, una suerte de contrato mutuo. Es más bien como un testamento en el cual el testador dispone de lo suyo a su sola y entera voluntad. En realidad, las palabras pacto y testamento se pueden emplear alternativamente. Por eso es que las dos partes de la Biblia se conocen como Antiguo y Nuevo Testamento. La palabra griega *diatheke* puede significar cualquiera de las dos cosas, y dos veces en las epístolas hay un juego sobre los dos significados de la palabra, a fin de aclarar que el pacto de Dios es como una última voluntad y testamento en que ha hecho libremente ciertas promesas (Gálatas 3.15–18; Hebreos 9.15–18). Las promesas de su pacto no son incondicionales, puesto que se exige a su pueblo obedecer los mandamientos y esta es su parte en el pacto. Pero Dios mismo establece los mandamientos así como las promesas. De modo que aun el pacto del Sinaí es un pacto de gracia.

Es importante, pues, entender que el pacto de Dios es el mismo, desde Abraham hasta Cristo, de modo que los que son de Cristo por la fe son por lo tanto hijos de Abraham y herederos de las promesas que Dios le hizo a él (Gálatas 3.29). La ley que entregó en el Sinaí no anula el pacto de gracia. Por el contrario, en el Sinaí el pacto de gracia fue confirmado y renovado. La ley marcó y amplió el requisito de la obediencia. Sólo cuando se considera a la ley separadamente del pacto de gracia queda en oposición con el evangelio. De allí que la ley condena al pecador por su desobediencia, mientras el evangelio le ofrece vida por la gracia.

Podemos ahora centrar nuestro pensamiento en las tres etapas en la obra del pacto de Dios, expresadas en las palabras 'redención', 'adopción', y 'glorificación'.

La redención

Redención no es originalmente una palabra teológica, sino comercial. A menudo en el Antiguo Testamento (al igual que hoy) leemos acerca de la redención de una tierra que se había hipotecado o de alguna manera enajenado. Algunas personas tales como esclavos y prisioneros, necesitaban también ser redimidas. En cada caso algo o alguien era comprado, con lo cual se lo rescataba de algún estado de alienación o esclavitud. Redimir era comprar la libertad de alguien, recobrar mediante el pago de un precio algo que se había perdido.

Esta es la palabra que se aplicó al primer acto de gracia de Dios hacia su pueblo. Cuando por alguna razón se habían perdido, separados de él y de su patria en el exilio o el cautiverio, los liberaba de su esclavitud y los restituía a su tierra. Esto se repitió tres veces en la historia de Israel. Primero, Dios llamó a Abraham de Ur de los caldeos (no fue estrictamente hablando una redención, pues Abraham no había estado aún en Canaán), luego liberó a Israel de su esclavitud en Egipto y finalmente a los exiliados de su cautividad babilónica. En cada caso él llamó, actuó, liberó y los trajo a la tierra de la promesa.

Este es el trasfondo en el Antiguo Testamento de la gran obra de redención de Jesucristo. La alienación y la esclavitud del hombre son espirituales. Es su pecado —su rebelión contra la autoridad de su Creador y el bienestar de su semejante— lo que lo ha esclavizado y separado de Dios. Un hombre en pecado es un hombre bajo juicio, que no merece sino la muerte a causa de su rebeldía. En esta situación de impotencia y desesperación vino Jesucristo. Tomó sobre sí la naturaleza humana al nacer y la culpa del hombre al morir. En el lenguaje severo, sin adornos, del Nuevo Testamento, primero fue 'hecho carne' y después 'hecho pecado', y aun 'hecho maldición' por nosotros (Juan 1.14; 2 Corintios 5.21; Gálatas 3.13). Porque la simple verdad es que tomó nuestro lugar. Se identificó tan completamente con nosotros en nuestra situación, que llevó nuestro pecado y murió nuestra muerte. Nuestra vida estaba perdida por causa del pecado. Él murió en lugar nuestro, experimentando en nuestro lugar la desolación de las tinieblas del abandono de Dios.

Los autores del Nuevo Testamento trazan varias veces una analogía entre la Pascua, que inició la redención de Israel de Egipto, y la muerte de Cristo, que garantizó nuestra redención del pecado. La vida de todo primogénito en Egipto estaba en peligro, pero Dios dispuso aceptar en cambio la vida de un cordero, si primero su sangre era derramada y luego salpicada sobre el dintel y los postes de la puerta del frente de la casa. Al ver Dios la sangre, pasaba sobre la casa para protegerla de su propio juicio.

El cumplimiento en el Nuevo Testamento es dramático. Juan muestra en su Evangelio que Jesús derramaba su sangre en la cruz en el preciso momento en que se estaban sacrificando los corderos pascuales (Juan 13.1; 18.28). Pablo escribió que ' nuestra pascua, que es Cristo, ya fue sacrificada' (1 Corintios 5.7), mientras Pedro se refiere a 'la sangre preciosa de Cristo, como de un cordero sin mancha y sin contaminación', que fue derramada para redimirnos y con la cual debemos ser (simbólicamente, desde luego) 'rociados' (1 Pedro 1.2, 18–19).

Luego que Cristo, el Cordero de Dios, se ofreció a sí mismo como nuestro sacrificio pascual, hubo derramado su sangre y murió, Dios lo levantó de los muertos para reivindicarlo y demostrar que su sacrificio por el pecado no había sido ofrecido en vano. Ahora se lo describe 'sentado a la diestra de Dios', descansando de su obra de redención terminada y coronado de gloria y honor, habiendo obtenido para nosotros 'eterna redención' (Hebreos 9.12). Y las multitudes celestiales cantarán por la eternidad: 'El Cordero que fue inmolado es digno' (Apocalipsis 5.12).

La adopción

La redención es un concepto en gran parte negativo. Enfoca la situación de la que hemos sido liberados y el precio que hubo que pagar. Verdaderamente ser redimidos del pecado por la sangre de Cristo es ser redimidos 'para Dios' (Apocalipsis 5.9). Pero este aspecto positivo de nuestra salvación se acentúa más bien en el concepto de nuestra adopción como sus hijos. Pablo reúne ambas cosas como implícitamente inseparables, cuando escribe:

> Cuando vino el cumplimiento del tiempo, Dios envió
> a su Hijo, nacido de mujer y nacido bajo la ley, para
> que redimiese a los que estaban bajo la ley, a fin de que
> recibiésemos la adopción de hijos … Así que ya no eres
> esclavo, sino hijo; y si hijo, también heredero de Dios
> por medio de Cristo.   Gálatas 4.4–7

Redimidos de la esclavitud y adoptados como hijos; este es el glorioso doble privilegio de aquellos que ponen su confianza en Cristo. Nuestra relación con Dios como hijos es parte esencial de la promesa de su pacto.

Este hecho de 'pertenecer a Dios' era revelado ya en los días del Antiguo Testamento. La fórmula del pacto, empleada cada vez que se lo renovaba, era: 'Yo seré vuestro Dios y vosotros seréis mi pueblo'. Además, esta adopción de Israel como pueblo de Dios siguió inmediatamente a su redención. Una y otra vez Dios tenía que recordárselos diciendo: 'Yo soy Jehová tu Dios, que te saqué de la tierra de Egipto, de casa de servidumbre' (Éxodo 20.2). Él los había redimido. Eran suyos. Se los había explicado claramente durante el tiempo entre su redención de Egipto y la renovación del pacto en el Sinaí:

> Vosotros visteis lo que hice a los egipcios, y cómo os tomé
> sobre alas de águilas, y os he traído a mí. Ahora, pues,
> si diereis oído a mi voz, y guardareis mi pacto, vosotros
> seréis mi especial tesoro sobre todos los pueblos; porque
> mía es toda la tierra. Y vosotros me seréis un reino de
> sacerdotes, y gente santa.   Éxodo 19.4–6

A menudo se comparó este pacto, por el cual el pueblo redimido de Dios se convirtió en su posesión, su especial tesoro, con un pacto matrimonial. Yavéh era el esposo de su pueblo. Se había deleitado en el primer amor de su esposa y su devoción en el desierto (Jeremías 2.2; 21.32). Pero en Canaán ella fue tras sus 'amantes', los baales de los santuarios locales. Se convirtió en adúltera, y hasta en una ramera. Ella rompió el pacto.

La metáfora del matrimonio continúa y se amplía en el Nuevo Testamento. El apóstol Pablo describe cómo 'Cristo amó a la iglesia,

y se entregó a sí mismo por ella', pero agrega cuán preocupado estaba
—aun imbuido de celos divinos— porque su esposa fuera de alguna
manera extraviada 'de la sincera fidelidad a Cristo' (Efesios 5.25;
2 Corintios 11.2–3).

Sin embargo, la relación entre Dios y su pueblo en los días del
Nuevo Testamento se expresa más a menudo en términos del Padre
y su familia, que del esposo y la esposa. Es un desarrollo de la convicción veterotestamentaria de que Israel era el 'hijo primogénito'
de Dios (por ejemplo Éxodo 4.22). Jesús enseñó a sus discípulos a
considerar a Dios como su Padre celestial y a ellos mismos como sus
hijos amados, a orarle como su Padre, a confiar en que su paternal
cuidado supliría sus necesidades materiales, y a interesarse por el
nombre, el reino y la voluntad de su Padre.

Uno de los mayores privilegios que nos concede el ser hijos de
Dios es tener en nosotros el Espíritu Santo. La presencia personal
y permanente del Espíritu Santo dentro de nuestros corazones es
una bendición característica, distintiva de la era cristiana (Jeremías
31.33), y del individuo cristiano. Porque 'somos hijos' Dios 'envió
a nuestros corazones el Espíritu de su Hijo' (Gálatas 4.6). Pablo se
extiende sobre esto:

> Porque todos los que son guiados por el Espíritu de Dios,
> estos son hijos de Dios. Pues no habéis recibido el espíritu
> de esclavitud para estar otra vez en temor, sino que habéis
> recibido el espíritu de adopción, por el cual clamamos:
> ¡Abba, Padre! El Espíritu mismo da testimonio a nuestro
> espíritu, de que somos hijos de Dios.   Romanos 8.14–16

Así, pues, puede describirse la vida de los hijos de Dios como
'vida en el Espíritu'. Es una vida vivida bajo la dirección y por el
poder del Espíritu Santo. Él da testimonio a nuestro espíritu de que
somos hijos de Dios. Como 'espíritu de sabiduría y de revelación' en
nuestro conocimiento de Cristo (Efesios 1.17), abre también los ojos
de nuestro corazón para que le conozcamos mejor. Y es el Espíritu
Santo que busca guiarnos a la *santidad*, para hacernos semejantes a
Cristo (2 Corintios 3.18). Él vence el poder de nuestra carne (o naturaleza caída) y hace que maduren en nuestro carácter sus frutos de
'amor, gozo, paz, paciencia, benignidad, bondad, fe, mansedumbre,
templanza' (Gálatas 5.16–23).

Los hijos de Dios forman su familia, la iglesia, y gozan de una directa continuidad con el pueblo de Dios de los días del Antiguo Testamento. Esta fraternidad cristiana trasciende todas las barreras raciales y sociales. Es difícil para nosotros imaginar cuán grande era 'el muro divisorio de hostilidad' entre judíos y gentiles. Pero Cristo lo derribó, y Pablo dedica gran parte de su Epístola a los Efesios a demostrar que judíos y gentiles participan en Cristo en igualdad de términos, como conciudadanos del reino de Dios y miembros de la familia de Dios (Efesios 2.19).

Existía otra gran brecha divisoria en la sociedad contemporánea, entre esclavos y libres. En el imperio romano los esclavos no tenían derechos ante la ley; todos los privilegios pertenecían a los libres. Pero cuando Pablo llevó a Cristo a un esclavo fugitivo, Onésimo, lo devolvió a su amo, Filemón, rogándole que lo recibiera 'no ya como esclavo, sino como más que esclavo, como hermano amado' (Filemón 1.16). Los efectos sociales del evangelio eran explosivos.

Para asumir esta unidad, esta igualdad de todos los miembros de la familia de Dios, Pablo escribió:

> Ya no hay judío ni griego; no hay esclavo ni libre;
> no hay varón ni mujer; porque todos vosotros sois
> uno en Cristo Jesús. Gálatas 3.28

Este pueblo de Dios es un pueblo 'santo', esto es, distinto o separado, apartado del resto de la humanidad para pertenecer a Dios. Por lo tanto sus miembros están llamados a ser lo que son, a manifestar en su carácter y conducta la santidad de su condición. Están 'llamados a ser santos', es decir, llamados a ser diferentes del mundo secular y no vivir conformados a sus normas. 'No haréis como hacen ellos', había dicho Dios a Israel en el desierto, refiriéndose tanto a los egipcios como a los cananeos (Levítico 18.1–5). De la misma manera Jesús, en el Sermón del Monte, dijo 'no seáis' como ellos, refiriéndose a los gentiles tanto como a los fariseos.

En cambio, el cristiano ha de seguir a Cristo. Y sus normas éticas absolutas están establecidas en los Evangelios y las epístolas, sin contemporizaciones, así como las normas de Dios para Israel estaban establecidas en la ley y los profetas.

No debe caerse en la tentación de pensar, sin embargo, que el llamado de Cristo a su pueblo a ser 'santo' o 'diferente' proporcione excusa alguna para retirarse del mundo en un aislamiento pietista. Por el contrario, a aquellos a quienes ha 'escogido del mundo', Cristo los envía de vuelta 'al mundo' como sus representantes, para darse a sí mismos a otros en humilde servicio y testimonio (Juan 15.19; 17.15–19).

Además, al permanecer por Cristo en el mundo, buscando servir a sus necesidades pero rehusando asimilarse a sus normas, experimentarán la oposición del mundo. Jesucristo advirtió que este los aborrecerá, y aun los perseguirá por su misma diferencia (Juan 15.18–25; 17.14). De modo que tendrán que sufrir. En realidad, sufrir injustamente y renunciar a la venganza es parte de la vocación del cristiano. Porque Cristo nos dejó un ejemplo de esto, para que siguiéramos sus pisadas (1 Pedro 2.18–23).

Con todo, el sufrimiento conduce a la gloria. Así fue para Cristo. Y así es para sus seguidores. Pedro nos ordena regocijarnos en nuestra participación en los sufrimientos de Cristo y en nuestra participación anticipada en la gloria que ha de revelarse (1 Pedro 4.13; 5.1, 10). El apóstol Pablo dice lo mismo:

> Si hijos, también herederos; herederos de Dios y
> coherederos con Cristo, si es que padecemos juntamente
> con él, para que juntamente con él seamos glorificados.
>
> Romanos 8.17

Estas son algunas de las consecuencias de nuestra 'adopción' en la familia de Dios. Como hijos de nuestro Padre Dios, somos la morada de su Espíritu, unidos en una fraternidad con todos los otros cristianos, embajadores de Cristo en el mundo, sirviendo y sufriendo por su causa, y también coherederos con Cristo.

Porque ser hijo, es ser heredero. El sufrimiento es la señal de la gloria. Esto nos lleva directamente a la tercera etapa en el desarrollo del plan de Dios para la salvación: la 'glorificación'.

La glorificación

El Nuevo Testamento rebosa de esperanza cristiana. Nos recuerda que aunque en el pasado hemos sido redimidos del pecado por Cristo y ahora gozamos de los privilegios que nos brinda la adopción como hijos en la familia de Dios, aún falta mucho más por venir. Y anticipamos ansiosamente esa consumación. Porque nuestra 'esperanza' cristiana no tiene incertidumbre alguna. Es una gozosa y confiada expectación, basada en las promesas de Dios. Y nos sostiene mientras marchamos cual peregrinos hacia nuestro hogar eterno.

¿Cuál es el objeto de nuestra esperanza? ¿Qué es lo que avizoramos más adelante? Pablo lo llamaba 'la esperanza de la gloria' (Romanos 5.2). Pero, ¿qué significa esto?

Primero, el retorno de Cristo. Hoy no está de moda creer en esto, al menos en sentido literal. Sin embargo Jesús dijo clara y repetidamente que iba a volver, y que su retorno sería 'con poder y gran gloria'. Los apóstoles se afirmaron sobre esta seguridad. Su venida será personal y visible, aunque su carácter trascendente la coloca más allá de nuestro entendimiento presente:

> Porque como el relámpago que sale del oriente y se
> muestra hasta el occidente, así será también la venida
> del Hijo del Hombre.   Mateo 24.27

Segundo, la resurrección. Resurrección no es lo mismo que 'resucitación'. Aquellos a quienes Jesús levantó de la muerte durante su ministerio terrenal resucitaron en este segundo sentido. Volvieron de la muerte, reasumieron su anterior modo de vida, y después volvieron a morir por segunda vez. La resurrección, en cambio, significa el comienzo de una nueva vida, diferente, inmortal. De modo que nuestros cuerpos resucitados, aunque conservando cierta continuidad con nuestros cuerpos actuales, serán también transformados. Serán tan diferentes, dice Pablo, como lo es la planta de la semilla de la cual ha brotado. Estarán libres de corrupción y de 'la carne', la naturaleza caída que en cierto modo les pertenece. Tendrán también nuevos poderes. De hecho, el cuerpo de nuestra resurrección será un 'cuerpo de gloria', como el de Cristo (Filipenses 3.21; 1 Corintios 15.35–57).

Tercero, el juicio. Cuando venga Cristo, se completarán tanto la salvación como el juicio. Porque ambos son procesos que comienzan en esta vida, como enseñó Jesús (Juan 5.19–29). Seremos juzgados de acuerdo a nuestras obras (Mateo 16.27; Juan 5.28–29; Romanos 2.6; Apocalipsis 20.11–15). No podemos ser justificados (obtener la aceptación de Dios) por nuestras obras; la justificación sólo es por la gracia de Dios mediante la fe en Cristo y su obra consumada. Pero seremos juzgados por nuestras obras, porque el juicio será un acontecimiento público, y nuestras 'obras' —lo que hayamos dicho y hayamos hecho— será la única evidencia pública que aprobará la presencia (o ausencia) de una fe salvadora. Aquellos cuyas obras revelen que han desobedecido al evangelio y rechazado a Cristo, estarán perdidos. Cualquiera sea su exacta naturaleza, el infierno es una terrible realidad. Cristo lo llamó 'las tinieblas de afuera' y nos mandó temer a Dios 'que puede destruir el alma y el cuerpo en el infierno' (Mateo 10.28).

Cuarto, el nuevo universo. Se lo describe de diversas maneras. Habrá 'un nuevo cielo y una nueva tierra' (2 Pedro 3.13; Apocalipsis 21.1), porque Dios hará 'nuevas todas las cosas' (Apocalipsis 21.5). Jesús lo llamó 'la regeneración' (Mateo 19.28, literalmente), Pablo habló de 'reunir todas las cosas en Cristo' (Efesios 1.10) y Pedro de la 'restauración de todas las cosas' (Hechos 3.21, literalmente).

La devoción popular cristiana se ha concentrado demasiado quizá sobre los goces negativos del cielo, es decir, sobre las promesas del Apocalipsis de que no habrá más hambre ni sed, ni más calor agobiante ni insolación, ni más lágrimas ni dolor, ni más noche, ni más condenación, ni más muerte. Gracias a Dios por estas ausencias. Pero gracias a Dios, más aún, por la razón de ellas, es decir la presencia —la presencia central, dominante— del trono de Dios.

Cuando se concedió a Juan su visión de la realidad celestial y se le permitió espiar a través de 'una puerta abierta', lo primero que sus ojos descubrieron fue 'un trono' (Apocalipsis 4.1–2), el símbolo de la soberanía de Dios. Todo el resto de su visión se relacionaba con ese trono. En él estaba sentado el Padre, y el Cordero lo compartía, junto con los 'siete espíritus de Dios' que representaban al Espíritu Santo. A su alrededor, en círculos concéntricos, veinticuatro ancianos simbolizaban la iglesia y cuatro seres vivientes la creación, y más allá de ellos, legiones de ángeles. Del trono salían relámpagos y truenos, y delante de él se hallaba la gran multitud de los redimidos, procedentes de todas las naciones y lenguas, vestidos con ropas blancas de justicia, blandiendo ramas de palma de victoria y atribuyendo su salvación al Dios que está sentado en el trono, y al Cordero (Apocalipsis 4–7).

La Biblia comienza con la creación del universo y termina con la recreación del universo. En el comienzo continúa con la descripción de la caída del hombre en un huerto y la pérdida del paraíso; termina en un huerto, con el paraíso reconquistado. Aquí están el árbol de la vida para alimento y sanidad, y el agua de vida para refrescar, y se ve el 'río limpio de agua de vida' que sale 'del trono de Dios y del Cordero' (Apocalipsis 22.1). Porque al fin se ha consumado el reino de Dios. Toda la creación está sujeta a él. Y las bendiciones de nuestra herencia final se deberán a su gobierno perfecto. Así, pues, la gran multitud canta:

> ¡Aleluya, porque el Señor nuestro Dios Todopoderoso reina!
>
> Apocalipsis 19.6

Y de alguna manera su pueblo redimido, adoptado, glorificado, participará en su reinado:

> Y reinarán por los siglos de los siglos.
>
> Apocalipsis 22.5

Guía de estudio

1 ¿En qué sentido puede describirse la Biblia como una progresiva revelación de la verdad por Dios?

2 ¿Cuáles son las dos grandes verdades sobre Dios que se enfatizan constantemente en las Escrituras? Dar ejemplos de ambas en el Antiguo y en el Nuevo Testamento.

3 'Quien no conoce el significado de la gracia no puede entender el mensaje de las Escrituras' (página 151). ¿Cómo se puede ilustrar esta verdad a la luz del concepto bíblico de 'pacto'?

4 'Redimidos de la esclavitud y adoptados como hijos; este es el glorioso doble privilegio de aquellos que ponen su confianza en Cristo' (página 155). Explicar lo que Stott quiere decir sobre la enseñanza bíblica en cuanto a la redención y la adopción.

Notas

[1] Para versículos en los cuales Dios dice que 'satisfará' o 'saciará' su ira y juzgará así a su pueblo por su inveterada rebelión, véase por ejemplo Ezequiel 5.13–17; 6.12; 7.8; 16.42–43; 24.13–14 y Lamentaciones 4.11. En Salmo 89.33–34, sin embargo, manifiesta su firme amor según su promesa de pacto y el juramento que lo dirige. 'No falsearé mi verdad', dice. Ver la declaración en Isaías 53.11 de que el Siervo sufriente del Señor, viendo el fruto del trabajo de su alma, quedará 'satisfecho'.

6

La autoridad de la Biblia

E N EL CAPÍTULO ANTERIOR HE TRATADO DE RESUMIR EL
mensaje de la Biblia, luego de haber bosquejado en los prece-
dentes el contexto geográfico e histórico en que ese mensaje
fue recibido y registrado. Pero, ¿es el mensaje bíblico lo que
pretende ser: una revelación de Dios? ¿Podemos confiar en
la Biblia?

Esta es una cuestión crucial que no se puede eludir. Están
en juego asuntos de vital importancia. En primer lugar, la Biblia pretende ser (como hemos visto) un libro de salvación, 'para instruirnos para la salvación'. Por lo tanto, debemos saber si el camino de
salvación que nos presenta es verdadero o falso. El destino eterno de
hombres y mujeres depende de ello.

En segundo lugar, la iglesia de hoy está confundida. El mundo no
cristiano contempla constantemente el espectáculo poco edificante
de cristianos en discordia y desencuentro. ¿Por qué sucede esto? La
principal causa de confusión en la iglesia es la falta de una autoridad aceptada. Por último, desde luego, la iglesia debiera someterse a
la autoridad de Cristo, su Señor. ¿Pero es posible que Cristo quiera
gobernar y reformar a su iglesia mediante su Palabra? ¿Puede ser
que su exhortación, 'El que tiene oído, oiga lo que el Espíritu dice
a las iglesias' (Apocalipsis 2–3), sea una invitación a escuchar a la
Escritura por medio de la cual el Espíritu habla todavía a la iglesia?

El rechazo de la autoridad

Al menos por estas dos razones nuestra investigación sobre la autoridad de la Biblia es de gran importancia práctica.

Sin embargo, se observan discrepancias en la actitud general
contemporánea. Existen hoy fuertes corrientes antiautoritarias.
Prevalece una rebeldía contra toda autoridad establecida, tanto de
las instituciones como de las tradiciones. Si podemos demostrar que
la Biblia tiene autoridad, muchas personas, a causa de ello, estarán

más dispuestas a rechazarla que a aceptarla. Además, hoy en día está de moda mantener un tenue sincretismo religioso, es decir, negar que una determinada religión tenga algún elemento exclusivo, afirmar que todas las religiones son relativamente verdaderas y tratar de combinarlas. Otras religiones tienen también sus libros sagrados: ¿Qué hay de especial en las Escrituras cristianas, la Biblia?

Tres definiciones

Conscientes, pues, de la importancia de nuestro tema y del desagrado con que muchos considerarán nuestro intento de defender la singularidad de la Biblia, comenzaremos con algunas definiciones. Las tres grandes palabras comúnmente usadas por los cristianos en relación con esto son: 'revelación', 'inspiración' y 'autoridad'. Aunque son distintas, están relacionadas entre sí.

La palabra fundamental es 'revelación'. Derivada de un nombre latino que significa 'develar', indica que Dios ha tomado la iniciativa para darse a conocer. Este concepto es claramente razonable. Porque sea Dios quien fuere o lo que fuere, está totalmente más allá de nuestro alcance. '¿Descubrirás tú los secretos de Dios? ¿Llegarás tú a la perfección del Todopoderoso?' (Job 11.7) Seguramente no. Su infinita grandeza está velada a nuestros ojos. No podemos descubrirlo por nosotros mismos. Si hemos de llegar a conocerlo, él es quien debe dársenos a conocer.

La segunda palabra, 'inspiración', indica la forma principal que Dios ha escogido para revelarse. Se ha revelado en parte por medio de la naturaleza y sobremanera a través de Cristo, pero también 'hablando' a determinadas personas. Y este proceso de comunicación verbal es lo que se llama 'inspiración'. No empleamos la palabra en el sentido en que hablamos de un poeta o un músico que está 'inspirado'. Por el contrario, tiene una connotación precisa y especial. Porque cuando Pablo escribe que 'toda Escritura es inspirada por Dios' (2 Timoteo 3.16), las tres últimas palabras constituyen una sola expresión griega que podría traducirse literalmente 'respirada por Dios'. El significado, pues, no es que Dios respiró en los escritorios, ni que de alguna manera volcó su aliento en los escritos para darles su carácter especial, sino que aquello que los hombres escribieron fue respirado por Dios. Él habló por medio de ellos. Ellos fueron sus voceros.

Además, no vacilamos en decir que esta inspiración fue una 'inspiración verbal', por haberse extendido hasta las palabras mismas empleadas por los autores humanos. Esto es lo que ellos mismos afirman. El apóstol Pablo, por ejemplo, declararía que al comunicar a los otros lo que Dios le había revelado lo hacía 'no con palabras enseñadas por sabiduría humana, sino con las que enseña el Espíritu' (1 Corintios 2.13). Y esto no es nada sorprendente, pues no es posible entregar un mensaje preciso sino con palabras precisas.

'Autoridad', la tercera palabra, es el poder o el peso inherente en la Escritura por ser lo que es, a saber, una revelación divina dada por inspiración divina. Si es Palabra de Dios, tiene autoridad sobre los hombres. Porque detrás de cada palabra que cualquiera pronuncia está la persona que la pronuncia. Es el que habla (su carácter, conocimiento y posición) lo que determina cómo los demás han de considerar sus palabras. Así, pues, la palabra de Dios tiene autoridad. Por ser él quien es, creemos lo que ha dicho.

Esta es la lección que Simón Pedro aprendió cuando Jesús le dijo en el lago de Galilea que saliera a alta mar y echara las redes. Toda su experiencia de pescador se rebelaba contra la sugerencia. Incluso protestó: 'Maestro, toda la noche hemos estado trabajando y nada hemos pescado.' Pero sabiamente agregó: 'Mas en tu palabra echaré la red' (Lucas 5.4–5).

Sostenemos, pues, que Dios se ha revelado mediante la palabra; que esa palabra divina (o 'respirada' por Dios) fue escrita y preservada en las Escrituras, y que las Escrituras son, de hecho, la palabra escrita de Dios que, por lo tanto, es verdadera y digna de fe y tiene autoridad divina sobre nosotros.

Tres advertencias

Considero necesario agregar ahora tres advertencias que pueden anticipar objeciones y salir al paso a posibles críticas.

La primera es que el proceso de inspiración no fue mecánico. Dios no trató a los autores de las Escrituras como dictáfonos o aparatos grabadores, sino como personas vivas y responsables. A veces les habló en sueños y visiones, a veces con una voz audible, a veces por medio de ángeles. Otras veces no se nos dice cómo llegó hasta ellos la voz de Dios. Tal vez ni siquiera fueran conscientes de ello. Así en el caso del evangelista Lucas, por ejemplo, la inspiración divina no fue incompatible con la investigación humana, pues en el prefacio de su Evangelio nos habla de las cuidadosas investigaciones que había emprendido. Cualquiera sea el medio de comunicación empleado por Dios para hablar a los hombres, nunca anuló sus personalidades. Por el contrario, su estilo literario y el vocabulario utilizado eran los propios. De igual manera —y mucho más importante aun— era su tema. No es accidental que Amós fuera el profeta de la justicia de Dios, Oseas el de su amor e Isaías el de su soberanía; ni que Pablo fuera el apóstol de la gracia y de la fe; Santiago, el de las obras; Juan, el del amor y Pedro el de la esperanza.

> **Dios utilizó la personalidad, la formación y la experiencia de los autores bíblicos, a fin de transmitir por medio de cada uno de ellos un mensaje apropiado y característico.**

La evidencia interna, recogida de la lectura del texto bíblico, es que Dios utilizó plenamente la personalidad, el temperamento, la formación y la experiencia de los autores bíblicos, a fin de transmitir por medio de cada uno de ellos un mensaje apropiado y característico.

Así, pues, las Escrituras son tanto Palabra de Dios como palabra de los hombres. En realidad, así es como se describe ella misma. Si es verdad que 'la boca del Señor ha hablado' (por ejemplo, Isaías 1.20), también es cierto que Dios habló 'por boca de sus santos profetas' (por ejemplo, Hechos 3.21). Asimismo Dios habló … 'por los profetas' (Hebreos 1.1) y los 'hombres de Dios hablaron por inspiración'. (2 Pedro 1.21) De igual manera, un mismo autor, en un mismo pasaje describe la ley como 'la ley de Moisés' y 'la ley del Señor' (Lucas 2.22–23).

La doble autoridad de las Escrituras es una verdad importante que debe preservarse cuidadosamente. Por un lado, Dios habló, revelando la verdad y preservando de error a los autores humanos, pero sin violar su personalidad. Por el otro, los hombres hablaron, utilizando libremente sus propias facultades, pero sin tergiversar el mensaje divino. Sus palabras eran verdaderamente propias. Pero también eran (y lo son todavía) palabras de Dios, de modo que lo que dice la Escritura, lo dice Dios.

Mi segunda advertencia es que, mientras que toda palabra de Dios en las Escrituras son verdad, esto no significa —para citar una afirmación común— que 'cada palabra de la Biblia sea literalmente verdadera.' Esta declaración debe ser condicionada de diversas maneras. Aunque me estoy adelantando someramente al tema del capítulo siguiente sobre interpretación bíblica, creo que debo decir algo aquí.

Para empezar, cada palabra de la Biblia es verdad sólo en relación con su contexto. Aislada de él puede no ser verdadera. El mejor ejemplo de lo que quiero decir es el libro de Job, cuya mayor parte consiste en un diálogo entre el angustiado Job y sus tres 'consoladores', junto con un cuarto que aparece más tarde. Estos episodios ocupan los capítulos 1 al 37. Luego Dios se revela a Job en los capítulos 38 al 42. Parte de lo que Job y sus amigos dicen en los primeros 37 capítulos es erróneo. Se registra a fin de contradecirlo, no para que se crea. Tal lo que afirma Job al final del libro, cuando le dice a Dios: 'Yo hablaba lo que no entendía' y Dios les dice a los 'consoladores': 'No habéis hablado de mí lo recto' (Job 42.3, 7). Sería del todo imposible, pues, tomar cualquier versículo del libro de Job y decir 'esto es palabra de Dios', porque puede no serlo. Todo el libro es palabra de Dios, pero los primeros 37 capítulos deben interpretarse a la luz de los últimos 5.

Luego, gran parte de las Escrituras están presentadas deliberadamente en forma figurada. Hay una cantidad de descripciones 'antropomórficas' de Dios, representándolo en forma humana y refiriéndose a sus ojos y oídos, su 'brazo extendido', su 'mano poderosa' y sus dedos, su boca, su aliento y su nariz. No interpretamos estas cosas literalmente, por la simple razón de que 'Dios es espíritu' (Juan 4.24) y por lo tanto no tiene cuerpo. De modo que cuando leemos, por ejemplo, que 'los ojos de Jehová contemplan toda la tierra, para mostrar su poder a favor de los que tienen corazón perfecto para con él' (2 Crónicas 16.9), no tratamos de visualizar un par de ojos divinos recorriendo la superficie terrestre, sino más bien de entender que Dios ve a todos en todas partes y está siempre dispuesto a salvar a los que confían en él. De la misma manera, cuando leemos que las personas se refugian bajo sus 'alas', no lo imaginamos como un ave cubierta de plumas, sino que sabemos que él protege a los que lo buscan para refugiarse.

De la misma manera, cuando el salmista describe al sol 'como un esposo que sale de su tálamo, se alegra cual gigante para correr el camino' y sigue diciendo que el sol 'sale' y recorre su 'curso' desde un extremo a otro del cielo (Salmo 19.1–6), no nos obliga a aceptar un concepto precopernicano del sistema solar. Porque evidentemente está describiendo la resplandeciente magnificencia del sol a la vez en un lenguaje poético y desde el punto de vista de un observador terráqueo. Aun los sofisticados tecnócratas de esta última década pueden hablar de la 'salida' y la 'puesta' del sol. Y no necesitan disculparse por usar este lenguaje. Reconocen que están empleando el lenguaje de la poesía y de la simple observación, no de la ciencia.

La tercera advertencia tiene que ver con el texto inspirado de la Escritura, el único que puede considerarse como la Palabra de Dios escrita. Este es el texto original hebreo o griego tal como salió de manos de los autores. No reclamamos una inspiración o autoridad especial para ninguna traducción determinada —sea latina antigua o de un idioma moderno, ni tampoco para ninguna interpretación particular.

Lo cierto es que no ha sobrevivido ningún escrito original. Su pérdida probablemente se deba a una deliberada providencia de Dios, para evitar que los hombres reverenciaran supersticiosamente trozos de papel. No obstante, sabemos algo del cuidado escrupuloso con que los escribas copiaban el texto hebreo, y lo mismo ha de haber sucedido con los documentos del Nuevo Testamento. Además, poseemos copias mucho más antiguas del texto original que de cualquier otra literatura de la antigüedad. Comparando estas entre sí con las primitivas 'versiones' (es decir, traducciones) y con las citas bíblicas que se encuentran en los escritos de los Padres de la iglesia, los eruditos (denominados 'críticos textuales') han podido establecer el texto auténtico (especialmente del Nuevo Testamento) más allá de cualquier duda razonable. Las inseguridades que restan son casi totalmente triviales; ninguna doctrina de alguna importancia depende de ellas.

Hasta aquí he tratado de despejar el terreno indicando lo que afirmamos y negamos en cuanto a la Biblia. Ahora es el momento de preguntar sobre qué base fundamos nuestra seguridad de que es la Palabra de Dios, originada en él mismo y con autoridad para los hombres. Se han dado muchas respuestas diferentes. Abordaré brevemente las tres primeras y me concentraré en el cuarto y decisivo argumento.

Argumentos para la autoridad de la Escritura

El primer punto que mencionaré es que las iglesias cristianas históricas han sostenido y defendido consecuentemente el origen divino de las Escrituras. Sólo en épocas relativamente recientes algunas iglesias han cambiado su doctrina oficial sobre esta cuestión. Si consultamos los credos de las iglesias católico-romana, anglicana, presbiteriana, luterana u otras, el testimonio es prácticamente unánime. Ahora bien, este argumento no es concluyente y puede ser que a algunos no los convenza en absoluto. No obstante, no puede desecharse o menospreciarse con ligereza la tradición de siglos, además de que el consenso sobre esta materia es impresionante.

En segundo lugar, pasemos de lo que las iglesias históricas han enseñado consecuentemente a lo que los propios escritores bíblicos sostienen. Por ejemplo, Moisés dice que recibió la ley de Dios. Los profetas introducen sus oráculos con fórmulas como: 'Así dice el Señor' o 'Vino a mí palabra del Señor, diciendo'. Y los apóstoles pudieron escribir declaraciones tales como esta de Pablo:

> Cuando recibisteis la palabra de Dios que oísteis de
> nosotros, la recibisteis no como palabra de hombres,
> sino según es en verdad, la palabra de Dios, la cual actúa
> en vosotros los creyentes. 1 Tesalonicenses 2.13

Los autores bíblicos aseveran lo mismo unos de otros. Hallamos en la Escritura un complicado patrón de autorizaciones mutuas. Por ejemplo, los profetas confirman la ley, y los salmistas exaltan su verdad, hermosura y dulzura (por ejemplo, Salmos 19 y 119). Sobre todo, el Nuevo Testamento confirma el Antiguo, y los autores apostólicos toman de él una rica variedad de citas como garantía divina de lo que estaban escribiendo. Está incluso el famoso pasaje en que el apóstol Pedro se refiere a las cartas de 'nuestro amado hermano Pablo', comentando la 'sabiduría' que le ha sido dada, y donde equipara sus epístolas a 'las otras Escrituras' (2 Pedro 3.15–16).

La tercera línea de evidencia de la inspiración y autoridad de las Escrituras la proporcionan no los escritores, sino los lectores de las mismas. Porque la Biblia tiene ciertas características que no pueden menos que llamar la atención del lector observador. Se aprecia, por ejemplo, la notable unidad y coherencia del Libro, tema sobre el cual me he extendido en capítulos anteriores. En vista de la diversidad de autores humanos, la mejor explicación de esta unidad parece ser el hecho de la dirección de un único autor divino detrás de los autores humanos. Como un aspecto de esta unidad general, se observa también el notable fenómeno del cumplimiento de la profecía. Luego, la nobleza y dignidad de los grandes temas de las Escrituras y la extraordinaria importancia de su mensaje miles de años después, de lo cual da testimonio su continuada popularidad.

Además, cuenta el poder que ha tenido (o mejor, el poder de Dios manifestado a través de ella) en las vidas humanas, perturbando a los complacientes y consolando a los afligidos, abatiendo a los soberbios, reformando a los pecadores, animando a los vacilantes, dando esperanza a los agobiados y dirección a los que habían perdido el camino. Sumado a esto se halla lo que los reformadores llamaron 'el testimonio interior del Espíritu Santo'. Es la profunda certidumbre de que la Escritura es la verdad de Dios, seguridad que surge no de la confirmación externa tal como los descubrimientos arqueológicos (por útiles que sean), sino interiormente, del Espíritu Santo mismo. Es la experiencia del 'corazón ardiente', recibida primero por los discípulos del camino a Emaús, pero concedida también a los discípulos cristianos del mundo moderno:

> ¿No ardía nuestro corazón en nosotros, mientras nos
> hablaba en el camino, y cuando nos abría las Escrituras?
>
> Lucas 24.32

Sin embargo, la razón primera y suprema por la cual los cristianos creen en la divina inspiración y la autoridad de la Escritura no es lo que las iglesias enseñan, los escritores declaran o los lectores sienten, sino lo que Jesucristo mismo dice. Puesto que él apoyó la autoridad de las Escrituras, nos vemos obligados a concluir que su autoridad y la de las Escrituras se sostienen o caen juntas.[1]

Algunos responderán enseguida que confiar en el testimonio de Cristo en cuanto a las Escrituras es emplear un argumento circular que podría expresarse así: '¿Cómo sé que las Escrituras son inspiradas? Porque Cristo lo dice. ¿Cómo sé que Cristo lo dice? Por las Escrituras, que son inspiradas.' Esto, señalan nuestros críticos, es dar por sentado lo que se quiere probar. Pero se equivocan en cuanto a nuestro argumento. Al acercarnos a la Biblia por primera vez, no lo hacemos con alguna suposición en cuanto a su inspiración divina. La aceptamos meramente como una colección de documentos históricos que contienen en particular el testimonio de los cristianos del siglo I sobre Cristo. Al leer su testimonio, llegamos a creer en Cristo, sin formular todavía ninguna doctrina particular acerca de las Escrituras. Pero entonces el Cristo en quien hemos llegado a creer nos vuelve a las Escrituras. Nos da una nueva comprensión de las mismas, debido a que él apoya su autoridad para nosotros.

¿Pero cómo apoya Cristo las Escrituras? Las Escrituras consisten, desde luego, en dos mitades separadas, el Antiguo y el Nuevo Testamento. Y la forma en que Jesucristo pone su sello sobre cada uno es diferente.

El concepto de Cristo sobre el Antiguo Testamento

Tomemos primero el Antiguo Testamento. No cabe duda, como lo aceptará cualquier lector cuidadoso de los Evangelios, de que Jesús dio reverente asentimiento a la autoridad de la Escritura del Antiguo Testamento, pues él mismo se sometió a su autoridad. Daré tres ejemplos para demostrarlo.

Primero, Jesús se sometió al Antiguo Testamento en su conducta personal. Rechazó cada una de las tentaciones del diablo mediante una cita bíblica adecuada. A veces se dice que le citó las Escrituras 'al diablo'. Pero no es así. Sería más exacto decir que se citó las Escrituras a sí mismo en presencia del diablo. Porque cuando el diablo le ofreció los reinos del mundo si le adoraba de rodillas, Jesús respondió:

> Vete, Satanás, porque escrito está: Al Señor tu Dios
> adorarás, y a él sólo servirás. Mateo 4.10

Jesús no estaba aplicando este texto a Satanás, sino a sí mismo. Sabía por las Escrituras que había que adorar sólo a Dios. Por lo tanto él debía obedecer. Como hombre, debía adorar a Dios, no a Satanás. La simple palabra *gegraptai* ('está escrito') era suficiente para él. No había necesidad de discutir, argüir o negociar. El asunto estaba resuelto por las Escrituras. Esta voluntaria sumisión del Hijo de Dios a la autoridad de la Palabra de Dios es sumamente reveladora.

Segundo, Jesús se sometió al Antiguo Testamento en el cumplimiento de su misión. Parece haber llegado a la comprensión de su papel mesiánico por medio del estudio de la Escritura del Antiguo Testamento. Se sabía a la vez el Siervo sufriente de Isaías y el Hijo del hombre de Daniel. De modo que aceptó entrar en su gloria sólo por el camino del sufrimiento y la muerte. Esto explica el sentido de necesidad, de compulsión que lo dominaba.

> Le era necesario al Hijo del Hombre padecer mucho,
> y ser desechado ... y ser muerto, y resucitar después de
> tres días. Marcos 8.31

¿Por qué le era necesario? Porque así lo decían las Escrituras. Voluntaria y deliberadamente se colocaba bajo la autoridad de lo que estaba escrito, decidido a cumplirlo en su misión y en su conducta. Así, cuando Pedro trató de evitar su arresto en el Getsemaní, le dijo que envainara su espada. Él no necesitaba defensa humana. ¿No podía pedir a su Padre legiones de ángeles que lo defendieran? ¿Por qué, pues, no lo hizo? Esta es la razón que dio:

> ¿Pero cómo entonces se cumplirían las Escrituras,
> de que es necesario que así se haga? Mateo 26.54

Tenía el mismo sentir luego de la resurrección, y lo confirmó a los dos discípulos de Emaús y al grupo mayor de seguidores:

> ¿No era necesario que el Cristo padeciera estas cosas,
> y que entrara en su gloria? ... Estas son las palabras que
> os hablé, estando aún con vosotros: que era necesario
> que se cumpliese todo lo que está escrito de mí en la ley
> de Moisés, en los profetas y en los salmos.
> Lucas 24.26, 44

En tercer lugar, en sus controversias Jesús también se sometió al Antiguo Testamento. Continuamente se encontraba envuelto en debates con los dirigentes religiosos de su día, y en cuanto había una diferencia de opinión entre ellos, apelaba a las Escrituras como único tribunal. '¿Qué está escrito en la ley?' preguntaba. '¿Cómo lees?' (Lucas 10.26) O bien: '¿Ni aun esta escritura habéis leído...?' (Marcos 12.10) Una de sus principales críticas a sus contemporáneos tenía que ver con su falta de respeto a las Escrituras. Los fariseos le añadían y los saduceos le quitaban. Así, pues, decía a los fariseos:

> Bien invalidáis el mandamiento de Dios para guardar vuestra tradición … invalidando la palabra de Dios con vuestra tradición que habéis transmitido. Marcos 7.9, 13

Y a los saduceos:

> ¿No erráis por esto, porque ignoráis las Escrituras, y el poder de Dios? Marcos 12.24

De modo que no es materia de discusión que Jesucristo se sometía personalmente a las Escrituras. En sus propias normas éticas, en el entendimiento de su misión, y en los debates con los dirigentes judíos, lo que las Escrituras decían era decisivo para él. 'La Escritura no puede ser quebrantada', afirmaba (Juan 10.35). Y también:

> Porque de cierto os digo que hasta que pasen el cielo y la tierra, ni una jota ni una tilde pasará de la ley, hasta que todo se haya cumplido. Mateo 5.18

No tenemos pruebas de ningún momento en que Cristo contradijera el origen divino de las Escrituras del Antiguo Testamento. Algunos han supuesto que lo hizo al presentar las seis antítesis del Sermón del Monte, cuando dijo: 'Oísteis que fue dicho … mas yo os digo …' Sin embargo, no es con Moisés la disidencia, sino con las perversiones de la ley hechas por los escribas; no es con la Escritura (que es Palabra de Dios) sino con la tradición (que es del hombre). Toda la evidencia disponible confirma que Jesús asintió en su mente y se sometió en su vida a la autoridad de las Escrituras del Antiguo Testamento. ¿Por qué sus seguidores habríamos de hacer menos que él?

El respaldo de Cristo al Nuevo Testamento

Cristo respaldó el Nuevo Testamento, desde luego, en forma diferente a como lo hizo con el Antiguo, porque ninguno de los libros del Nuevo Testamento había sido escrito todavía. Si la redacción del Nuevo Testamento, pues, pertenecía enteramente al futuro, ¿cómo podía él respaldarlo?

La respuesta a esta pregunta se encuentra en su designación de los apóstoles. Jesús parece haber previsto la necesidad de las Escrituras del Nuevo Testamento correspondientes a las Escrituras del Antiguo. En el Antiguo Testamento Dios estaba activo en la redención y el juicio de Israel, y él mismo levantaba profetas que dieran un registro e interpretación fidedignos de lo que estaba haciendo. Ahora Dios estaba activo, por medio de Cristo, para redimir y juzgar al mundo. ¿Habrían de perder las generaciones futuras esa revelación suprema y final de Dios en Cristo? No, debía haber escribas e intérpretes autorizados también para esta revelación. De modo que Jesús tomó recaudos para ello. Cuidadosamente (después de toda una noche en oración) escogió y designó, y luego procedió a preparar y autorizar a los doce apóstoles para que fueran sus testigos, tal como Dios había escogido a los profetas en los días del Antiguo Testamento:

> En aquellos días él fue al monte a orar, y pasó la noche orando a Dios. Y cuando era de día, llamó a sus discípulos, y escogió a doce de ellos, a los cuales también llamó apóstoles.
>
> Lucas 6.12–13

Todos los seguidores de Jesús eran 'discípulos'; sólo los Doce fueron llamados 'apóstoles'. Un estudio del uso del título en el Nuevo Testamento muestra que, aunque había 'apóstoles de las iglesias' equivalentes en términos generales a los modernos misioneros (por ejemplo, 2 Corintios 8.23; Hechos 13.1–3; 14.14; Filipenses 2.25), los 'apóstoles de Cristo' eran un pequeño círculo restringido consistente en los Doce, Matías (que reemplazó a Judas), Pablo, Santiago el hermano del Señor, y tal vez uno o dos más. Aunque toda la iglesia es apostólica en el sentido de que Cristo la envía al mundo en misión, y aunque todo cristiano debiera estar involucrado en esa misión, 'apóstol' no es un término aplicado en general a todos los cristianos en el Nuevo Testamento. Ni siquiera los leales y fieles colegas de Pablo, como Timoteo, eran apóstoles. Pablo traza deliberadamente una distinción entre él y ellos. Comienza, por ejemplo, su Epístola a los Colosenses: 'Pablo, apóstol de Jesucristo por la voluntad de Dios, y el hermano de Timoteo.' Timoteo era un hermano. En realidad, todos los cristianos son hermanos. Pero no era un apóstol de Cristo como Pablo.

Las investigaciones modernas sugieren que la palabra griega *apostolos* es el equivalente de la aramea *shaliach*, y que *shaliach* en el judaísmo rabínico era una persona con un papel claramente definido. Era un emisario del sanedrín, enviado a los judíos de la dispersión para enseñar en nombre del concilio. De él se decía: 'El enviado de una persona es ella misma.' En otras palabras, era un plenipotenciario, que hablaba con la autoridad de la persona o cuerpo que lo había comisionado. Así Saulo de Tarso fue a las sinagogas de Damasco armado 'con poderes y en comisión de los principales sacerdotes' (Hechos 26.12; 9.1–2; 22.5).

Es en este contexto que Jesús escogió a doce hombres y deliberadamente les dio este título. Los apóstoles serían sus representantes personales, dotados de su autoridad para hablar en su nombre. Cuando los envió les dijo: 'El que a vosotros recibe, a mí me recibe' (Mateo 10.40; Juan 13.20).

Los apóstoles de Jesús tuvieron una cuádruple condición: primero, tenían un llamamiento y autorización personales de Cristo. Esto es evidente en el caso de los Doce, y Pablo reclama algo semejante. Alegaba y defendía vehementemente su autoridad apostólica, insistiendo en que había recibido su comisión para ser apóstol 'no de hombre ni por hombre, sino por Jesucristo y por Dios el Padre' (Gálatas 1.1). Es revelador, además, que en uno de los relatos de la conversión de Pablo que da Lucas en Hechos, se nos dan las palabras mismas que Jesús empleó para comisionarlo, a saber, *ego apostello se*, 'yo te envío' o 'te hago un apóstol' (Hechos 26.17; 22.21).

Segundo, tenían una experiencia personal de Cristo. Los Doce fueron nombrados, dice Marcos, 'para que estuviesen con él, y para enviarlos a predicar' (Marcos 3.14). El verbo 'enviarlos' es otra vez *apostellein*, y su calificación esencial para la obra del apostolado era estar 'con él'. De la misma manera, poco antes de su muerte, Jesús les dijo:

> Y vosotros daréis testimonio también,
> porque habéis estado conmigo desde el principio.
>
> Juan 15.27

De este modo les dio oportunidades inigualables para escuchar sus palabras y ver sus obras, de modo que pudieran luego dar testimonio de lo que habían visto y oído (1 Juan 1.1–3). Era especialmente importante para ellos que fueran testigos de su resurrección. Por eso eligieron a Matías 'para que tome la parte de este ministerio y apostolado, de que cayó Judas por transgresión' (Hechos 1.25).

Es cierto, desde luego, que Pablo no era uno de los Doce originales, que no había sido un testigo presencial de Cristo como ellos, y que probablemente nunca vio a Jesús en la carne. Algunos han supuesto que los tres años que pasó en Arabia, durante los cuales dice que recibió su evangelio 'por revelación de Jesucristo' (Gálatas 1.11–12, 17–18), estuvieron deliberadamente destinados a compensarle los tres años del ministerio público de Cristo que había perdido. Sea como fuere, él cumplió su segunda condición apostólica siendo testigo de la resurrección: '¿No soy apóstol?', exclama. '¿No he visto a Jesús el Señor nuestro?' (1 Corintios 9.1). Se refiere, desde luego, a su encuentro con Cristo en el camino de Damasco. Aunque tuvo lugar después de la Ascensión, él sostiene que se trata de una aparición real, objetiva, del Resucitado, y agrega que fue la última. Al final de su catálogo de las apariciones de la resurrección escribe:

> Y al último de todos, como a un abortivo, me apareció
> a mí. Porque yo soy el más pequeño de los apóstoles.
>
> 1 Corintios 15.8–9

En tercer lugar, tenían una inspiración extraordinaria del Espíritu Santo. En el capítulo anterior vimos que la morada e iluminación del Espíritu Santo es privilegio de todos los hijos de Dios. No es un privilegio que estuviera restringido a los apóstoles. No obstante, el ministerio del Espíritu que Cristo les prometió era algo completamente único, como expresan claramente estas palabras:

> Os he dicho estas cosas estando con vosotros. Mas el
> Consolador, el Espíritu Santo, a quien el Padre enviará en
> mi nombre, él os enseñará todas las cosas, y os recordará
> todo lo que yo os he dicho … Aún tengo muchas cosas
> que deciros, pero ahora no las podéis sobrellevar. Pero
> cuando venga el Espíritu de verdad, él os guiará a toda
> la verdad.   Juan 14.25–26; 16.12–13

Estas maravillosas promesas han sido a veces aplicadas a todos los cristianos. Indudablemente, en forma secundaria se refieren a todos nosotros. Sin embargo, su relación primaria es evidentemente a los apóstoles que estaban reunidos alrededor de Cristo en el Aposento Alto, de quienes él podía decir: 'Os he dicho estas cosas estando con vosotros' y 'aún tengo muchas cosas que deciros, pero ahora no las podéis sobrellevar'.

Les prometía dos cosas. Primero: que el Espíritu Santo les recordaría la enseñanza que él les había dado, y segundo: que la completaría, guiándolos a toda la verdad que por el momento no podían sobrellevar. El mayor cumplimiento de estas promesas se dio en la escritura de los Evangelios y las epístolas del Nuevo Testamento.

En cuarto lugar, tenían poder para hacer milagros. El libro de Hechos es llamado con razón 'Hechos de los Apóstoles' (ver Hechos 1.1–2; 2.43; 5.12), y Pablo designa las 'señales, prodigios y milagros' que había realizado como 'las señales de apóstol' (2 Corintios 12.12). Además, el propósito del poder milagroso dado a los apóstoles era acreditar su comisión y mensaje apostólicos:

> ¿Cómo escaparemos nosotros, si descuidamos una salvación tan grande? La cual, habiendo sido anunciada primeramente por el Señor, nos fue confirmada por los que oyeron, testificando Dios juntamente con ellos, con señales y prodigios y diversos milagros y repartimientos del Espíritu Santo según su voluntad.   Hebreos 2.3–4

Estas cuatro condiciones son las que dan a los apóstoles el carácter de únicos.

Confirmación de la autoridad de los apóstoles

Esta singularidad de los apóstoles se confirma de dos maneras. Primero, ellos mismos la conocían, y en consecuencia exhiben en el Nuevo Testamento su autoridad apostólica consciente (como hemos visto). Esto se aprecia superlativamente en Pablo y en Juan. Pablo no sólo defiende su autoridad como apóstol; la revalida. Escuchemos las instrucciones dogmáticas que da a la iglesia de Tesalónica:

> Y tenemos confianza respecto a vosotros en el Señor, en que hacéis y haréis lo que os hemos mandado ... Pero os ordenamos, hermanos, en el nombre de nuestro Señor Jesucristo ... Porque también cuando estábamos con vosotros, os ordenábamos esto ... A los tales mandamos

> y exhortamos por nuestro Señor Jesucristo ... Si alguno no
> obedece a lo que decimos por medio de esta carta, a ese
> señaladlo ...   2 Tesalonicenses 3.4, 6, 10, 12, 14

¿Qué significa este plural, nosotros? Es el plural de autoridad apostólica. ¿Y quién es el que presume emitir estos mandatos autoritarios y exigir obediencia? Es un apóstol de Cristo, que habla en su nombre y que sostiene que Cristo está hablando por su intermedio (2 Corintios 13.3). Como resultado, cuando Pablo visitó Galacia por primera vez, aunque estaba desfigurado por la enfermedad, los gálatas no se burlaron de él ni lo menospreciaron, sino que lo recibieron en realidad 'como a un ángel de Dios, como a Cristo Jesús' (Gálatas 14.14). Pablo no les reprocha el haberle mostrado una exagerada deferencia. Por el contrario, tenían razón al recibirlo de esa manera, porque era un apóstol, un embajador, un representante autorizado de Jesucristo.

Juan también usaba el plural de autoridad apostólica (por ejemplo, 3 Juan 9) y recordaba constantemente a sus lectores la enseñanza original que les había dado. En vista de la preponderancia de falsos maestros llega aun a escribir:

> Nosotros somos de Dios; el que conoce a Dios, nos oye;
> el que no es de Dios, no nos oye. En esto conocemos el
> espíritu de verdad y el espíritu de error.   1 Juan 4.6

En otras palabras, el coincidir con sus enseñanzas era una prueba segura por la cual los lectores de Juan podían discernir entre la verdad y el error. Los falsos maestros mostrarían su falsedad al no escuchar a Juan, mientras los verdaderos cristianos certificarían su condición de tales por su sumisión a su autoridad apostólica.

La segunda forma en que se prueba la autoridad única de los apóstoles es que la iglesia primitiva la reconoció. Por ejemplo, en el período posapostólico, alrededor del año 110, apenas después de la muerte de Juan, el último de los apóstoles, el obispo Ignacio de Antioquía envió cartas a varias iglesias de Asia Menor y Europa. Al escribir a los romanos (capítulo 4 de su carta), dice:

> Yo no os doy mandamientos, como Pedro y Pablo.
> Ellos eran apóstoles; yo soy sólo un hombre condenado.

Él era obispo, pero reconocía que aun la autoridad de un obispo no era comparable a la de un apóstol.

Cuando en el siglo IV la iglesia llegó finalmente a determinar qué libros debían incluirse en el canon del Nuevo Testamento y cuáles no, la prueba que se aplicó fue si un libro procedía de los apóstoles. ¿Había sido escrito por un apóstol? Si no, ¿emanaba del círculo de los apóstoles y llevaba el respaldo de su autoridad? Es importante agregar esto, porque no todos los libros del Nuevo Testamento fueron escritos por un apóstol. Pero al parecer se reconocía que si un documento no apostólico tenía una suerte de 'imprimatur' apostólico, debía aceptarse como tal. Por ejemplo, Lucas era conocido como un compañero fiel de Pablo, y los Padres de la iglesia primitiva Papías e Ireneo describieron a Marcos como 'el intérprete de Pedro' que registró fielmente las memorias de este sobre Cristo y la sustancia de su predicación.[2] Así, pues, no es que la iglesia confiriese en modo alguno autoridad a los libros canónicos; simplemente reconoció la autoridad que ya poseían.

La autoridad de Cristo

Es tiempo ahora de resumir el argumento desarrollado. Cristo confirmó la autoridad del Antiguo Testamento. También proveyó la aparición del Nuevo Testamento autorizando a los apóstoles a enseñar en su nombre. Por lo tanto, si acatamos la autoridad de Cristo, debemos acatar la de las Escrituras. Es por Jesucristo que los cristianos aceptamos tanto el Antiguo como el Nuevo Testamento.

¿Cuáles son las alternativas de esta conclusión? Hay sólo dos.

La primera es decir que Cristo estaba equivocado en su concepción de las Escrituras. En este caso la argumentación sería más o menos así: 'La encarnación aprisionó a Jesús en la mentalidad limitada de un judío del siglo I. Naturalmente, aceptaba la autoridad de las Escrituras porque eso es lo que creían los judíos de sus días. Pero no es esta la razón por la cual debemos creer nosotros. Esos conceptos y los de Jesús están perimidos.' Esta es la llamada teoría de la *kenosis* derivada de la palabra griega que declara que él 'se despojó a sí mismo' (Filipenses 2.7) al hacerse hombre. Y aunque como hombre parece haber ignorado ciertas cuestiones (dijo que no sabía el día de su retorno, Marcos 13.32), el hecho notable es que no desconocía su ignorancia. Reconocía los límites de su conocimiento.

Consecuentemente, nunca traspuso esos límites en su instrucción. Por el contrario, insistió en que enseñaba solamente lo que el Padre le daba que enseñara (por ejemplo, Juan 7.14–17; 12.49; 17.8). Por lo tanto, sostenemos su infalibilidad, la veracidad de toda su enseñanza, inclusive su respaldo a la autoridad de la Escritura.

La segunda alternativa propuesta puede expresarse de esta manera: 'Jesús sabía perfectamente que no toda la Escritura era palabra de Dios y digna de confianza. Sin embargo, como todos sus contemporáneos lo creían, él se acomodaba a ello. No es necesario que nosotros hagamos lo mismo.' Esta suposición es totalmente intolerable. Es ofensiva para Cristo e incompatible con su afirmación de ser la verdad y enseñar la verdad. Además, nunca vaciló en disentir con sus contemporáneos sobre otros asuntos: ¿Por qué, pues, no lo habría hecho en este? Por otra parte, esta conjetura atribuye a Jesús precisamente lo que él más detestaba: la hipocresía o simulación religiosa.

Rechazamos, pues, tanto la teoría de la '*kenosis*' como la de la 'acomodación'. En cambio, debemos insistir en que Jesús sabía de qué estaba hablando, y que debía decir lo que decía. Enseñaba con sencillez, deliberadamente y con absoluta sinceridad. Declaraba el origen divino de toda Escritura por la sencilla razón de que así lo creía. Y lo que él creía y enseñaba es cierto.

Algunas conclusiones

En conclusión, permítaseme subrayar que el sometimiento a la autoridad de las Escrituras es legítimo y razonable.

Primero, aceptar la autoridad de la Biblia es una actitud cristiana. No es ni una excentricidad religiosa, ni un caso de oscurantismo reprobable, sino el buen sentido de la fe y la humildad cristianas. Es algo esencialmente 'cristiano' porque es lo que Cristo mismo requiere de nosotros. El concepto tradicional de la Escritura (que es la palabra escrita de Dios) es el concepto cristiano precisamente porque es el concepto que Cristo tenía de ella.

Segundo, ¿qué haremos con los problemas? Aceptar el origen divino de la Biblia no es pretender que no haya problemas. Para ser sinceros debemos reconocer que existen muchos problemas —literarios, históricos, teológicos y morales. ¿Qué haremos, pues, con ellos? ¿Es compatible con la integridad intelectual aceptar la autoridad única de la Biblia cuando la rodean tantos problemas residuales? Lo es, sin duda alguna.

Necesitamos aprender a tratar los problemas que rodean a la Biblia exactamente como lo hacemos con los que rodean a cualquier otra doctrina cristiana. Toda doctrina cristiana tiene sus problemas. No hay una que esté totalmente libre de ellos. Tómese como ejemplo la doctrina del amor de Dios. Todos los cristianos de todos los matices creen en ella —católicos romanos, ortodoxos, anglicanos, reformados, luteranos, bautistas, hermanos, etc. Es una doctrina fundamentalmente cristiana. No creer en ella es descalificarse como cristiano. Pero los problemas que la rodean son múltiples. ¿Qué hacemos, pues, cuando alguien nos presenta un problema referente al amor de Dios, por ejemplo en cuanto al mal o al sufrimiento inmerecido? En primer lugar, enfrentaremos el problema y quizás se nos conceda alguna luz nueva sobre él. Pero seguramente no lo resolvamos del todo. ¿Entonces qué? ¿Debemos abandonar nuestra creencia en el amor de Dios hasta que hayamos resuelto todos los problemas? No. Debemos mantener nuestra creencia en él a pesar de todos los problemas, por una razón y solamente una, a saber, que Jesucristo lo enseñó y lo demostró. Por eso creemos que Dios es amor. Y los problemas no debilitan nuestra creencia.

Ocurre lo mismo con las Escrituras. Alguien nos trae un problema, tal vez una aparente discrepancia o una cuestión de crítica literaria. ¿Qué haremos? Para comenzar, enfrentar el problema y quizá hallar alguna nueva luz sobre él. Pero puede que no lo resolvamos completamente. ¿Entonces qué? ¿Debemos abandonar nuestra creencia en la Palabra de Dios hasta haber resuelto los problemas? No. Mantendremos nuestra creencia en el amor de Dios, a pesar de los problemas, en último término por una y única razón, a saber, que Jesucristo lo enseñó y lo manifestó. No es oscurantismo aferrarnos a una creencia ni a la otra. Seguir a Cristo es siempre realismo cristiano sobrio y humilde.

El tercero y último punto en la cuestión de la autoridad tiene que ver con el señorío de Cristo. 'Me llamáis Maestro, y Señor', dijo él, 'y decís bien, porque lo soy' (Juan 13.13). Si Jesucristo es verdaderamente nuestro Maestro y Señor, estamos bajo su instrucción y su autoridad. Debemos, pues, someter nuestra mente y nuestra voluntad a él como nuestro Señor. No tenemos libertad para disentir con él o desobedecerle. Así, pues, acatamos la autoridad de las Escrituras porque acatamos la autoridad de Cristo.

Guía de estudio

1 ¿Cómo se puede definir la singularidad de la Biblia en términos de 'revelación', 'inspiración' y 'autoridad'?

2 ¿Cómo anticipa Stott las objeciones y posibles críticas sobre:
a) el proceso de inspiración,
b) el literalismo (la idea de que cada palabra en la Biblia es literalmente cierta),
c) la naturaleza del texto inspirado de la Biblia?

3 ¿En qué se basan las iglesias cristianas que han defendido firmemente el origen divino de las Escrituras?

4 'Toda la evidencia disponible confirma que Jesús asintió en su mente y se sometió en su vida a la autoridad de las Escrituras del Antiguo Testamento' (página 175). ¿Qué evidencia presenta Stott para mantener esta conclusión?

5 ¿En qué sentido puede describirse como único el ministerio de los apóstoles?

6 ¿Cómo fue confirmada la singularidad del ministerio apostólico?

7 ¿Qué argumentos se han expuesto como alternativas a la posición cristiana sobre la autoridad?

8 ¿Cómo explicaría usted a un amigo por qué es justo y razonable someterse a la autoridad de las Escrituras?

Notas

1 Para un tratamiento más completo de este tema ver el capítulo 2 de *Guidelines*, del autor (Falcón, 1967), titulado 'Jesucristo nuestro Maestro y Señor: Hacia la solución del problema de la autoridad.'

2 Ver, de Eusebio: *Historia eclesiástica* III, XXXIX, 15; y de Ireneo: *Adversus aereses*, III. 1. i.

7

La interpretación de la Biblia

UNA VEZ OÍ DECIR A ALAN COLE, DE SYDNEY, QUE POR MÁS sorprendente que parezca, 'a veces Dios bendice una pobre exégesis de una mala traducción de una lectura dudosa de un oscuro versículo de un profeta menor'.

Esto es verdad. Suele hacerlo. Pero eso no es excusa para el descuido en la interpretación bíblica. Por el contrario, si la Biblia es la Palabra escrita de Dios, no debiéramos ahorrar esfuerzos ni trabajo para descubrir lo que él ha dicho (y dice) en las Escrituras.

¿Cómo logrará, pues, el estudiante de la Biblia captar su mensaje con exactitud? ¿Dónde puede hallar ayuda? Tal vez debamos comenzar nuestra respuesta alertando al lector contra toda pretensión de infalibilidad. La Palabra de Dios es infalible, porque lo que él ha dicho es cierto. Pero ningún cristiano individualmente, ningún grupo o iglesia ha sido jamás o será alguna vez intérprete infalible de la Palabra de Dios. Las interpretaciones humanas pertenecen a la esfera de la tradición, y siempre debe recurrirse a la misma Escritura que aquella pretende interpretar.

No obstante, Dios ha previsto la manera para que crezcamos en nuestro entendimiento de la verdad y estemos protegidos contra las formas de interpretación errónea. Nos ha dado tres maestros como instructores, y tres principios como guías.

La iluminación del Espíritu Santo

Nuestro principal maestro es el Espíritu Santo. 'Hermenéutica' es el nombre técnico que se da a la ciencia de interpretar la Escritura, y es obvio que una verdadera hermenéutica debe ser compatible con la naturaleza de la Biblia misma. Si los autores bíblicos, pues, hablaron por Dios, no por un impulso propio sino como el Espíritu Santo les impulsaba a hacerlo (2 Pedro 1.21), es el Espíritu Santo quien puede interpretar lo que les hizo hablar. El mejor intérprete de cada libro es su autor, puesto que sólo él sabe lo que quiso decir. Así, pues, el Libro de Dios sólo puede ser interpretado por el Espíritu de Dios.

La obra del Espíritu Santo en la comunicación de la verdad de Dios al hombre tiene dos etapas. La etapa primera y objetiva es la 'revelación' de la verdad en las Escrituras. La segunda, subjetiva, puede llamarse 'iluminación', la iluminación de nuestras mentes para captar la verdad revelada en las Escrituras. Cada proceso es indispensable. Sin revelación no tenemos verdad que percibir; sin iluminación no tenemos la facultad para descubrirla.

Tenemos un ejemplo de esto en los días de Isaías cuando Dios dejó de hablar a su pueblo rebelde, a modo de juicio y represión. Su verdad se torna como un libro sellado, y su pueblo como niños analfabetos. Había entonces dos barreras para la recepción de su palabra:

> Y os será toda visión como palabras de libro sellado, el
> cual si dieren al que sabe leer, y le dijeren: 'Lee ahora
> esto;' él dirá: 'No puedo, porque está sellado.' Y si se diere
> el libro al que no sabe leer, diciéndole: 'Lee ahora esto;'
> él dirá: 'No sé leer.'   Isaías 29.11–12

Comprendida la necesidad de la iluminación del Espíritu Santo antes de poder entender la Palabra de Dios, estamos en condiciones de considerar a qué personas ilumina el Espíritu Santo.

Primero, el Espíritu Santo ilumina a los regenerados. Es fundamental una experiencia de nuevo nacimiento antes que nos sea posible captar la verdad celestial. 'El que no naciere de nuevo', dijo Jesús, 'no puede ver el reino de Dios' (Juan 3.3). El apóstol Pablo se suma a esta declaración:

> El hombre natural no percibe las cosas que son del
> Espíritu de Dios, porque para él son locura, y no las puede
> entender, porque se han de discernir espiritualmente.
>   1 Corintios 2.14

Muchos han dado testimonio de esto por propia experiencia. Por ejemplo, William Grimshaw, uno de los líderes evangélicos ingleses del siglo XVIII, después de su conversión le dijo a un amigo que 'si Dios se hubiera llevado su Biblia al cielo, y hubiera enviado otra, no habría sido más nueva para él.'[1]

Yo mismo puedo testificar de algo muy similar. Mi madre me crió haciéndome leer un pasaje de la Biblia cada día. Por ella, y por hábito, continué esa práctica hasta fines de mi adolescencia. Pero era en gran parte una rutina sin sentido, porque no entendía lo que leía. Después de mi conversión, sin embargo, la Biblia inmediatamente se convirtió en un libro viviente para mí. Desde luego, no quiero decir que inmediatamente entendí todo. Ni que ya no encontré en ella partes oscuras y difíciles. Pero adquirió para mí una nueva importancia, a medida que el Espíritu Santo iluminaba y aplicaba el mensaje a mi vida.

Segundo, el Espíritu Santo ilumina a los humildes. No hay mayor obstáculo para la comprensión que el orgullo, ni condición más importante que la humildad. Jesús no dejó lugar a dudas:

> Te alabo, Padre, Señor del cielo y de la tierra, porque
> escondiste estas cosas de los sabios y de los entendidos, y
> las revelaste a los niños. Sí, Padre, porque así te agradó.
>
> Mateo 11.25–26.

Los 'sabios y entendidos' de quienes Dios se oculta son los intelectualmente soberbios, y los 'niños', los humildes y sinceros. Lo que Jesús alababa no era la ignorancia o aun la simplicidad de un niño, sino su acercamiento franco, receptivo y sin prejuicios. A los tales se revela Dios. Charles Simeon escribió:

> Al comienzo de mis investigaciones me dije: soy un
> necio; de esto estoy seguro. Una cosa sé con seguridad:
> que en religión no sé nada. No me pondré pues a
> escudriñar la Escritura a fin de imponer un sentido a los
> escritores inspirados, sino para recibir el que ellos me
> den. No pretendo enseñarles; quiero que ellos me enseñen
> como a un niño.[2]

Hay una sola manera de expresar esa actitud de humilde expectación delante de Dios, y es por la oración. Necesitamos orar antes de leer las Escrituras y leerlas en espíritu de oración. Incluso muchos cristianos acostumbran utilizar algunas de las propias oraciones de la Biblia pidiendo iluminación. Por ejemplo, la petición del salmista:

> Abre mis ojos, y miraré las maravillas de tu ley.
>
> Salmo 119.18

O unas de las grandes oraciones de Pablo, en las que de alguna manera pide siempre un mayor conocimiento o comprensión. Por ejemplo:

> Que el Dios de nuestro Señor Jesucristo, el Padre de gloria, os dé espíritu de sabiduría y de revelación en el conocimiento de él, alumbrando los ojos de vuestro entendimiento, para que sepáis cuál es la esperanza a que él os ha llamado, y cuáles las riquezas de la gloria de su herencia en los santos, y cuál la supereminente grandeza de su poder para con nosotros los que creemos.
>
> Efesios 1.17–19[3]

Tal actitud de humillación ante Dios, reconociendo nuestra ignorancia y apelando a su iluminación, no quedará sin recompensa. No mucho después de su conversión en el Pembroke College de Oxford, George Whitefield escribió en su diario:

> Empecé a leer las Sagradas Escrituras sobre mis rodillas, dejando de lado todos los libros, y orando, si era posible, sobre cada línea y cada palabra. Esto resultó ser de veras comida y bebida para mi alma. Diariamente recibía nueva vida, luz y poder de lo alto.[4]

Tercero, el Espíritu Santo ilumina al obediente. Hay un gran énfasis sobre este punto. Siendo que el propósito de Dios mediante la Escritura es no sólo 'instruir' en términos generales, sino específicamente 'hacernos sabios para la salvación' (2 Timoteo 3.15), preocupa al Espíritu la respuesta que los lectores dan a su palabra. Y el grado de nuestra respuesta, de nuestra disposición para oír y obedecer serán determinantes en gran parte del grado de entendimiento que recibamos. Así, Jesús prometió que aquellos que quisieran hacer la voluntad de Dios conocerían si su enseñanza era verdadera, y que él se manifestaría personalmente a aquellos que quisieran hacer la voluntad de Dios. Conocerían si su enseñanza era verdadera, y que él se manifestaría personalmente a aquellos que por la obediencia demostraran su amor por él (Juan 7.17; 14.21). Por el contrario, aquellos que violan su conciencia por la desobediencia son los que naufragan en su fe (1 Timoteo 1.19). Quien no practique lo que ya sabe no puede avanzar en su conocimiento.

Cuarto, el Espíritu Santo ilumina a los que testifican. La comprensión que él nos da no está destinada solamente a nuestro goce privado; nos es dada para ser compartida con otros. La tenemos en depósito. No se enciende una lámpara en una habitación para colocarla debajo de una cama, dijo Jesús, sino en un estante. De la misma manera él quería que su enseñanza se diera a conocer, que no se escondiera. Los apóstoles debían prestar atención de lo que oían y cómo oían. Debían escuchar la enseñanza de su Maestro a fin de comunicarla a otros. De otro modo, no recibirían más:

> Con la medida con que medís, os será medido,
> y aun se os añadirá a vosotros los que oís.
>
> Marcos 4.24

El estudio disciplinado del cristiano

Si el Espíritu Santo es nuestro primer y supremo maestro, hay un sentido en que nosotros mismos, en nuestra dependencia del Espíritu, debemos ser autodidactas. Es decir, que en el proceso de la educación divina no somos totalmente pasivos, sino que se espera que usemos responsablemente nuestra propia razón. Porque en nuestra lectura de las Escrituras la iluminación divina no es un sustituto del esfuerzo humano. Ni la humildad en la búsqueda de la luz de Dios contradice la necesidad de aplicación disciplinada en el estudio.

Las mismas Escrituras ponen gran énfasis en el uso consciente que el cristiano debe hacer de la mente, desde luego no con la finalidad de someter a juicio la Palabra de Dios, sino más bien de someternos a ella, de aferrarnos, de entenderla y relacionarla con la escena contemporánea. En realidad, hay en las Escrituras frecuentes quejas de que el hombre olvida su racionalidad básica de ser humano hecho a la imagen de Dios y se conduce en cambio 'como el caballo, o como el mulo, sin entendimiento' (Salmo 32.9).

Así reprochó Jesús a sus apóstoles por su falta de entendimiento y por no emplear su sentido común (por ejemplo, Marcos 8.17–21). De la misma manera reprochó a las multitudes:

> ¿Por qué no juzgáis por vosotros mismos lo que es justo?
>
> Lucas 12.57

Este mandamiento de 'juzgar por vosotros mismos' es particularmente prominente en la primera Carta de Pablo a los Corintios. Había allí una iglesia que pretendía gran sabiduría, pero no la demostraba. Una y otra vez Pablo pregunta con cierta incredulidad, '¿No sabéis…?' (1 Corintios 3.16; 5.6; 6.2–3, 9, 15–16, 19), e introduce su instrucción apostólica con fórmulas como: 'No quiero, hermanos, que ignoréis…' (por ejemplo, 1 Corintios 10.1; 12.1). Claramente enseña que, mientras el hombre natural o no regenerado es incapaz de entender la verdad de Dios, el hombre espiritual o regenerado 'juzga todas las cosas'. Esto es lo que el hombre natural no puede discernir; en cambio, el hombre espiritual puede y lo hace, porque está poseído y gobernado por el Espíritu Santo y tiene así 'la mente de Cristo' (1 Corintios 2.14–16).

Esta convicción lleva a Pablo, en esta misma Carta a los Corintios, a apelar a la razón de sus lectores. Escribe:

> Como a sensatos os hablo; juzgad vosotros lo que digo.
>
> 1 Corintios 10.15 (11.13)

En otras cartas del Nuevo Testamento aparecen exhortaciones similares. Los cristianos deberán de 'probar los espíritus' (es decir, los maestros humanos que pretendían tener inspiración divina) y, en realidad, probar todo lo que oyen (1 Juan 4.1). Y aun, enfrentados a difíciles decisiones éticas, tendrán que razonar cuidadosamente el problema, de modo que 'cada uno esté plenamente convencido en su propia mente' (Romanos 14.5). Es una señal de madurez cristiana la de 'los que por el uso tienen los sentidos ejercitados en el discernimiento del bien y del mal' (Hebreos 5.14).

Debemos, pues, tomar en serio este mandato bíblico de utilizar nuestra capacidad racional y crítica. No debemos enfrentar la oración y el pensamiento como medios alternativos para acrecentar nuestro entendimiento de las Escrituras, sino combinarlos. Daniel en el Antiguo Testamento y Pablo en el Nuevo son buenos ejemplos de este equilibrio:

> Daniel, no temas; porque desde el primer día que
> dispusiste tu corazón a entender y a humillarte en
> la presencia de tu Dios, fueron oídas tus palabras.
>
> Daniel 10.12

Considera lo que digo, y el Señor te dé entendimiento
en todo.   2 Timoteo 2.7

No basta con humillarnos delante de Dios y acudir a él en busca de entendimiento; debemos también dedicar nuestra comprensión a la interpretación de las Escrituras y a meditar sobre lo que está escrito en ellas. Como dice Charles Simeon:

> Para alcanzar el conocimiento divino se nos indica combinar una dependencia del Espíritu de Dios con nuestras propias investigaciones. No separemos, pues, lo que Dios ha unido.[5]

A veces nuestro crecimiento en el entendimiento está inhibido por una soberbia y autosuficiente falta de oración, pero otras veces por mera holgazanería e indisciplina. Quien quiera progresar en el conocimiento de Dios debe humillarse ante el Espíritu de verdad y entregarse a una vida de estudio.

La enseñanza de la iglesia

Nuestro tercer maestro es la iglesia. Hasta ahora nuestra presentación de cómo enseña Dios a su pueblo por medio de su Palabra ha sido completamente individualista. Y esto es verdad. Porque el propósito de Dios es iluminar, salvar, corregir y alimentar a su pueblo con su Palabra según cada uno la oye o la lee por sí mismo. Los reformadores del siglo XVI estuvieron acertados al querer traducir la Biblia y ponerla en manos del pueblo en su propio idioma. Porque estaban asombrados por la ignorancia total de las Escrituras. De ahí el famoso desafío de William Tyndale a un clérigo que lo criticaba:

> Si Dios me da vida, no pasarán muchos años antes de que yo haga que el muchacho que va detrás del arado conozca más de las Escrituras de lo que usted conoce.[6]

Coincidimos también con la insistencia de los reformadores en lo que denominaban 'el derecho de juicio privado', el derecho propio de todo hijo de Dios de oír la voz de su Padre hablándole directamente por medio de las Escrituras. Sostenían esto contra la pretensión de la Iglesia de Roma de poseer un 'magisterium' único o derecho de enseñar, debido al cual sólo ella podía dar la verdadera interpretación de las Escrituras.

No obstante, al rechazar todo intento de interponer la iglesia o cualquier otro cuerpo docente autoritario entre Dios y su pueblo, no debemos negar que la iglesia tiene un lugar en el plan de Dios para dar a su pueblo una interpretación correcta de su Palabra. El estudio individual, humilde, en oración, diligente y obediente del cristiano no es la única forma en que el Espíritu Santo aclara lo que Dios ha revelado en las Escrituras. Sería una falta de humildad ignorar lo que Espíritu pudo haber enseñado a otros.

El Espíritu Santo es nuestro maestro, pero también nos enseña indirectamente por medio de otros tanto como lo hace en forma directa a nuestras mentes. No ha revelado a un solo hombre la multiplicidad de verdades encerradas en las Escrituras sino a un sinnúmero de profetas y apóstoles; su obra de iluminación alcanza también a muchos. No es solamente como individuos, sino 'con todos los santos' que seremos capacitados en 'cuál sea la anchura, la longitud, la profundidad y la altura, y de conocer el amor de Cristo, que excede a todo conocimiento' (Efesios 3.18–19).

El reconocimiento de esta verdad nos dará un respeto mayor del que habitualmente tenemos por la 'tradición', o sea, por la interpretación de la verdad bíblica que ha sido transmitida desde el pasado hasta el presente. Aunque la obra del Espíritu Santo en la interpretación de las Escrituras ha sido única, su ministerio docente no cesó con la muerte del último de los apóstoles. Cambió de revelación a iluminación. Gradual y progresivamente a través de los siglos de la historia de la iglesia, el Espíritu de verdad la capacitó para captar, clarificar y formular las grandes doctrinas de las Escrituras. Debemos mucho a los llamados credos católicos ('católicos' porque eran aceptados por toda la iglesia) y las confesiones de la Reforma, junto con los comentarios bíblicos y tratados teológicos de eruditos.

Si no debemos menospreciar la herencia del pasado, tampoco debemos menospreciar a los maestros de la iglesia contemporánea. El ministerio pastoral es un ministerio docente, y 'pastores y maestros' son dones que el Cristo ascendido todavía confiere a su iglesia (Efesios 4.11–12). Debemos también estar dispuestos a escucharnos y aprender unos de otros. El Espíritu Santo puede iluminar nuestras mentes tanto en el estudio en grupos como individualmente. El apóstol Pablo percibía claramente esta clase de instrucción mutua en la iglesia local al escribir:

> La palabra de Cristo more en abundancia en vosotros, enseñándoos y exhortándoos unos a otros en toda sabiduría.
>
> Colosenses 3.16

Lucas da un ejemplo notable del papel del maestro en Hechos 8.26–39. Un ministro de estado etíope, que volvía de Jerusalén a su patria en un carruaje, iba leyendo la profecía de Isaías. Felipe el evangelista le preguntó: '¿Entiendes lo que lees?' A lo cual el etíope contestó: '¿Y cómo podré, si alguno no me enseñare?' De modo que Felipe, subiendo al carro, se sentó a su lado y le explicó las Escrituras. Calvino comenta:

> Es también por esto que la lectura de las Escrituras hoy en día da fruto en tan pocas personas, porque apenas se puede encontrar una entre cien que se someta alegremente a la enseñanza … Ahora bien, si alguno de nosotros no tiene confianza en sí mismo, pero muestra que es dócil, descenderán ángeles del cielo para enseñarnos, antes de que el Señor permita que trabajemos en vano. Sin embargo, siguiendo el ejemplo del eunuco etíope, debemos hacer uso de todas las ayudas que el Señor pone delante de nosotros para la comprensión de las Escrituras. Los fanáticos buscan inspiración del cielo, y al mismo tiempo desprecian al ministro de Dios, por cuya mano debieran haber sido dirigidos. Otros, confiando en su propia penetrante percepción, no se dignan escuchar a nadie ni leer ningún comentario. Pero Dios no quiere que se menosprecien las ayudas que nos facilita y no deja sin castigo el orgullo. Y nosotros debemos tener presente aquí que no sólo nos es dada la Escritura, sino que también se agregan intérpretes y maestros para ayudarnos. Por eso es que el Señor escogió para el eunuco a Felipe más bien que a un ángel.[7]

Desde luego, ningún maestro humano es infalible, sea del pasado o del presente, y Cristo nos prohíbe seguir servilmente a cualquier maestro humano (Mateo 23.8–10). Finalmente, Dios mismo es nuestro Maestro, y, de una manera ideal, puede decirse que todos somos 'enseñados por Dios' (Isaías 54.13; Juan 6.45; 1 Tesalonicenses 1.9). En realidad, y debido precisamente a la palabra apostólica y a la unción del Espíritu que nos es dada a todos, 'no tenemos necesidad de que nadie nos enseñe' (1 Juan 2.27). Nadie puede arrebatarnos el derecho de juicio privado. A veces, por lealtad al significado claro de la Escritura, necesitamos disentir con los maestros de la iglesia y decir (confío que humildemente):

> Más que todos mis enseñadores he entendido,
> Porque tus testimonios son mi meditación.
>
> Salmo 119.99

No obstante, debo repetir que Dios ha designado maestros en su iglesia. Es nuestro deber cristiano escucharlos con respeto, humildad y ansiedad, y alimentarnos con la Palabra de Dios de sus labios cuando la exponen, mientras que nosotros mismos escudriñamos diariamente las Escrituras 'para ver si estas cosas eran así' (Hechos 17.11).

Los tres maestros, pues, que he mencionado, son el Espíritu Santo, nosotros mismos y la iglesia. Recibiendo la iluminación del Espíritu Santo, usando nuestra propia razón y escuchando la enseñanza de otros de la iglesia es como crecemos en nuestro entendimiento de las Escrituras. Insisto enfáticamente en que las Escrituras, la razón y la tradición no son una triple autoridad de igual importancia por la cual llegamos a conocer la verdad de Dios. No. Sólo la Escritura es la Palabra escrita de Dios, y el Espíritu Santo es su intérprete final. El lugar de la razón individual y de la tradición de la iglesia reside en la explicación y aplicación de la Escritura. Ambas están subordinadas a Dios mismo en lo que él dice a través de su Palabra.

Pasemos ahora a los tres principios que deben guiarnos en nuestra interpretación de las Escrituras.

Nuestros críticos, especialmente los que saben cuán elevado es nuestro concepto de la Escritura, dicen a menudo 'ustedes pueden hacerle decir a la Biblia lo que quieran'. Probablemente piensen en los cultos no cristianos y seudocristianos que apoyan sus particulares opiniones en una selección e interpretación arbitraria de textos de prueba. Pero el propio Nuevo Testamento condena a aquellos que 'adulteran' y 'tuercen' la Palabra de Dios para sus propios fines (2 Corintios 4.2; 2 Pedro 3.16). A quienes nos acusan de esto, siempre les respondo: 'Tienen razón. Pueden hacerle decir a la Biblia lo que quieran —si son suficientemente inescrupulosos. Pero si son escrupulosamente honestos en su enfoque de la Biblia y en el uso de sanos principios de interpretación, lejos de manipular las Escrituras descubrirán que esta los domina y dirige.' ¿Cuáles son, pues, esos sanos principios de interpretación?

El sentido natural

Primero, debemos buscar el sentido *natural* al cual denominaré el principio de la simplicidad.

Una de nuestras convicciones cristianas fundamentales es que 'Dios es luz, y no hay ningunas tinieblas en él' (1 Juan 1.5). Esto significa que la naturaleza de Dios consiste en revelarse, así como la de la luz en brillar. Ahora bien, Dios se ha revelado principalmente hablando. Podemos estar seguros, pues, de que ha hablado para ser entendido, ya que su propósito fue que la Escritura (el registro de la palabra divina) resultara clara para sus lectores. Porque todo el propósito de la revelación es la claridad, no la confusión, un mensaje fácilmente inteligible, no una colección de oscuros y misteriosos enigmas.

Este principio de simplicidad ataca de raíz a muchas interpretaciones populares. Por ejemplo, la crítica destructiva de los cristianos radicales limitaría la verdad a una pequeña minoría de eruditos que reclaman la competencia para separar en las Escrituras el trigo de la paja, mientras que la fantástica reconstrucción de algunos cristianos evangélicos haría de la Escritura un complicado rompecabezas del cual sólo ellos poseerían la clave. Contra estas distorsiones debemos sostener que el propósito de Dios al hablar y preservar su Palabra es que quiso comunicarse con la gente común y salvarla.

Es verdad que en algunas cuestiones la Escritura no es tan clara como en otras. Esto se evidencia por el hecho de que aunque los estudiantes de la Biblia, devotos y preocupados en someterse a su autoridad, están básicamente de acuerdo en los grandes fundamentos del cristianismo histórico, aún hay algunos puntos en los que disienten. Uno piensa, por ejemplo, en cuestiones como estas: si el bautismo debe ser administrado solamente a los creyentes adultos o también a los niños hijos de padres creyentes, y si debe sumergirse a los candidatos en el agua o debe rociárselos con ella; si nuestra doctrina de la iglesia apunta a una comunidad 'congregacional' (siendo autónoma cada iglesia local) o 'conexional' (con algún tipo de federación de iglesias locales); si el gobierno de la iglesia debe ser episcopal o presbiteriano, o si la asamblea local debiera tener más bien una supervisión pastoral no profesional; si en la iglesia contemporánea se deben esperar milagros (por ejemplo, la curación instantánea de enfermedades orgánicas sin intervención médica) normalmente, ocasionalmente o nunca; y si el 'milenio' (el reinado de Cristo durante mil años) se ha de entender literalmente como un acontecimiento terrenal futuro o simbólicamente como una realidad espiritual presente.

¿Qué debemos hacer cuando cristianos igualmente bíblicos disienten en tales asuntos? Debiéramos ser suficientemente humildes para reexaminarlos nosotros mismos a la luz de los sanos principios de interpretación. Y debiéramos ser lo suficientemente maduros como para discutirlos unos con otros sin animosidad. Si después seguimos en desacuerdo, debemos considerar esos puntos como de importancia secundaria y respetarnos mutuamente con amor cristiano y tolerancia. Debemos asimismo regocijarnos de que en todas las doctrinas centrales de la fe seguimos de acuerdo, porque en estas la Escritura es clara, lúcida y prácticamente se interpreta sola.

Dios escogió el lenguaje humano como el vehículo para revelarse. Al hablar al hombre a través de seres humanos usó el lenguaje del hombre. Como resultado, aunque la Escritura se diferencia de todos los libros por el hecho de que es la Palabra de Dios, es igual a todos los otros por cuanto también está compuesta por palabras de hombres. Siendo única por ser divina, debemos estudiarla como a cualquier otro libro, prestando atención a las reglas comunes de vocabulario, gramática y sintaxis. Porque (como vimos en el capítulo anterior) Dios no forzó a los agentes de su revelación (seres humanos), ni tampoco al instrumento (el lenguaje humano).

Ningún lector serio de la Biblia puede eludir la disciplina del estudio lingüístico. Sería ideal el conocimiento de los idiomas originales, hebreo y griego. Pero la mayoría la leerá en su propio idioma y necesita versiones modernas y precisas, de las que obviamente abundan en la actualidad. También merecen mención especial las versiones populares que combinan la exactitud con un lenguaje sencillo y directo. Una concordancia es también valiosa herramienta.

Al leer las palabras y párrafos del texto bíblico, debemos buscar ante todo su significado obvio y natural. En el clásico tratado de Charles Odger sobre la interpretación de documentos legales, su tercera regla dice que 'las palabras han de tomarse en su sentido literal'. A no ser que el tema que se trate muestre otras cosas, escribe, 'en la interpretación de un documento se ha de tomar el significado claro, ordinario de las palabras empleadas.'[8]

Lamentablemente, la alegorización fantasiosa de las Escrituras a menudo ha desacreditado la lectura seria de la Biblia. Ya se entregaron a ella los comentaristas bíblicos anteriores a Cristo, entre los cuales Filón de Alejandría fue el ejemplo más notorio. No es sorprendente que algunos comentaristas cristianos del período posapostólico ensayaran el mismo juego. La llamada *Epístola de Bernabé*, una obra apócrifa probablemente de principios de siglo II d.C., contiene algunas toscas alegorías. En un pasaje el autor cita la reglamentación mosaica de que los judíos podían comer todo animal que tenga la pezuña hendida y rumie el bocado, y lo explica así:

> Uníos a aquellos que temen al Señor … aquellos que saben
> que la meditación es una obra de alegría y que rumian
> el bocado de la palabra del Señor. ¿Pero por qué lo de la
> pezuña dividida? Porque el hombre justo anda en este
> mundo y al mismo tiempo aspira al santo mundo por venir.[9]

Ahora bien, 'rumiar el bocado' de la palabra de Dios es una expresión muy sugestiva para la meditación de la Biblia, y también el cristiano es un ciudadano de dos mundos. ¡Pero igualmente cierto es que no es esto lo que Moisés tenía en mente cuando escribió acerca de los animales rumiantes de pezuña hendida!

La escuela de interpretación alegórica fue promovida por Orígenes de Alejandría en el siglo IV, y por teólogos medievales. El gran mérito de los reformadores del siglo XVI es haber rescatado a las Escrituras de ese tratamiento arbitrario y haber instido en que debe preferirse lo simple y directo antes que las sutilezas. Juan Calvino lo expresó admirablemente:

> Sepamos, pues, que el verdadero significado de la
> Escritura es el significado natural y obvio; y adoptémoslo y
> sostengámoslo resueltamente. No sólo rechacemos como

dudoso, sino que decididamente hagamos a un lado como corrupciones letales, aquellas pretendidas exposiciones que nos aparten del significado natural.[10]

Investigar el significado natural de la Escritura no es necesariamente lo mismo que buscar el significado literal. Porque a veces el significado natural es más bien figurado que literal. Jesús mismo tuvo que reprochar a algunos de sus oyentes por su excesivo literalismo. Nicodemo confundió de tal manera su referencia al nuevo nacimiento que preguntó incrédulamente cómo puede un hombre volver a entrar en el seno de su madre y nacer. La mujer samaritana parece haber supuesto que el agua de vida que él ofrecía, y que calmaba la sed, estaba en la profundidad del pozo de Jacob. Y cuando más tarde Jesús afirmó que podía satisfacer el hambre de la gente dándose él mismo como pan de vida, preguntaron: '¿Cómo puede este darnos a comer su carne?' (Juan 3.3–4; 4.10–15; 6.51–52). Estos ejemplos debieran ser suficientes para alertarnos contra un literalismo muerto y rígido. Era obvio que Jesús estaba empleando figuras de lenguaje.

Su forma de instrucción favorita era la parábola, aunque ocasionalmente usó la alegoría. La diferencia entre ambas consiste en que en una alegoría la similitud se obtiene en muchos puntos, mientras la parábola es una historia cotidiana que ilustra una lección principal, agregándose la riqueza de detalles no con el propósito de enseñar lecciones subsidiarias, sino para aumentar el efecto dramático. Ejemplos de alegorías son el Buen Pastor (Juan 10), la Vid y los pámpanos (Juan 15) y el Sembrador (Marcos 4). Un ejemplo de parábola es el Buen Samaritano (Lucas 10.29–37). Jesús la pronunció en respuesta a la pregunta '¿quién es mi prójimo?' y enseñó con ella que el verdadero amor al prójimo trasciende las barreras de raza y religión. No es

La forma de instrucción favorita de Jesús era la parábola.

legítimo forzar los detalles, sugiriendo, por ejemplo, que la posada representa la iglesia y los dos denarios pagados al posadero los dos sacramentos. Esto sería convertir una evidente parábola en una alegoría y provocar cuestiones acerca de lo que representan los bandidos, el aceite, el vino y el asno...

La Escritura es muy rica en el lenguaje metafórico, y en toda metáfora es esencial preguntar en qué punto se establece la alegoría. Debemos evitar el discutir por analogías, es decir, elaborando la correspondencia más allá de los límites que la Escritura establece. Así, Dios es nuestro Padre y nosotros somos sus hijos. Como nuestro Padre, él nos ha engendrado, nos ama, y cuida de nosotros. Como sus hijos, dependemos de él y debemos amarlo y obedecerlo. Pero no tenemos libertad para sostener, por ejemplo, que puesto que Dios es nuestro Padre celestial, también nos hace falta una madre celestial, ya que ningún hijo puede tener padre sin tener madre. Ni podemos sostener que debido a que se nos llama 'niños' podemos evitar la responsabilidad de pensar y actuar como adultos. Porque la misma Escritura que nos indica la humildad de un niño condena también en nosotros la inmadurez infantil.

La ayuda del sentido común

Si hay en la Escritura partes literales y otras figuradas, ¿cómo decir cuáles son unas y cuáles otras? La respuesta fundamental es que debemos buscar el sentido natural. Por lo general el sentido común nos servirá de guía. En particular, es sensato preguntarnos cuál es la intención del autor o el orador. Presentaré dos ejemplos.

Primero, a menudo se dice que los autores del Antiguo Testamento concebían el universo como una construcción de 'tres plantas' con la tierra como habitación del hombre, el cielo encima de él como un gran toldo lleno de agujeros por los cuales miraban las estrellas, y el *sheol* (la morada de los muertos) debajo; se dice que creían esto en un sentido literal y espacial y que cuando llovía, Dios había literalmente 'abierto las ventanas de los cielos'. Desde luego, no puede negarse que usaban este lenguaje, pero dudo seriamente de que lo creyeran literalmente o quisieran que sus lectores lo entendieran así. Tómese el Salmo 75. En el versículo 3 se representa a Dios diciendo que cuando la tierra vacila, él es quien sostiene sus columnas. ¿Creía realmente el salmista que la tierra estaba en equilibrio sobre zancos? Creo que no. En el versículo siguiente Dios ordena a los impíos: '¡No alcéis el cuerno!' (*Versión Moderna*; símbolo de éxito y prosperidad) y en el versículo 10 se dice: 'Quebraré todos los cuernos de los inicuos', mientras en el 8 se nos dice que en la mano de Señor hay un cáliz de vino 'lleno de mixtura' (símbolo de su ira). Para mí es totalmente gratuito insistir en que el autor creía que la tierra estaba literalmente colocada sobre pilares, salvo que entendamos igualmente que pensaba que los impíos tenían literalmente cuernos (que un día serían cortados) y que Dios tiene literalmente una copa de vino espumante que un día derramará sobre todos los impíos de la tierra.

Mi otro ejemplo está tomado de la forma especial de literatura bíblica llamada 'apocalíptica', que procura presentar verdades ocultas de la realidad presente y la historia futura, usualmente por medio de una serie de imágenes fantásticas y maravillosas. El último libro de la Biblia es un apocalipsis cristiano. En él se dice que los redimidos de Dios, reunidos alrededor de su trono, visten ropas blancas; que 'han lavado sus ropas y las han emblanquecido en la sangre del Cordero' (Apocalipsis 7.14). Ahora bien, tomar esto literalmente sería más bien repulsivo. Sería también imposible, puesto que las ropas lavadas en la sangre de un cordero no quedarían blancas. No. El autor evidentemente emplea la expresión como un símbolo que debe interpretarse, no como una imagen para visualizar. Hemos de entender que la justicia del pueblo de Dios (sus 'ropas blancas') se debe enteramente a la muerte de Cristo ('la sangre del Cordero') en la cual han puesto su confianza ('lavado sus ropas'). En este caso, pues, el sentido 'natural' es el figurado, no el literal.

El sentido original

En segundo lugar, debemos buscar el sentido *original* de la Escritura. Este es el principio de la historia.

En capítulos anteriores hemos visto que Dios escogió revelarse en un contexto histórico preciso. Aunque su revelación está dirigida a todos los hombres de todas las épocas y países, cada una de sus partes estuvo orientada en primer lugar hacia un pueblo particular, de una época particular, en un país particular. Por lo tanto, el mensaje permanente y universal de las Escrituras sólo puede entenderse a la luz de las circunstancias en que fue dado originalmente. Es obvio que sería erróneo leer en las Escrituras nociones de una época posterior. Como escribió Charles Simeon acerca de los ideales de su ministerio de predicación:

> Mi empeño es sacar de la Escritura lo que hay en ella,
> y no echar en ella lo que yo pienso que debiera haber.

> Tengo un gran celo sobre este punto; nunca decir más
> o menos que lo que creo es el propósito del Espíritu
> en el pasaje que estoy exponiendo.[11]

De modo que, al leer la Biblia, debemos preguntarnos continuamente: ¿Qué quiso decir con esto el autor? ¿Qué es lo que realmente afirma? ¿Qué habrán entendido sus oyentes originales? Esta investigación es conocida comúnmente como el método 'histórico-literario' de interpretación. Así lo ha descrito J. Gresham Machen:

> El método histórico-científico en la interpretación de la
> Biblia exige que se permita a los escritores bíblicos hablar
> por sí mismos. Hace alrededor de una generación esta
> característica del método científico se exaltó a la dignidad
> de un principio, y fue honrada con un largo nombre. Se la
> llamó 'exégesis histórico-literaria'. La noción fundamental
> del método es que el estudiante moderno debe distinguir
> claramente entre lo que él habría dicho o lo que quisiera que
> el escritor bíblico hubiera dicho y lo que este dijo realmente.[12]

Al intentar trasladarnos a la mente y la época del autor y escuchar sus palabras como si estuviéramos entre sus primeros lectores, necesitamos particularmente considerar la situación, el estilo y el lenguaje en que él escribió.

Primero, la situación. La función propia de la crítica literaria e histórica es reconstruir el contexto del libro bíblico en cuestión. ¿Quién lo escribió, y a quién? ¿En qué circunstancias? ¿Por qué razón? Se arrojan torrentes de luz sobre el texto de los profetas del Antiguo Testamento, por ejemplo, si podemos insertarlos en la historia de Israel. Lo mismo se puede decir de las epístolas del Nuevo Testamento y la historia de la iglesia primitiva que Lucas relata en los Hechos, y especialmente los viajes misioneros de Pablo. Por ejemplo, la Epístola a los Filipenses, de Pablo, se convierte en un documento mucho más humano si por un lado podemos ver al autor en arresto domiciliario en Roma (o posiblemente en Éfeso) y por el otro a Lidia, el carcelero y la muchacha esclava (cuyas conversiones se describen en Hechos 16) entre sus primeros lectores.

Una consideración cuidadosa del trasfondo histórico de las cartas de Pablo y Santiago hubiera librado a Lutero de hallarlas contradictorias y de rechazar la carta de Santiago como 'una epístola de paja'. Es cierto que Pablo declara que el hombre es justificado 'por la fe, sin las obras de la ley' y presenta como ejemplo a Abraham (Romanos 3.28; 4.1–3), mientras Santiago declara que el hombre es justificado 'por las obras y no solamente por la fe' y también cita como ejemplo a Abraham (Santiago 2.21–24). Pero sus posiciones no son mutuamente irreconciliables. Pablo dirigía a los legalistas que creían en la salvación por las obras, Santiago a los 'religiosos' que creían en la salvación por la ortodoxia. Ambos creían que la salvación era por la fe y que una fe salvadora debía manifestarse en buenas obras. Pero era natural, dadas sus circunstancias particulares, que Pablo subrayara la fe que produce buenas obras, y Santiago las buenas obras que son fruto de la fe.

Segundo, el estilo. Es importante tomar nota del *género* literario de cada libro de la Biblia. ¿Es prosa o poesía, relato histórico o literatura de sabiduría? ¿Es ley, profecía, salmo o apocalipsis? ¿Es un drama, una carta, o esa forma característicamente cristiana denominada 'evangelio', una colección de dichos y hechos de Jesús que dan testimonio de él? La manera como interpretamos lo que leemos, y si lo tomamos literal o figuradamente, dependerá en gran parte de su forma y estilo.

Tercero, el lenguaje. Todo lenguaje humano es una cosa viva, cambiante. El significado de las palabras cambia de siglo en siglo y de cultura en cultura. No podemos leer la palabra 'amor' en las Escrituras y suponer inmediatamente que sabemos lo que significa. En el Nuevo Testamento se emplean cuatro palabras griegas diferentes que en castellano se traducen 'amor'. Pero cada una tiene un significado característico, y sólo una expresa lo que los cristianos quieren decir por amor, lo cual está en el polo opuesto del sentido erótico de las revistas ilustradas de nuestro siglo.

Durante muchos siglos, los estudiosos no pudieron reconocer la clase de griego en que estaba escrito el Nuevo Testamento. No era ni el griego clásico ni el griego moderno. Algunos pensaron que había sido creado especialmente para ese fin. Hasta lo llamaban 'el lenguaje del Espíritu Santo'. Pero hacia fines del siglo pasado, en las secas arenas de Egipto, los arqueólogos comenzaron a descubrir gran cantidad de antiguos rollos de papiro. En su mayor parte eran documentos seculares, no literarios. Muchos procedían de los canastos de papeles usados en las oficinas públicas, cuyo contenido había sido volcado en los montones de desperdicios de la ciudad. Y su griego (el *koinē* o lenguaje común de todos los días) resultó ser en gran parte el mismo del Nuevo Testamento. De modo que entonces hubo que comenzar a buscar el significado de las palabras griegas del Nuevo Testamento no sólo en el contexto del griego clásico y el pensamiento hebreo, sino también del lenguaje secular de la época. Daré un solo ejemplo.

En sus dos Cartas a los Tesalonicenses, Pablo se refiere varias veces a aquellos que describe como *ataktos*. En el griego clásico la palabra se usaba corrientemente para los soldados que rompían filas, un ejército en desorden. De modo que las versiones de la época tradujeron 'desordenadamente', y se suponía que en la iglesia de Tesalónica había algún grupo indisciplinado. Pero entre los papiros descubiertos había dos o tres contratos de aprendizaje que contienen una cláusula según la cual si el muchacho faltaba al trabajo o se excedía en sus vacaciones anuales, debía compensar el tiempo perdido. Y la palabra para faltar al trabajo es *ataktos*, o más bien el verbo correspondiente. De modo que las versiones más modernas no dicen ya 'desordenadamente' sino 'ociosos'. Parece probable que algunos cristianos tesalonicenses, creyendo inminente el retorno del Señor, abandonaran su trabajo. Es a esos cristianos ociosos a quienes Pablo ordena atender sus negocios, trabajar con sus manos y ganarse la vida, agregando que 'si alguno no quiere trabajar, tampoco coma' (1 Tesalonicenses 4.11; 5.14; 2 Tesalonicenses 3.6–12).

La tensión entre lo permanente y lo circunstancial

Antes de dejar este segundo principio de interpretación bíblica, debemos abordar otra cuestión. Puesto que la revelación de Dios fue dada en una situación histórica y geográfica determinada, esto significa que tuvo también un determinado contexto cultural. Y las costumbres sociales que forman el trasfondo de algunas instrucciones bíblicas son totalmente extrañas a las de nuestros días. ¿Hemos de rechazar, pues, la enseñanza debido a que pertenece a determinada época? ¿O hemos de ir al otro extremo y tratar de otorgar tanto a la enseñanza como a su contexto el mismo valor permanente? Ninguno de estos parece la correcta solución del dilema. La tercera manera, y la mejor, es aceptar la enseñanza bíblica como de valor permanente, pero traducirla en términos culturales contemporáneos. Así, por ejemplo, Jesús ordenó a sus discípulos lavarse los pies unos a otros como señal del amor mutuo que nos humilla para servir, y los apóstoles Pablo y Pedro ordenaron a sus lectores que, cuando se reunieran, se saludaran con un beso santo o un beso de amor (Juan 13.12–17; Romanos 16.16; 2 Corintios 13.12; 1 Tesalonicenes 5.26; 1 Pedro 5.14). No tenemos libertad para repudiar estos mandamientos, pero no deberíamos prestarles una ciega obediencia literal. Hoy en día (al menos en Occidente) no andamos con sandalias por calles polvorientas, y por lo tanto no necesitamos lavarnos los pies al entrar en una casa.

Debemos aceptar la enseñanza bíblica como de valor permanente, pero traducirla en términos culturales contemporáneos.

Ni es costumbre andar besando a todo el mundo en público. No obstante, podemos y debemos obedecer el mandato de Cristo mediante otras formas externas de servicio humilde, y obedecer a los apóstoles dándonos un 'sincero apretón de manos', como J. B. Phillips parafrasea adecuadamente el ósculo de la paz. Téngase bien presente que el propósito de esta transposición cultural no es evitar la obediencia, sino más bien avalarla.

Un ejemplo más difícil de la tensión entre lo permanentemente válido y lo culturalmente obsoleto concierne a la posición, conducta y atavío de las mujeres. ¿Hemos de retener todos los detallados requisitos bíblicos, o —en deferencia para con el cada vez más activo movimiento de liberación de la mujer— echarlo todo por la borda? También aquí parece haber un camino intermedio. Considérese la cuestión del velo de las mujeres, al cual Pablo dedica la mitad del capítulo 11 de 1 Corintios. Insiste en que es deshonroso y aun vergonzoso que una mujer ore o profetice en público con la cabeza descubierta. Apela a la razón, a la naturaleza, a la costumbre eclesiástica y a su propia autoridad apostólica en apoyo de su enseñanza. ¿Qué hemos de hacer con esto? Tal vez la reacción más común y superficial es suponer que la exigencia del apóstol se satisface con que las mujeres usen sombrero (o mantilla) en la iglesia. Pero los velos orientales y los sombreros occidentales son totalmente diferentes, ¡tanto teológica como culturalmente! Una de las declaraciones cruciales del argumento de Pablo aparece en el versículo 10 donde, refiriéndose al deber de la mujer en llevar un velo sobre su cabeza, dice que 'debe tener una señal de autoridad sobre su cabeza'. Este es el punto. En aquellos días el velo que llevaba la mujer era un símbolo de la autoridad de su marido sobre ella. Hoy en día, el sombrero no sólo no tiene ese significado, sino que algunas modas modernas significan precisamente lo contrario: ¡Liberación, no sumisión! Lo que permanece válido en la enseñanza de Pablo es la autoridad del esposo, porque la funda en invariables verdades teológicas concernientes a la creación. Lo que es culturalmente obsoleto es el velo. Debemos hallar otras costumbres sociales que expresen la aceptación por parte de la mujer de la autoridad que Dios ha dado al hombre.

Además, debemos tener mucho cuidado en cómo interpretamos la 'autoridad' del marido. La palabra no es en modo alguno un sinónimo de autoritarismo. Ni puede tomársela en el sentido de que expresa alguna 'superioridad' del varón o 'inferioridad' de la mujer. Pues, adelantándose en siglos sobre su época, Pablo declaró que en Cristo 'no hay varón ni mujer' (Gálatas 3.28). Asimismo trazó una profunda analogía entre la relación de esposo y esposa en el matrimonio y la relación entre el Padre y el Hijo en la deidad (1 Corintios 11.3). Esto sugiere que el hecho de que el esposo sea 'cabeza' de la mujer no excluye la igualdad de ambos, como tampoco sucede en el caso del Padre y Cristo. Tal vez la autoridad del marido deba ser interpretada más bien en términos de responsabilidad que de autocracia, la responsabilidad de un amante cuidado.

El sentido general

En tercer lugar, debemos buscar el sentido *general* de la Escritura. Este es el principio de la armonía.

Desde el punto de vista humano, la Biblia es un simposio con una gran variedad de participantes. Desde el punto de vista divino, sin embargo, toda la Biblia proviene de una sola mente. Es la Palabra de Dios que expresa la mente de Dios y posee así una unidad orgánica. Por esta razón debemos acercarnos a las Escrituras confiados en que Dios ha hablado y que, al hablar, no se ha contradicho a sí mismo.

Charles Odgers, en el libro ya mencionado, da como su séptima regla para la interpretación de documentos legales que 'el documento debe ser tomado como una totalidad'. Y continúa:

> Debe leerse o interpretarse el documento como un todo
> a fin de extraer el significado de una determinada parte o
> expresión … Cada parte del documento debe compararse
> con las otras y sacarse de ello un sentido completo. Cada
> parte debe ponerse en acción a fin de recoger del total
> un sentido uniforme y consecuente, si es posible …
> Las palabras de cada cláusula deben interpretarse como
> para ponerlas en armonía con las otras disposiciones si
> esa interpretación no hace violencia al sentido del cual
> son naturalmente susceptibles.[13]

Lo mismo que con los documentos legales, con el texto bíblico debemos tratar de resolver aparentes discrepancias e interpretar la Biblia como un todo armónico. Esto nos llevará a interpretar la Escritura por la Escritura, especialmente lo que es oscuro por lo que es claro, y nunca 'explicar un lugar de la Escritura de modo que sea incompatible con otro'.[14]

Este fue el argumento que empleó John Knox con la reina María de Escocia. En un debate privado con ella en Edimburgo, en 1561, afirmó que la Iglesia de Roma (que ella decía que defendería como la verdadera iglesia de Dios) había abandonado la pureza de la religión enseñada por los apóstoles. Incluso la reina misma, agregó, poseía poco conocimiento verdadero, pues no había oídos más nuestros que aquellos permitidos por el papa y sus cardenales. A esto la reina le respondió:

> Vos interpretáis las Escrituras de una manera,
> y ellos de otra; ¿a quién he de creer y quién juzgará?

John Knox respondió:

> Creed en Dios, que ha hablado claramente en su Palabra.
> Y además de lo que la Palabra os enseñe, no creáis ni a
> uno ni a otro. La Palabra de Dios es clara en sí misma; y
> si aparece alguna oscuridad en un lugar, el Espíritu Santo,
> que nunca se contradice, explica lo mismo más claramente
> en otros lugares.[15]

Podemos decir, por lo tanto, que todo texto de las Escrituras tiene un doble contexto, histórico y escritural. Su contexto en la historia es la situación en que fue escrito. Su contexto en las Escrituras es el lugar donde se encuentra. De modo que puede entenderse cada texto tanto en relación con su trasfondo histórico como escritural. Estos son nuestro segundo y tercer principio de la historia y la armonía.

Además, el contexto escritural de todo texto es a la vez inmediato (el párrafo, capítulo y libro en que está incorporado) y distante (el todo de la revelación). El contexto inmediato es el más obvio. Arrancar un texto de su contexto es un error inexcusable, y se cuentan muchos relatos de predicadores que lo han hecho.

Debemos acercarnos a las Escrituras confiados en que Dios ha hablado y que, al hablar, no se contradice a sí mismo.

En su instrucción sobre la responsabilidad de la iglesia local de disciplinar a un ofensor impenitente, Jesús dijo: 'Si no oyere a la iglesia, tenedle por gentil…' es decir, sea excomulgado (Mateo 18.17). Ahora bien, durante el movimiento 'tractariano' que intentó restaurar la autoridad 'católica' de la Iglesia Anglicana, sus seguidores recurrían con tanta frecuencia a las cuatro palabras de este texto 'oigan a la iglesia' que provocaron al arzobispo Whately a replicar con un sermón sobre el texto igualmente trunco: 'si no oyere a la iglesia, tenedle por…'.

Quizás esta clase de trucos que explota una combinación de palabras sin ningún respeto por su verdadero sentido contextual sea tan grosera como para ser relativamente rara. Sin embargo, yo mismo me sentí muy perturbado cuando el Consejo Mundial de Iglesias (de quien se hubiera esperado algo mejor) tomó para su cuarta asamblea en Uppsala, en 1967, las grandes palabras de Dios en Apocalipsis 21.5 'He aquí yo hago nuevas todas las cosas', donde la expresión se aplica a lo que él va a hacer al final cuando haga un nuevo cielo y una nueva tierra, y procedió, sin justificación alguna, a aplicarlas a los movimientos políticos revolucionarios de hoy.

En algunos sentidos es aún más importante que aprendamos a ver la Biblia como un todo y a leer cada texto a la luz de la totalidad. Permítame dar algunos ejemplos de lo que quiero decir.

En el capítulo 3 prometí decir algo más acerca de los primeros capítulos del Génesis. Estos capítulos tal vez sean especialmente susceptibles de ser mal interpretados cuando se los aísla del resto de la Biblia. Mi propia posición es aceptar la historicidad de Adán y Eva, pero permanecer agnóstico en cuanto a algunos detalles del relato, como la naturaleza precisa del árbol de la vida y de la serpiente. Esto, sin embargo, no es arbitrario o inconsecuente, porque tengo motivos bíblicos para ambas cosas. Que Adán y Eva fueron literalmente personas parece claro por Romanos 5.12–21, donde Pablo traza un contraste deliberado entre la desobediencia de Adán por la cual entraron en el mundo el pecado y la muerte, y la obediencia de Cristo, que aseguró la salvación y la vida. La analogía no tiene sentido si el acto de desobediencia de Adán no fue un acontecimiento tan real como el acto de obediencia de Cristo. Pero en cuanto a la serpiente y el árbol de la vida, ambos reaparecen en el libro del Apocalipsis, donde son claramente simbólicos, la serpiente representando a Satanás y el árbol a la vida eterna. Así, pues, tengo una razón *bíblica* (neotestamentaria) para creer que Adán y Eva fueron personajes históricos, y una razón igualmente *bíblica* para suponer que los árboles y la serpiente de la historia pueden ser en algún sentido figurados.

Cuando yo estudiaba en Cambridge, recuerdo haber quedado perplejo ante el versículo que dice que los Diez Mandamientos fueron escritos en tablas de piedra por el dedo de Dios (Éxodo 31.18; Deuteronomio 9.10). ¿Tenía que creer eso literalmente? ¿Había aparecido realmente un dedo divino y había dejado algún tipo de inscripción de letras hebreas en tablas de piedra?

> **Es importante que aprendamos a ver la Biblia como un todo y a leer cada texto a la luz de la totalidad.**

Por cierto no es imposible, porque en el caso del rey Belsasar 'aparecieron los dedos de una mano de hombre, que escribía delante del candelero sobre lo encalado de la pared del palacio real', anunciando su ruina inminente (Daniel 5.5, 24–28). Pero hoy no estoy tan seguro de que deba tomarse literalmente la declaración acerca de que el dedo de Dios escribió la ley. Porque ahora he leído la Biblia abarcándola en su totalidad, y he hallado otras referencias a los dedos de Dios, todas las cuales son simbólicas. Así, David se refirió a los cielos como obra de los dedos de Dios (Salmo 8.3). Otra vez, después de la plaga de tábanos sobre hombres y bestias, los magos egipcios le dijeron a Faraón: 'Este es el dedo de Dios', y después de haber comenzado a echar fuera demonios, Jesús afirmó que lo hacía 'por el dedo de Dios' (Éxodo 8.19; Lucas 11.20). Luego, si la referencia al dedo de Dios en la escritura de la ley es comparable a estas otras referencias, parece que 'el dedo de Dios' es una figura bíblica de lenguaje para expresar la intervención directa de Dios en la creación (los cielos), en la revelación (la ley), en el juicio (las plagas) o en la salvación (el exorcismo de demonios). Tal interpretación estaría de acuerdo con el principio de la armonía.

Otro ejemplo de la importancia de considerar cada parte de la enseñanza de las Escrituras sobre un tema dado a la luz del todo, es la segunda venida de Cristo. Sería fácil (y peligroso) reunir con espíritu selectivo los textos sobre los cuales queremos construir nuestra doctrina. Así, algunos pasajes indican que el retorno de Cristo será personal y visible; en realidad, que vendrá 'así como lo habéis visto' irse (Hechos 1.11). Pero antes de afirmar por esto que el retorno será una especie de ascensión a la inversa, como una película proyectada al revés, y que Cristo pondrá sus pies precisamente en el mismo punto del Monte de los Olivos desde donde ascendió, debemos considerar algo que Jesús dijo en oposición a aquellos que querían localizar su retorno:

> Porque como el relámpago que al fulgurar resplandece
> desde un extremo del cielo hasta el otro, así también será
> el Hijo del Hombre en su día. Lucas 17.24[16]

El cristianismo verdaderamente bíblico, deseoso de ser fiel a toda la Escritura, querrá hacer justicia a estas dos líneas de enseñanza. La venida del Señor será personal, histórica y visible; pero también será 'con poder y gran gloria', tan universal como el relámpago, un acontecimiento trascendente del cual toda la población humana de ambos hemisferios será simultáneamente consciente.

Antiguo y Nuevo Testamento

En algunos ejemplos más acerca de la necesidad de ver la Escritura como un todo, quiero decir algo acerca de la ley mosaica y el cumplimiento de la profecía. Esto arrojará luz sobre la relación entre el Antiguo y el Nuevo Testamento, y sobre la cuestión de la revelación progresiva. El principio de armonía no niega que ha habido progresión en la revelación de Dios acerca de sí mismo y de sus propósitos, pero subraya que la progresión no ha sido del error a la verdad, sino más bien de la verdad a más verdad.

Veamos la ley de Moisés. Tanto en el Antiguo como en el Nuevo Testamento se reconoce que la ley de Moisés es la ley de Dios. Moisés sólo fue el intermediario por el cual Dios dio su ley a su pueblo. Pero ¿el origen divino de la ley significa que toda ella es todavía permanentemente obligatoria para los cristianos? No. Porque la ley de Moisés

> **Según el principio de armonía, la progresión en la revelación de Dios no ha sido del error a la verdad, sino más bien de la verdad a más verdad.**

era un complejo código consistente en instrucciones morales, reglamentaciones ceremoniales y estatutos civiles. El Nuevo Testamento enseña claramente que las reglas *ceremoniales* son ahora obsoletas; el templo, el sacerdocio y los sacrificios han concluido en Cristo y él abolió también las leyes sobre alimentos.[17] Las leyes *civiles* de Moisés tienen aún importancia como indicaciones de la justicia divina, pero ninguna iglesia o nación está bajo la obligación de ponerlas en vigor y hacerlas cumplir en el día de hoy. Hay varias razones para ello. Para comenzar, el código civil de Moisés estaba redactado para un pueblo que pertenecía a Dios para la redención; eran simultáneamente una nación y una iglesia, mientras hoy ninguna nación es una iglesia ni ninguna iglesia una nación. Por otro lado, estaba adaptado a una nación emergente que primero fue nómada y luego una comunidad agrícola. Las leyes *morales* de Moisés, sin embargo, no han sigo abrogadas. Por el contrario, siguen estando en vigor. Cristo murió para que las justas exigencias de la ley pudieran cumplirse en nosotros, y el Espíritu Santo escribe la ley de Dios en nuestros corazones (Romanos 8.3–4; Jeremías 31.33; 2 Corintios 3.6–8). El artículo VII de los *Treinta y nueve artículos* de la Iglesia Anglicana resume bien estas distinciones:

> Aunque la ley dada a Dios por Moisés, en lo tocante a ceremonias y ritos no obliga a los cristianos, ni deben recibirse necesariamente sus preceptos civiles en ningún estado, no obstante, ningún cristiano está exento de la obediencia a los que se llaman preceptos morales.

Pasamos ahora de la ley a la profecía. La gran convicción de los autores del Nuevo Testamento es que con Jesucristo han venido los 'últimos días' anunciados a través del Antiguo Testamento, y que en Jesucristo y en su pueblo hallan cumplimiento las grandes promesas de Dios. Pablo pudo aun decir delante del rey Agripa:

> Persevero hasta el día de hoy, dando testimonio a
> pequeños y a grandes, no diciendo nada fuera de las cosas
> que los profetas y Moisés dijeron que habían de suceder.
>
> Hechos 26.22

Hay algún desacuerdo entre los cristianos bíblicos acerca de si tenemos que esperar que las promesas acerca del futuro de Israel se cumplan literalmente, y si el moderno estado de Israel, con su ocupación de la Tierra Santa, es al menos un cumplimiento parcial de las mismas. Ciertamente Dios tiene un gran futuro para los judíos, que Pablo presenta figuradamente como el injerto en su propio olivo de las ramas naturales que habían sido desgajadas (Romanos 11.13–27). Pero no se habla en el Nuevo Testamento de ningún retorno literal de los judíos a la tierra prometida. El énfasis supremo del Nuevo Testamento es que el 'Israel de Dios', 'la verdadera circuncisión', 'un pueblo escogido, un real sacerdocio, una nación santa, el pueblo de Dios' (Gálatas 6.16; Filipenses 3.3; 1 Pedro 2.9), es ahora la iglesia cristiana, y que las grandes promesas de Dios a Abraham, de una posteridad y una tierra, se cumplen espiritualmente en Cristo y su iglesia:

> Sabed, por tanto, que los que son de fe, estos son hijos
> de Abraham ... De modo que los de la fe son bendecidos
> con el creyente Abraham ... Cristo nos redimió de la
> maldición de la ley, hecho por nosotros maldición ... para
> que en Cristo Jesús la bendición de Abraham alcanzase a
> los gentiles, a fin de que por la fe recibiésemos la promesa
> del Espíritu ... Y si vosotros sois de Cristo, ciertamente
> linaje de Abraham sois, y herederos según la promesa.
>
> Gálatas 3.7, 9, 13–14, 29[18]

Para ser más precisos, el cumplimiento de la profecía del Antiguo Testamento se opera generalmente en tres pasos. Primero viene un cumplimiento inmediato o literal. La segunda etapa, en la cual estamos viviendo nosotros, es la del evangelio o cumplimiento espiritual. Un día vendrá la tercera etapa, que será el cumplimiento fiel o celestial. Así, la promesa a Abraham de una descendencia innumerable se cumplió históricamente en los hijos de Israel (ver Números 23.10; 1 Reyes 4.20), se está cumpliendo hoy en el pueblo de Cristo, y será consumada en el cielo en 'la gran multitud que nadie puede contar', alrededor del trono de Dios (Apocalipsis 7.9). Por otra parte, los profetas del Antiguo Testamento predijeron la reconstrucción del templo y hubo una reconstrucción literal e inmediata bajo Zorobabel. Hoy, sin embargo, es la iglesia cristiana la que es 'un templo santo en el Señor … morada de Dios en el Espíritu' (Efesios 2.21–22),[19] y lo es también el cuerpo del individuo cristiano (1 Corintios 6.19–20). En la nueva Jerusalén celestial, sin embargo, no habrá un templo separado, 'porque el Señor Dios Todopoderoso es el templo de ella, y el Cordero' que habitarán en medio de su pueblo para siempre (Apocalipsis 21.3, 22).

En conclusión, permítaseme subrayar que los tres principios de interpretación bíblica que hemos estado considerando no son arbitrarios. Derivan del carácter de la Biblia misma como Palabra escrita de Dios.

Buscamos el sentido *natural* porque creemos que Dios quiso que su revelación fuera comunicada clara e inteligiblemente a los seres humanos comunes.

Buscamos el sentido *original* porque creemos que Dios dirigió su Palabra a aquellos que la oyeron por primera vez, y que puede ser recibida por las generaciones subsiguientes en la medida en que la entiendan históricamente. Nuestra comprensión puede ser más completa que la de los primeros oyentes (por ejemplo, las profecías sobre Cristo), pero no puede ser sustancialmente diferente.

Buscamos el sentido *general* porque creemos que Dios no se desmiente a sí mismo, y que su revelación también es consecuente consigo misma.

Así, pues, nuestros tres principios (simplicidad, historia y armonía) surgen en parte de la naturaleza de Dios y en parte de la naturaleza de las Escrituras como una clara comunicación histórica y consecuente de Dios a los hombres. Estos principios nos ponen frente a la solemne responsabilidad de hacer que nuestro tratamiento de las Escrituras coincida con nuestro concepto de ellas.

Guía de estudio

1 ¿A quiénes habla el Espíritu Santo de Dios? ¿Cómo llega tal iluminación?

2 ¿Por qué es importante para el cristiano el estudio disciplinado de la Biblia?

3 En los propósitos de Dios, ¿qué lugar debería ocupar la iglesia en lo que respecta a una correcta comprensión de las Escrituras por parte de los cristianos?

4 "El ministerio pastoral es un ministerio docente, y 'pastores y maestros' son dones que el Cristo ascendido todavía confiere a su iglesia" (página 194). ¿Cómo puede demostrar mejor la verdad de estas palabras?
a) en su iglesia local,
b) en la preparación de hombres y mujeres para el ministerio pastoral.

5 Realice un breve resumen de tres principios de interpretación que deberían guiar nuestra comprensión de la Biblia.

6 ¿Qué peligros deberemos evitar con respecto al significado 'natural' de la Biblia? ¿Cómo nos puede ayudar en este sentido el ejemplo de Jesús?

7 ¿Por qué nuestro interés por descubrir el significado original de las Escrituras debe llevarnos a considerar cuidadosamente la situación, el estilo y el lenguaje del autor en cuestión?

8 ¿Qué quiere decir Stott cuando escribe que debemos aceptar la enseñanza bíblica, en sí, como permanentemente normativa? ¿Qué ejemplo da él para ilustrar este argumento?

9 'Todo texto de las Escrituras tiene un doble contexto, histórico y escritural' (página 208). ¿Qué significa esto al tratar de aplicar el principio de la armonía en la Biblia a determinados pasajes?

10 ¿Qué ejemplos da Stott de la aplicación de los principios de interpretación de la Biblia por la Biblia y de ver la Biblia como un todo?

Notas

1 Obispo J. C. Ryle: *Five Christian leaders of the eighteenth century*, 1ª edición, 1868, Banner of Truth, 1960, página 28.

2 J. J. Gurney: Memoria de una tarde pasada en Cambridge con Simeon en 1831, registrada en *Memoirs of the life of the Rev. Charles Simeon*, editado por William Carus, Hatchard, 1847, 2ª edición, página 674.

3 Ver también 3.14–19; Filipenses 1.9–11 y Colosenses 1.9–14.

4 *George Whitefield's journals*, publicado por primera vez entre 1738 y 1741, Banner of Truth, 1960, página 60.

5 Sermón 975 en *Horae Homileticae*, 1819.

6 Registrado en *Book of martyrs*, por Foxe, vol. IV.

7 Comentario sobre Hechos 8.31 en la de edición Oliver y Boyd, página 247.

8 *The construction of deeds and statutes*, primera edición por Sweet y Maxwell, 1939, 4ª edición, 1956, página 27.

9 *The Apostolic Fathers*, editado por J. B. Lightfood, Macmillan 1891, página 279.

10 Comentario sobre Gálatas 4.22, traducción de W. Pringle, Calvin Translation Society, 1854, página 136.

11 Las cursivas son de Simeon. La cita procede de una carta a su editor, Holdsworth, (sin fecha, aunque al parecer de 1832) en *Memoirs of the life of the Rev. Charles Simeon*, editado por William Carus, Hatchard, 1847, 2ª edición, página 703).

12 J. Gresham Machen: *What is faith?* 1ª edición, 1925, Hodder (sin fecha), página 24.

13 *The construction of deeds and statutes*, página 39.

14 Artículo XX, 'De la autoridad de la iglesia', de los *Treinta y nueve artículos de la Iglesia Anglicana*.

15 El debate se registra cerca del comienzo del Libro Cuarto de *The History of the Reformation of the Church of Scotland*, por John Knox. Edición inconclusa 1587, 1ª edición completa, 1644, página 314.

16 Ver también Mateo 24.27.

17 Considérese el uso de las palabras 'sombra' y 'figura' en Hebreos 8.5; 9.24; 10.1 y el comentario editorial de Marcos en 7.19.

18 Ver también Romanos 4.13, 16. En el versículo 13 Dios promete a Abraham y sus descendientes que 'heredarán el mundo'. Ver también 1 Corintios 3.21–23.

19 Ver también 1 Corintios 3.16. Considérese también cómo Santiago vio en la inclusión de los gentiles en la iglesia un cumplimiento de la promesa de Dios por medio de Amós, de reconstruir las ruinas del tabernáculo de David. Hechos 15.13–18; Amós 9.11–12.

El uso de la Biblia

U NA CONVICCIÓN BÁSICA DE NUESTRA FE CRISTIANA ES QUE
nuestro Dios, lejos de estar muerto y mudo, vive y habla.
Ha pronunciado un mensaje preciso en un contexto histórico y geográfico preciso, y ha hecho que fuera escrito
y conservado en la Biblia. Además, de acuerdo a lo que
hemos analizado, hay buenas razones para aceptar la
autoridad de la Biblia y sanos principios para guiarnos en
su interpretación.

¿Por qué hemos dedicado tanto tiempo a estos asuntos? Por una
sola razón: que Dios todavía habla a través de lo que ya ha hablado.
Lo que dijo hace siglos tiene una importancia vital para los hombres y mujeres contemporáneos. La Biblia no es una antigüedad
cuyo lugar apropiado es un museo. Por el contrario, es una 'lámpara'
para nuestros pies y 'lumbrera' en nuestro camino (Salmo 119.105;
2 Pedro 1.19). Las palabras de Dios pueden ser nuestras 'conseje-
ras' en toda la confusión de la vida moderna. Ellas dan sabiduría y
entendimiento al simple (Salmos 119.24, 30, 34; 19.7).

¿Cómo responderemos?

Pero el que obtengamos algún beneficio de las Escrituras depende
del uso que hagamos de ellas, de la respuesta que demos a su mensaje. En el mismo texto bíblico Dios se queja una y otra vez de que
su pueblo continuamente hace oídos sordos de su palabra. Sus men-
sajeros tenían que insistir con Israel:

> Si oyereis hoy su voz, No endurezcáis vuestro corazón.
>
> Salmo 95.7–8

En resumidas cuentas hay sólo dos actitudes posibles hacia la
Palabra de Dios: recibirla o rechazarla. Se describe con vívidas figuras de lenguaje a quienes son receptivos para ella. Se dice que 'tiemblan' porque es la Palabra misma del gran Dios (Isaías 66.2, 5; Esdras
9.4). La aprecian como oro y la gustan como miel (Salmos 19.10;
119.103, 127). Se gozan 'como quien halla grandes despojos'. Tienen

sed de ella con el ardor de un niño de pecho (Salmo 119.162; 1 Pedro 2.2). Por otra parte, se dice de los que la rechazan que han cerrado sus oídos y rehúsan escuchar 'endureciendo su cerviz' y siguiendo cada uno el pensamiento de su 'malvado corazón' (por ejemplo, Jeremías 17.23; 18.12; 19.15). No hay ejemplo más notorio de los tales que el rey Joacim, quien, cuando Jeremías leyó el rollo de las palabras de Dios, se valió primero de un cuchillo para cortarlo en pedazos, a los que arrojó luego al fuego hasta que el rollo se quemó por completo (Jeremías 36.21–23).

Asimismo Jesús advirtió a sus contemporáneos acerca de la respuesta a su enseñanza. En la parábola del sembrador los diferentes terrenos en que cae la semilla ejemplifican la diversidad de recepción que la gente da a la Palabra de Dios. Jesús insistió solemnemente en que en el día final seremos juzgados por la palabra que él ha hablado (Juan 12.47–48). Todos estamos edificando nuestra vida sobre algún fundamento. Los que edifican sobre la roca, cuya casa sobrevivirá a las tormentas de la adversidad y del juicio, son los que escuchan la enseñanza de Cristo y la ponen en práctica (Mateo 7.24-27).

En principio el escuchar requiere tiempo. ¿Creemos realmente que Dios ha hablado, que las palabras de Dios están registradas en las Escrituras y que al leer podemos oír la voz de Dios que se dirige a nosotros? Entonces no escatimaremos el tiempo para oír. En cambio protestaremos contra la carrera enloquecida de la vida del siglo XX y nos esforzaremos por recuperar el perdido arte de la meditación. Lo que la iglesia moderna necesita no es un contacto casual, superficial, con las Escrituras, sino escuchar la exhortación de nuestro Maestro:

Haced que os penetren bien en los oídos estas palabras.

Lucas 9.44

No hay ningún secreto particular en cuanto a esto. Solamente lleva dedicarle tiempo en medio de nuestras vidas ocupadas, en el cual nuestras mentes vuelvan una y otra vez a las Escrituras hasta que estas penetren en nuestros corazones y pongan su sello en todo lo que pensamos y hacemos. Dios declara 'bienaventurados' a aquellos que así 'meditan de día y de noche' en su ley (Salmo 1.1–2; Salmo 119.97; Josué 1.8).

Si no es ningún secreto, tampoco existen reglas difíciles que cumplir. Por ejemplo, la práctica de la 'hora quieta' de lectura diaria de la Biblia y oración, preferiblemente lo primero por la mañana y lo último por la noche, no es una tradición inviolable. Ciertamente ha soportado la prueba del tiempo y traído incalculable provecho a generaciones de cristianos. Yo mismo soy suficientemente anticuado como para conservar la confianza en esta práctica como una disciplina sumamente valiosa. Pero, con todo, es solamente una tradición; no está establecida en las Escrituras. No tenemos libertad, pues, para agregarla al decálogo como una especie de décimo-primer mandamiento. Ni era una práctica posible antes de la invención de la imprenta cuando la Biblia estuvo fácilmente al alcance de todos. Insistir en ella como algo indispensable sería descalificar a los millones de cristianos que vivieron en los primeros quince siglos.

> **El gran valor de la oración y la meditación en las Escrituras es que nos preparan para atender las responsabilidades y enfrentar las tentaciones de cada día.**

El gran valor de la meditación en las Escrituras (aunque sea brevemente) y de la oración al comenzar el día es que nos prepara para llevar las responsabilidades y enfrentar las tentaciones del día. Parece imprudente, por no decir otra cosa, entrar desarmado en el conflicto. No obstante, la madre que tiene que preparar el desayuno, y luego despedir al esposo para el trabajo y a los hijos para la escuela, puede tener que posponer su momento con Dios hasta más tarde en la mañana, mientras que el trabajador que deja su hogar muy temprano puede preferir apartar un momento de la hora de su almuerzo.

Por muy ocupado que esté su programa del día, la mayoría de los que trabajan cinco días por semana podría dedicar más tiempo a la lectura de la Biblia y la oración durante el fin de semana. El domingo a la tarde tiene posibilidades buenas, y aun el domingo a la noche, ya que no hay nada en las Escrituras que exija que el cristiano asista a la iglesia dos veces por domingo… Además, si se hace imposible que la familia se reúna para orar de lunes a viernes porque el trabajo y la escuela exigen diferentes horas de comida, debiera ser posible durante el fin de semana un momento en el cual la familia reunida honre a Dios en su hogar, cualquiera sea la forma en que lo haga.

Sin embargo, no solamente podemos oír la voz de Dios por la lectura bíblica personal o familiar. También mediante grupos de estudio bíblico de la iglesia local o de una organización cristiana o en nuestro propio hogar, y (sobre todo) mediante la exposición pública de las Escrituras en la iglesia. Ojalá que todos los cristianos modernos tomaran esto más en serio. Es fácil culpar al púlpito, pero muy pocas veces los feligreses reciben la clase de ministerio que necesitan. Dios dijo a Jeremías:

> Cosa espantosa y fea es hecha en la tierra;
> los profetas profetizaron mentira,
> y los sacerdotes dirigían por manos de ellos;
> y mi pueblo así lo quiso.   Jeremías 5.30–31

Las congregaciones tienen mucha más responsabilidad que la que comúnmente admiten por el tipo de ministerio que reciben. Debieran estimular a sus ministros a exponer las Escrituras. Debieran asistir a la iglesia en una disposición receptiva y expectante, preferiblemente llevando con ellos su Biblia, ansiosos por escuchar lo que el Señor Dios puede tener que decirles mediante las lecturas y el sermón. También puede ser útil tratar de retener el mensaje en su memoria, tal vez anotando el texto en una tarjeta y meditando en él durante el resto de la semana. Y si la iglesia a la que asistimos no está bendecida con un ministerio de exposición bíblica, el grabador ha puesto el ministerio de otros maestros bíblicos al alcance de muchas personas para escucharlo personalmente o en grupos.

La cuestión más importante no es precisamente cómo el cristiano o la familia cristiana trate de recibir el mensaje de la Biblia. Lo fundamental es que de alguna manera, en algún momento, y regularmente, aprendamos a escuchar la Palabra de Dios y alimentarnos con ella en nuestros corazones.

Escuchar la voz de Dios en y a través de su Palabra, sin embargo, es sólo el comienzo. No basta 'saber estas cosas', dijo Jesús; sólo seremos bendecidos si 'las hacemos' (Juan 13.17). Porque según el Nuevo Testamento, la verdad es algo que hay que 'hacer', no sólo 'conocer' (por ejemplo, Juan 1.6, literalmente). Tal vez ningún apóstol lo haya dicho más claramente que Santiago, el hermano del Señor, cuando escribió:

> Pero sed hacedores de la palabra, y no tan solamente
> oidores, engañándoos a vosotros mismos.
>
> Santiago 1.22

'Haced' la verdad es hacer lo que ella dice, traducir su mensaje en acción. Esto parece simple, pero tiene implicaciones de largo alcance simplemente porque la verdad que tenemos que 'hacer' es tan rica. Permitidme presentar algunas facetas del estilo de vida de un 'hacedor de la palabra'.

El culto

Primero, el culto. El culto es imposible sin el conocimiento de la verdad. Es cierto que Pablo encontró en Atenas un altar con la inscripción 'Al Dios desconocido'. Pero es ridículo tratar de adorar a una deidad que no conocemos, porque al no conocerla no sabemos qué clase de culto desea. Y, por el contrario, una vez que hemos empezado a conocer al Dios vivo y verdadero, debemos adorarlo. Y cuanto más lo conozcamos, más comprenderemos que es digno de nuestra devoción. Porque adorarlo es alabar el nombre de Dios y gloriarnos en el esplendor de su ser y sus obras:

> Alaben el nombre de Jehová,
> Porque sólo su nombre es enaltecido.
> Su gloria es sobre tierra y cielos.
>
> Salmo 148.13

Puesto que el culto es siempre una respuesta a la verdad de Dios que percibimos, es fundamentalmente la Palabra de Dios (su revelación) lo que evoca la adoración. Por lo tanto la Biblia tiene un lugar indispensable tanto en el culto público como en la adoración privada. En todo culto público debe haber una o varias lecturas de las Escrituras y una exhortación o instrucción basada en ellas (Nehemías 8.8; 1 Timoteo 4.13). Lejos de ser impropias, ambas cosas son esenciales para el culto. De modo que los que tienen el privilegio de participar en las lecturas en la iglesia debieran tomarse el trabajo de entender el pasaje, y los que son llamados a predicar debieran estudiar conscientemente la Palabra de Dios y el mundo del hombre a fin de relacionar lo uno con lo otro. Sólo cuando Dios habla a través de su Palabra, dándose a conocer en la grandeza de su gloria y gracia, la congregación realmente se inclina y adora.

El mismo principio se aplica a la devoción privada. Aparte de una humilde oración por iluminación, deberíamos adorar y orar después de nuestra lectura bíblica. Porque en las Escrituras es donde aprenderemos a quién adorar y cómo orar según la voluntad de Dios (1 Juan 5.14; Juan 15.7).

Arrepentimiento y fe

La segunda marca del 'hacedor de la palabra' es el arrepentimiento. Porque la Palabra de Dios nos dice lo que nosotros somos tanto como lo que él es, nos muestra nuestros pecados, y nos llama a confesarlos y abandonarlos. Varias de las figuras de la Escritura subrayan esta verdad. La Palabra de Dios es como un espejo, que nos muestra lo que somos (Santiago 1.23–25), como una espada que aguijonea nuestra conciencia culpable (Efesios 6.17; Hebreos 4.12; Hechos 2.37), y como un martillo y un fuego para quebrantarnos y purificarnos (Jeremías 23.29). Dondequiera que leamos las Escrituras oímos a Dios que nos dice:

> Así ha dicho Jehová de los ejércitos …
> Mejorad vuestros caminos y vuestras obras …
>
> Jeremías 7.3

> Quitad la iniquidad de vuestras obras de delante
>   de mis ojos;
> Dejad de hacer lo malo; aprended a hacer el bien.
>
> Isaías 1.16–17

La tercera característica del 'hacedor de la palabra' es la fe. La fe es parte integral de la vida cristiana, porque 'sin fe es imposible agradar a Dios' (Hebreos 11.6). En el Nuevo Testamento con frecuencia se describe a los cristianos como 'creyentes' que 'por la fe y la paciencia heredan las promesas' (Hebreos 6.12). Pero la fe es muy a menudo mal interpretada. No es empeñarnos en creer algo de lo que dudamos fuertemente que sea verdad. La fe no puede existir en el vacío o en el aislamiento; es siempre una confiada respuesta a una persona digna de confianza. Nunca debemos oponer la fe al conocimiento como si fueran mutuamente excluyentes. Porque la fe está basada en el conocimiento:

En ti confiarán los que conocen tu nombre.

Salmo 9.10

Confiamos en Dios porque lo sabemos digno de confianza. ¿Cómo? Porque se ha revelado como tal. Al leer en las Escrituras acerca del carácter y las obras de poder de Dios, acerca de su fidelidad a su pacto en la historia de Israel, acerca de sus 'preciosas y grandísimas promesas' (2 Pedro 1.4), acerca de Jesucristo en quien todas las promesas de Dios hallan su 'Sí' (2 Corintios 1.20), y acerca de los hombres de fe que estuvieron plenamente convencidos de que 'era también poderoso para hacer todo lo que había prometido' (Romanos 4.21), nuestra fe se aviva, se nutre y madura.

Así, pues, de nada sirve quejarnos de que parecemos sufrir de una incredulidad crónica, o envidiar a otros ('ojalá yo tuviera la fe que tiene usted'), como si nuestra falta de fe fuera como nuestro temperamento, una condición congénita que no puede ser cambiada. Porque Dios mismo nos ha dado los medios para acrecentar nuestra fe:

La fe es por el oír, y el oír, por la palabra de Dios.

Romanos 10.17

Tenemos que dedicar tiempo y esfuerzo a escuchar a fin de creer. El cristiano que quiere crecer en la fe debe pasar tiempo meditando en la Palabra de Dios. Pronto descubrirá lo que significa 'la consolación de las Escrituras' (Romanos 15.4).

Obediencia

La obediencia es el cuarto punto por el cual nos volvemos 'hacedores' de la Palabra y no meramente 'oidores'. Pero la obediencia incluye sumisión a la autoridad, y esto hoy está fuera de moda. Sin embargo, si el mismo Jesucristo vivió en humilde obediencia a la Palabra de Dios, obedeciendo sus mandamientos y creyendo en sus promesas, no cabe duda de que también nosotros debemos hacerlo. Porque el siervo no es mayor que su señor.

Jesús fue aun más allá. Señaló que así como el antiguo Israel tenía que probar su amor a Cristo obedeciéndole, los discípulos cristianos deben probar su amor a Cristo por su obediencia:

> Si me amáis, guardad mis mandamientos …
> El que tiene mis mandamientos, y los guarda,
> ese es el que me ama … mi palabra guardará …
> el que no me ama, no guarda mis palabras.
>
> Juan 14.15, 21, 23–24

Me parece que nos corresponde estar más agradecidos a Dios de lo que de costumbre estamos, por habernos revelado tan claramente su voluntad sobre tantos asuntos en su Palabra. Porque el primer paso a la santidad de vida es un conocimiento de lo que agrada y desagrada a Dios (1 Tesalonicenses 4.1). Así la ambición más cara del cristiano es 'vivir de acuerdo con la Escritura' (1 Corintios 4.6), porque no hay otra manera de estar seguros de vivir de acuerdo con su voluntad.

Esto se aplica tanto a la justicia social como personal. Porque la voluntad de Dios para con su pueblo se relaciona con la totalidad de nuestras vidas. Nos ordena amar a Dios, dominarnos a nosotros mismos y servir a nuestro prójimo. Y los requisitos del amor al prójimo tienen muchas y vastas ramificaciones. Porque mi prójimo tiene un cuerpo y un alma, y vive por orden de Dios en una comunidad. De modo que no puedo pretender amarlo si me despreocupo de su bienestar, sea físico o social.

Ya hemos visto con qué detalladas aplicaciones proclamaban los profetas hebreos la justicia de Dios. El hogar, el mercado, los tribunales, la labranza: estos eran los lugares donde debía practicarse la justicia. Y donde faltaba, allí caería el juicio de Dios. Los profetas tronaban intrépidamente sus 'ayes' contra los injustos, contra el comerciante que engañaba a sus clientes usando falsos pesos y medidas, contra el codicioso terrateniente que se iba apropiando de cada casa y cada campo hasta que todo le pertenecía, contra el magistrado que pervertía la justicia aceptando cohecho de los ricos culpables y condenando al pobre inocente, contra el marido que profanaba las divinas instituciones del matrimonio y el hogar con su infidelidad sexual, contra el prestamista que extorsionaba con altos intereses, y aun contra el rey que oprimía al pueblo en lugar de servirlo. Y por contraste, el libro de los Proverbios, lleno de sabiduría práctica, exalta las virtudes de la honestidad, la laboriosidad, la generosidad, la humildad, la castidad y la justicia.

También los apóstoles, en las secciones éticas de sus cartas, ponen el acento sobre la justicia social. Describen el ideal de las relaciones mutuas entre marido y mujer, padres e hijos, amos y empleados. Pablo expone la gravedad de tolerar en la comunidad cristiana pecados tales como las divisiones debidas al culto de una personalidad, a litigios e inmoralidad. El mentiroso ha de aprender a decir la verdad, y el ladrón a ganarse la vida de modo que tenga para dar a los que están en necesidad. Toda amargura, ira, calumnia y malicia deben ser dejadas de lado. Los cristianos deben ser bondadosos, tiernos, perdonadores, tolerantes y aun (como enseñó Jesús) amar y servir a sus enemigos. Santiago ataca las distinciones de clase en la comunidad cristiana, nuestras lenguas indisciplinadas, los celos y la ambición egoísta. En el último capítulo de su epístola se parece a uno de los profetas del Antiguo Testamento al condenar a los ricos por su vida lujuriosa y el trato fraudulento de sus propios obreros.

Es verdad que hay muchas complejas cuestiones éticas del mundo moderno sobre las cuales las Escrituras no se pronuncian directamente. Pero allí están los principios sobre los cuales debemos formar un juicio cristiano responsable. Trátese de la guerra o la revolución violenta, la contaminación ambiental, la pornografía o la pobreza, o la teoría económica o política, no podemos eludir el trabajo —y a veces el dolor— de tratar de formular una posición cristiana bíblicamente condicionada.

Testimonio

La quinta marca del cristianismo 'hacedor' de la Palabra de Dios es el testimonio. Porque la verdad no puede quedar encerrada o monopolizada. Si nuestros ojos han sido abiertos para recibirla, nos sabemos obligados a transmitirla. Somos 'admiradores de los misterios de Dios' (1 Corintios 4.1), mayordomos de sus secretos. No sólo debemos dar testimonio del Cristo que hemos conocido, sino que no podemos dar testimonio sin este conocimiento.

Las palabras 'testigo' y 'testimonio' han sido muy desvalorizadas, y a veces se emplean para describir lo que es poco más que un ensayo de autobiografía religiosa. Pero el testigo cristiano es testigo de Cristo. Y el Cristo de quien debemos testificar no es meramente el Cristo de nuestra experiencia personal, sino el Cristo histórico, el Cristo del testimonio apostólico. No hay otro Cristo. De modo que si las Escrituras nos conducen al testimonio, el testimonio depende de ellas.

La Biblia, pues, tiene un lugar esencial en la vida del cristiano. Porque la revelación de Dios lleva a la adoración, las amonestaciones de Dios al arrepentimiento, las promesas de Dios a la fe, los mandamientos de Dios a la obediencia y la verdad de Dios al testimonio. No es exageración decir que sin las Escrituras es imposible la vida cristiana. Es verdad que hay en el mundo muchos analfabetos que no pueden leer la Biblia. Otros pueden leerla, pero no lo hacen o lo hacen poco, debido a su formación cultural, a la revolución electrónica o a alguna resistencia innata. ¿Se les ha de negar la vida cristiana? Desde luego que no. Si (por cualquier razón) no leen y meditan en las Escrituras por sí mismos, pienso que serán espiritualmente empobrecidos. Pero pueden ciertamente recibir la Palabra de Dios de otras maneras, como he indicado anteriormente —por medio de sermones, del estudio en grupos, de los medios de comunicación en masa y por la comunicación de persona a persona.

No obstante, la Palabra de Dios es indispensable para nosotros, sean cuales fueren los medios por los cuales la recibamos. Jesús mismo lo estableció indiscutiblemente cuando, citando al libro de Deuteronomio 8.3, dijo:

> No sólo de pan vivirá el hombre,
> sino de toda palabra que sale de la boca de Dios.
>
> Mateo 4.4

La Palabra de Dios es tan esencial para nosotros como lo es el alimento para el físico. Sin él la vida y la salud son literalmente imposibles. Por su Palabra Dios implanta en nosotros la vida espiritual (Santiago 1.21; 1 Pedro 1.23–25). Por la misma Palabra nos instruye, reforma, nutre, estimula y fortalece. Es verdaderamente sólo por su Palabra que el hombre de Dios crece en madurez y se torna 'enteramente preparado para toda buena obra' (2 Timoteo 3.17).

Guía de estudio

1 ¿Qué énfasis debe darse a la importancia de las siguientes actividades en la vida de nuestra iglesia:
a) meditación personal diaria en la Biblia,
b) oración familiar,
c) exposición bíblica pública?

2 ¿Cómo se debe usar la Biblia en el culto público y privado?

3 ¿Cómo se deben aplicar las palabras de Santiago ('Sed hacedores de la palabra, y no tan solamente oidores, engañándoos a vosotros mismos', Santiago 1:22) en:
a) el área de adoración,
b) para explicar la necesidad de arrepentimiento y fe,
c) para ayudarnos a entender el sentido de la rectitud personal y social?

4 ¿Qué papel juegan las Escrituras en el testimonio cristiano?

Esta publicación de Ediciones Certeza Unida cuenta con el apoyo de las siguientes editoriales de la Comunidad Internacional de Estudiantes Evangélicos (CIEE):

Certeza Argentina, Bernardo de Irigoyen 654, (C1072AAN) Capital Federal, Argentina. *certeza@certezaargentina.com.ar*

Editorial Lámpara, Calle Almirante Grau Nº 464, San Pedro, Casilla 8924, La Paz, Bolivia. *coorlamp@entelnet.bo*

Publicaciones Andamio, Alts Forns 68, Sótano 1, 08038, Barcelona, España. *andamio@andamio-gbu.net*

A la CIEE la componen los siguientes movimientos nacionales:

Asociación Bíblica Universitaria Argentina (ABUA)

Comunidad Cristiana Universitaria, Bolivia (CCU)

Aliança Bíblica Universitária do Brasil (ABUB)

Grupo Bíblico Universitario de Chile (GBUCH)

Unidad Cristiana Universitaria, Colombia (UCU)

Estudiantes Cristianos Unidos, Costa Rica (ECU)

Grupo de Estudiantes y Profesionales Evangélicos Koinonía, Cuba

Comunidad de Estudiantes Cristianos del Ecuador (CECE)

Movimiento Cristiano Universitario, El Salvador (MUC)

Grupos Bíblicos Universitarios, España (GBU)

Grupo Evangélico Universitario, Guatemala (GEU)

Comunidad Cristiana Universitaria de Honduras (CCUH)

Compañerismo Estudiantil, México (COMPA)

Comunidad de Estudiantes Cristianos de Nicaragua (CECNIC)

Comunidad de Estudiantes Cristianos, Panamá (CEC)

Grupo Bíblico Universitario del Paraguay (GBUP)

Asociación de Grupos Evangélicos Universitarios del Perú (AGEUP)

Asociación Bíblica Universitaria de Puerto Rico (ABU)

Asociación Dominicana de Estudiantes Evangélicos (ADEE)

Comunidad Bíblica Universitaria del Uruguay (CBUU)

Movimiento Universitario Evangélico Venezolano (MUEVE)

Oficina Regional de la CIEE: Camino del río 4553, Cortijo del río, Monterrey, Nuevo León, CP 64890, México.

cieeal@cieeal.org | secregional@cieeal.org | www.cieeal.org